运用信息化技术的运行规范化管理，运行工作就有了"天使的眼睛""影随的导师""绩效的天平"。

———— 黄鹏

火力发电企业
运行规范化管理及信息化应用

黄　鹏　主编

中国电力出版社
CHINA ELECTRIC POWER PRESS

图书在版编目（CIP）数据

火力发电企业运行规范化管理及信息化应用 / 黄鹏主编 . —北京：中国电力出版社，
2018.4（2018.6 重印）

ISBN 978-7-5198-0541-8

Ⅰ . ①火… Ⅱ . ①黄… Ⅲ . ①火电厂－工业企业管理－信息化 Ⅳ . ① F407.61-39

中国版本图书馆 CIP 数据核字（2017）第 058320 号

出版发行：中国电力出版社

地　　　址：北京市东城区北京站西街 19 号（邮政编码 100005）

网　　　址：http://www.cepp.sgcc.com.cn

责任编辑：宋红梅（010-63412383）　畅　舒

责任校对：常燕昆

装帧设计：左　铭

责任印制：蔺义舟

印　　刷：北京盛通印刷股份有限公司

版　　次：2018 年 4 月第一版

印　　次：2018 年 6 月北京第二次印刷

开　　本：787 毫米 ×1092 毫米　16 开本

印　　张：21.5

字　　数：495 千字　2 插页

印　　数：4001—7000 册

定　　价：118.00 元（1 DVD）

本书编委会

主　编　黄　鹏

副主编　李兴敏　徐宝福　顾　涛　邢永杰　邢　涛　闫修峰

编写人员　王　林　屈瑞祥　尤　华　王守秋　王龙鹏　杨翠平
　　　　　　黄晓乐　张　健　孔凡平　袁　森　张国强　马　琳
　　　　　　李建星　孟祥国　吴延宾　杨　锐　王慧靖　郝成明
　　　　　　李建华　胡国伟　李德功　刘海鹏　王广营

审核人员　李　巍　肖　兰　黄幼茹　吴建勋　李　奕　汪明波
　　　　　　陈　锋　沈鲁锋　项建伟　华志刚　梁　吉　刘春文
　　　　　　张金祥　宋　巍　赵　勇　韩荣利　赵训海　任尚坤
　　　　　　李川斌　李　勇　张明杰　王修成　国海燕

序 一

进入新世纪以来，我国经济社会实现了历史性的跨越！这十几年的发展是我国科学发展成就辉煌的时期，也是我国电力发展坚持以科学发展观为指导，阔步前行在中国特色社会主义道路上的时期！

"十三五"时期，我国经济的发展已进入新常态。认识新常态、适应新常态、引领新常态，将成为当前和今后一个时期我国经济发展的新形势和新任务。电力行业的发展同样呈现新常态的特征，特别是火力发电企业要直接面对能源供给侧改革带来的市场冲击。如何提升能源利用效率和促进生态文明建设等，这些问题都是火电企业当下必须认真思索的问题！

火电企业在新常态下的发展是要面对随着经济增长的持续放缓和环境保护压力的不断增强的现状，并要在能源结构不断深入调整中继续发挥应有的作用。

当前，随着资源压力和环境约束力的加剧，节能减排已是利国利民之举，相应政策也日趋严厉，环境改善压力持续增加，这些都使得火电企业边际成本不断加大。而我国煤炭资源比较丰富的现状，短期内火力发电的资源特征决定了火力发电仍将是电力供应的基础，因此火电生产在相当长的一个时期仍将占重要地位。我们都知道火电生产设备多、工艺复杂，对运行操作有着严格的要求，所以最终完成电能生产，实现能源转换的是运行工作。在给定的技术装备条件下，运行人员的操作、调整水平直接决定了设备和一次能源的利用水平。提高运行管理水平是火电企业集约化发展的关键环节！

我是一直从事能源和环境领域研究工作的，终生致力于如何提高我国能源利用效率和如何改善我国的环境问题，也特别关注火电企业发展面临的重大技术难题。而当我看到黄鹏同志组织编写的《火力发电企业运行规范化管理及信息化应用》一书的书稿时，我非常有体会的是，当先进的技术与规范化管理思想通过恰当的载体融合时，技术先进性和管理的精髓才能真正落地，发挥出"第一生产力"的作用。这本书结构严谨，理论与实际结合密切。特别是规范化管理导入运行管理的理论依据很充分，标杆的选择、流程模板的编制，使我看到了这本书丰富的内容。尤其是信息化环境下的规范化管理，很好地探索了将先进的信息技术如何实用化的过程，这些内容对其他火电企业，以及高等院校相关专业的师生都有很好的参考价值。同时，本书还有一个突出的创新点，那就是引入了"天使的眼睛""影随的导师""绩效的天平"这些管理的新方法，从而使得广大的火电企业能够实现"凡事有章可循、凡事有据可查、凡事有人负责、凡事有人监督"的规范化管理目标。

当前，长期困扰我国电力短缺的矛盾已经得到有效缓解，电力系统安全性、可靠性、经济性和资源配置能力得到全面提高，而人们对生存环境的安全性要求提上了日程，通过火力发电生产的规范化管理，必将为国家实现节能减排和环境治理目标做出更加卓越的贡献。

非常期待这本书早日送到读者的手中！

2017 年 12 月

社会经济快速发展、人们生活水平不断改善，高效、清洁能源的供给是一个重要的前提。电能，是一种应用最为便捷的清洁能源，已成为能源供应的主导，与人们生活息息相关。

电能在经济社会中的凸出地位，不断推动着电能生产的技术进步与装备升级，尤其是当今面临的全球变暖、气候异常等诸多背景下，电能的生产方式也正在发生着重大的转变，传统以火电为主，正逐步向火电、水电、核电、风电、太阳能发电等多元化的格局转变，并且清洁可再生能源占的比例会越来越高。

然而，在社会快速工业化和城镇化的时代背景下，中国经济快速发展对电能有着巨大需求，可再生能源的发展还需要一个过程，火力发电已做到超低排放，实现了清洁生产，在今后一段时期内火力发电仍将占据能源供给的主导地位。

火力发电生产工艺复杂、技术密集，对操作有着严格的要求。火电企业运行工作是面对高温度、高压力、高电压、高转速的设备和复杂的工艺环节，任何一个生产环节发生异常，都有可能带来一系列的连锁反应，甚至会造成设备损坏、大面积停电、人身伤亡等恶性事件；也可能造成超标排放更多的废水、废气、颗粒物等工业污染物。也就是说，运行工作会直接影响到电力供应的安全与稳定，关系到能源的使用效率和环保达标排放。

目前，火电企业对通过提升运行管理水平来应对未来竞争已经形成共识。然而，如何用最为有效的方法来解决这一问题，一直是一项富有挑战性的工作。当看到《火力发电企业运行规范化管理及信息化应用》书稿时，让我眼前一亮。这本书运用"流程＋模板＋信息化"的管理方法和工具来规范运行人员的工作行为，巧妙地解决了困扰业界已久的火电企业运行日常工作如何统一规范的难题，体现了"大道至简"的哲理。

这本书的最大创新点在于，借鉴医院病房管理和军队管理的经验，巧妙地运用信息技术将科学管理思想与日常工作结合起来，通过"过程、目标、主体"三个维度搭建三位一体架构，借助"行为痕迹化、状态数据化、结果评价化"的管理理念，编织成"可执行、不走样"工作网，让运行人员自觉进入"工作链条"中，知道"做什么""谁来做""如何做""做到什么程度"，实现"凡事有章可循、凡事有据可查、凡事有人负责、凡事有人监督"的管理目标。

用富有人性化的工具和手段记录并反映运行人员的工作过程，宛如一双眼睛一直在关注着运行人员；借助于信息化技术和手段，把分散、零碎的数据整合成可用的信息并形成知识库，像影随的导师伴随运行人员，为其随时释疑解惑；对行为和绩效进行科学量化评价，如同设置了公共天平，让付出得到了客观精准评价。正是有了以上理念的实践应用，原本单调枯燥的运行工作自然有了生机，增添了几分魅力。如今，这部书终于在大家的翘首期盼下如约而至。

当前，电力市场化改革和能源转型正深入推进，电力交易模式多元化格局已经形成并逐步推进，清洁发电、绿色发展已成为行业发展理念并得到广泛认同，一系列供给侧改革新政倒逼发电企业运行管理要与时俱进。而本书恰好此时出版，可为发电企业深化运行改革之路提供指导与借鉴，是一本能够满足一线员工和管理者需求的工具书和参考书。希望每位细心研读本书的同仁，也将自己的感受和建议分享给大家，让我们在共同推进事业的进程中享受知识带来的快乐，愿我们的理解与认知更加通达。

魏光耀

2017 年 12 月

前言 Preface

近年来，我国已经进入经济发展新常态、生态文明建设新阶段和能源生产消费革命新时期。大力倡导绿色发电、环保发电成为时代的焦点，向管理要安全、向管理要效益已经成为火电企业生存与发展的必然选择。运行工作作为火电企业生产的中心环节，其管理水平直接关系着火电企业的生存发展空间。

本书运用规范化管理思想，对运行工作过程进行科学分解，找出合理的过程控制节点和岗位关键点，将分散的节点组合成系统业务流程，实现节点处把控结果；在每一个节点处，将操作细化成可执行的具体条款和控制标准，即模板，通过模板达到执行的规范统一。以管理流程和工作模板为工具，把运行工作由单纯的事后"结果评价"变成"过程控制＋结果评价"，可以有效控制因人的主观随意带来的不确定性，也让员工绩效评价更为科学、客观和公正。

本书尽量避免抽象的理论分析与论证，运用思维导图、流程图、表格、图片等多种形式，并配有大量规范化工作表单，使书的内容更加生动直观地展现出来，同时通过知识词典、知识拓展、附录和索引等方式，丰富本书的信息量和知识覆盖面，以满足不同读者的阅读需要。本书还附带光盘影像资料，详尽地展示了规范化运行中的交接班等工作。

全书共五章十九节，按照从总体到具体，从过去到将来的逻辑关系进行编排。第一章在对火电企业进行总体介绍的基础上，回顾了运行的演变过程，并提出当前面临的挑战；第二章阐述了规范化管理、运行管理及两者之间的契合关系；第三章明确了运行规范化管理的六个工作单元——交接班、监盘、巡回检查、运行操作、值班记录和运行调度的具体要求；第四章着重介绍了运行规范化管理的四个支撑单元——缺陷管理、工作票、操作票、应急处理，分析了支撑单元的规范化内容，以及与工作单元间的协同关系；第五章则进一步描绘了信息化时代的运行规范化管理实践。

本书起草阶段，近百人参与进来，从不同的角度和关注点对本书进行提升和完善。编写组以华电国际邹县电厂和同行业管理经验为样本，借鉴医院就诊流程化管理、病情数据化管理、病员资料共享管理等做法来制定流程和模板；借鉴军队"步调一致"的特点来梳理各环节的协同关系。历经蓝图规划、目标确立、流程梳理、模板编制、软件开发、教学片拍摄等阶段的研究与实践。在修改过程中，数次打破结构框架从零做起，以期以更加完整、完备、完善的内容呈献给读者；先后三次组织业内专家对书稿进行评审，并根据评审专家的意见逐一修改完善。

在本书编创过程中，所有参与起草、审查的专家都付出了辛勤的劳动，本书也凝聚了他们的智慧。在此，向他们表示衷心的感谢！特别感谢国华电力公司李巍和中国电力出版社肖兰对全书框架的指导，感谢中国电力出版社宋红梅作为责任编辑付出的努力，感谢所有为本书出版而付出辛苦的同仁，感谢所有关注本书创作、编写和出版的朋友们！

用统一的框架将发电企业运行规范化所涉及的全部内容组织起来，并用恰当的方式加以表述，让使用者更容易理解和接受，最终全面提高运行工作的有效性，的确是一个富有挑战性的工作。期望这本书不负众望。然而，发电企业运行规范化管理丰富的理论与实践，将推动这一管理模式不断完善、不断发展、持续创新，加之我们水平有限，书中一定还有疏漏与不足，恳请读者不吝赐教！

编　者

2017 年 12 月 30 日

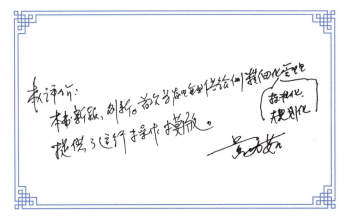

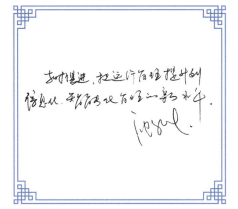

助力运行规范化管理提升
提供高效信息化解决方案
内容丰富，规范性强，操作性强。

项建伟

功夫不负有心人！
撰写出了出性色地到活泼的创新生
知识生，是出版由相关人员难没的
一本操作强的ijk的好书！

方立

本书对火电厂运行的科学化、规范化管理具有很好的
示范意义，有助于提升电厂本质安全管理水平，是一本难得的
火电厂运行技术参考工具书。

华志刚

目录 Contents

附　录　违反规范化管理事故案例

索　引

参考文献

后　记

第一章
火电企业运行

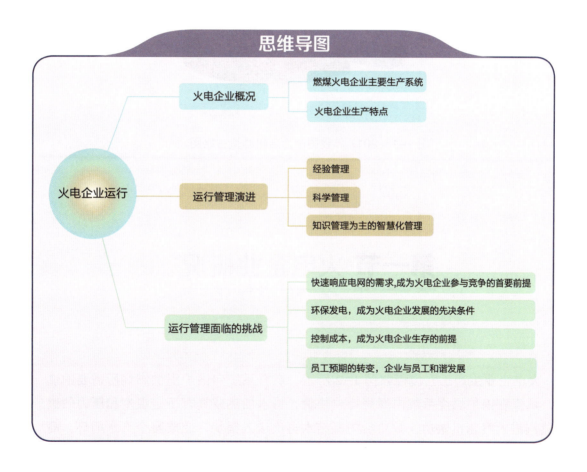

思维导图

火电企业运行
- 火电企业概况
  - 燃煤火电企业主要生产系统
  - 火电企业生产特点
- 运行管理演进
  - 经验管理
  - 科学管理
  - 知识管理为主的智慧化管理
- 运行管理面临的挑战
  - 快速响应电网的需求,成为火电企业参与竞争的首要前提
  - 环保发电,成为火电企业发展的先决条件
  - 控制成本,成为火电企业生存的前提
  - 员工预期的转变,企业与员工和谐发展

现代经济社会对电能需求的增加和日趋严峻的环保形势，不断推动着电能生产的技术进步与装备升级，发电形式也由火电为主逐步向水电、核电、风电、光伏发电、潮汐发电等绿色、环保发电转变。图 1-1 为 2017 年我国电力装机容量占比图，可以看出火电装机容量在我国电源结构中仍占主要比重。火电机组经过超低排放改造后已成为清洁发电的主力军，将长期处于发电"兜底"的重要地位。在火力发电企业中，燃煤机组占有相当大的比例，本书所述的火力发电企业特指燃煤火电企业。

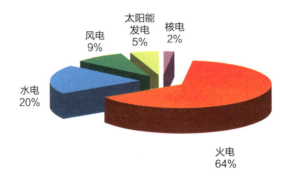

图 1-1   2017 年我国电力装机容量占比图

第一节 火电企业概况

火电企业生产工艺流程如图 1-2 所示，燃料系统向锅炉提供燃烧所需要的燃煤，燃煤在锅炉燃烧系统内燃烧释放热量，将水加热成具有一定温度和压力的过热蒸汽进入汽轮机做功，做功后的凝结水再次送入锅炉，完成整个汽水循环。高速旋转的汽轮机转子带动发电机发电，电能通过电气系统输送至电网。

一、燃煤火电企业主要生产系统

根据火电企业生产工艺流程，火电企业主要生产系统通常包括燃料系统、锅炉系统、汽轮机系统、电气系统、热工控制系统、水处理系统等，如图 1-3 思维导图所示。

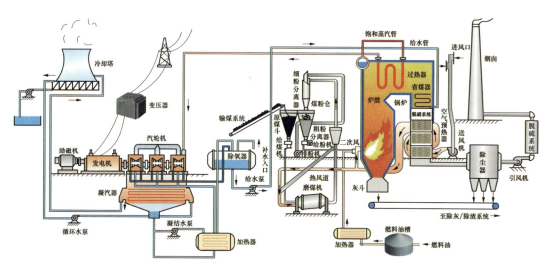

图1-2 火电企业生产工艺流程

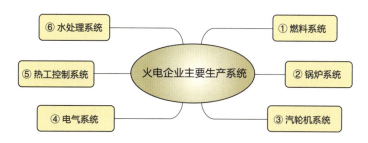

图1-3 火电企业主要生产系统

（一）燃料系统

燃料系统的作用是接卸、初步加工和筛选燃煤，将燃煤输送至原煤仓，同时完成不同煤种的掺配混合工作。

燃料系统通常包括卸煤设备、受卸设备、贮煤场及煤场堆取料设备、给煤设备、破碎与筛选设备、除铁除杂物设备、计量设备、带式输送机等，如图1-4所示。原煤在煤场储存、晾晒后，经取料机取到带式输送机上，由带式输送机从煤场输送到锅炉房的原煤仓。原煤在输送过程中，通过碎煤机、滚轴筛、除铁器、除杂物设备等，将原煤粉碎并除去杂物，筛选后的原煤通过犁煤器分配至各原煤仓，经落煤斗进入给煤机，由给煤机送入磨煤机磨成煤粉后，送入炉膛燃烧或储存在煤粉仓内。

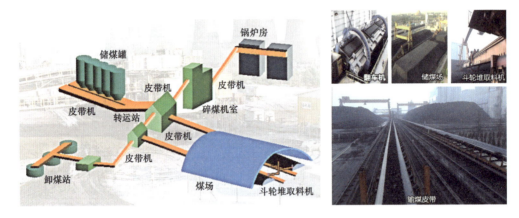

图 1-4 燃料系统主要设备

（二）锅炉系统

通常把燃料在燃烧系统的燃烧、放热、排放等称为炉内过程，把工质在锅炉汽水系统内的流动、传热、汽水分离等称为锅内过程。

1. 燃烧系统

燃烧系统是完成燃料燃烧，将化学能转化为热能的系统。原煤仓的原煤经制粉系统加工成煤粉，煤粉通过燃烧器送到锅炉的炉膛中燃烧，释放出热量；燃烧后形成的热烟气沿锅炉水平烟道和尾部烟道流动，经脱硝后进入除尘器，将烟气中的煤灰尘分离出来。烟气在引风机的作用下，经脱硫后通过烟囱排入大气。

（1）煤粉燃烧

制粉系统磨制好的煤粉经喷燃器喷入炉膛后，要经过加热、着火、剧烈燃烧、燃烬等过程。煤粉在炉膛内充分燃烧必须要与空气良好混合，并且有较高的炉膛温度、合适的空气量和足够的燃烧时间。图 1-5 为锅炉四角切圆燃烧示意图。

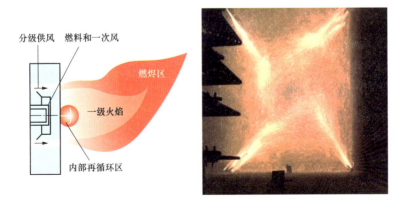

图 1-5 锅炉四角切圆燃烧示意图

煤粉燃烧生成的大块炉渣下落到锅炉底部的灰渣斗，经碎渣机破碎、捞渣机输送后，排至灰沟由灰渣泵输送至灰场，或将炉渣输送至渣仓由汽车运至灰场。

（2）烟气环保排放

送风机输送的冷风通过空气预热器加热成热风，作为二次风向炉内输送煤粉燃烧所需的空气。燃烧形成的高温烟气加热各受热面的汽水后逐渐降温，经过脱硝装置脱除烟气中的硝（氮氧化物），进入空气预热器加热空气而再度降温，再经除尘器除去灰尘（烟尘），进入脱硫装置脱除气态的硫后，经引风机送至烟囱排入大气。

1）烟气除尘。从含尘气流中将粉尘分离出来并加以捕集的装置称为除尘器，它是除尘系统中的主要设备。其工艺流程图如图1-6所示。

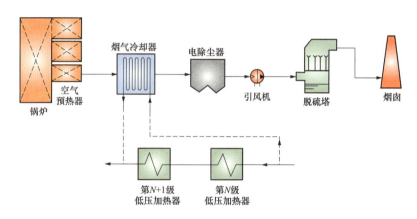

图1-6 除尘系统工艺流程图

电厂锅炉通常配有静电除尘器，但随着环保要求的不断提高，多项除尘新技术得到应用，如湿式除尘器、低低温电除尘器、电袋复合除尘器、移动电极、凝聚器－预荷电、烟气调制等。其中较为常用的是低低温电除尘器和湿式除尘器。

低低温电除尘器：也叫超低温除尘器，它是利用烟气体积随温度降低而变小、粉尘比电阻随温度降低而下降的特性，使粉尘更容易被捕集。烟温的降低会使烟气体积流量迅速减小，在通流面积不变的情况下，流速明显降低，增加了烟气在电除尘内部的停留时间，从而达到提高除尘效率的目的。降低除尘器入口烟温的方法，通常是在电除尘前增设热回收器（低温省煤器）。

湿式除尘器：俗称"除雾器"，它是利用水滴或水膜的润湿作用，使灰尘与气流分离沉降的装置。当含尘气体与液体（一般为水）密切接触时，利用水雾与烟尘颗粒的惯性碰撞、混合及其他相互作用，使烟尘湿度增大、流动性降低。同时，由于烟尘颗粒的相互黏合，形成较大颗粒，在重力的作用下，坠落于收集烟尘的固定容器内，再通过分离装置将水过滤并重复利用，尘泥则进入灰斗并排入灰沟。

2）烟气脱硫。按脱硫过程是否加水和脱硫产物的干湿形态，烟气脱硫工艺分为：湿法、干法、半干法三类。

湿法脱硫：湿法脱硫因其脱硫率高（一般在90%以上）、操作简单、运行状态稳定等特点被广泛采用，约占现有烟气脱硫装置的80%左右。其中石灰石－石膏法为36.7%，其他湿法为63.3%。

湿式石灰石－石膏法脱硫系统主要包括烟气系统、吸收塔系统、浆液循环系统、氧化空气系统、脉冲悬浮系统（搅拌器）、石灰石浆液制备及供给系统、石膏脱水系统、废水处理系统，如图1-7所示。

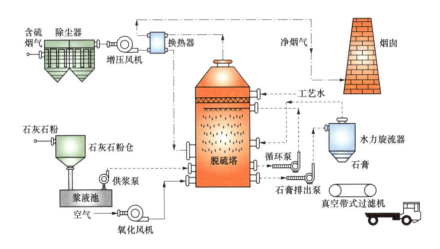

图1-7　湿式石灰石－石膏法脱硫系统

干式脱硫：电厂烟气干式脱硫，常用的工艺有喷雾脱硫、粉煤灰脱硫等。

喷雾干式烟气脱硫工艺（简称干法FGD）是用雾化的石灰浆液在喷雾干燥塔中与烟气接触，石灰浆液与SO_2反应后生成一种干燥的固体反应物，最后连同飞灰一起被除尘器收集。

粉煤灰干式烟气脱硫技术的脱硫率达60%以上，性能稳定，达到了一般湿式法脱硫性能水平。其脱硫剂成本低，用水量少，无需排水处理和排烟再加热，设备总费用比湿式法脱硫低1/4；煤灰脱硫剂可以重复利用；没有浆料，维护容易，设备系统简单可靠。

半干式脱硫：较为成熟的半干式脱硫工艺是半干式氨法脱硫。其优点是高效节能，脱硫效率不受前端电除尘器排放烟尘的影响，脱硫效率可达95%以上；脱硫系统电耗低、无废水，脱硫装置及其后续工艺设施无腐蚀；系统净排烟温度高于100℃，配合低温脱硝催化剂及装置，可大幅提高脱硝效率。

3）烟气脱硝。烟气脱硝的原理是用氧化剂将NO氧化成NO_2，生成的NO_2再用水或碱性溶液吸收，实现烟气脱硝的目的。目前通行的烟气脱硝工艺大致可分为干法、半干法和湿法三种类型。

干法脱硝：干法脱硝包括选择性非催化还原法（SNCR）、选择性催化还原法（SCR）、电子束联合脱硫脱硝法。其中，选择性催化还原法（SCR）脱硝技术以其装置结构简单、无副产品、运行方便、可靠性高、脱硝效率高、一次投资相对较低、技术最为成熟等诸多优点，在国内外发电企业中得到广泛应用。

SCR主要设备有SCR反应器、氨稀释装置、氨气混合系统、催化剂层、SCR吹灰系统，其工艺流程如图1-8所示。

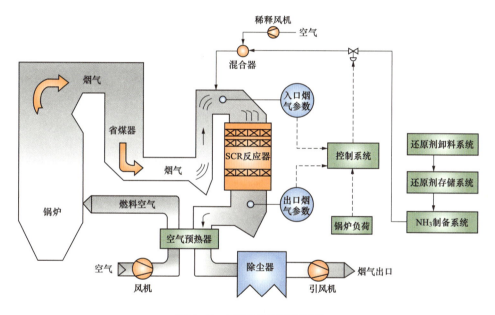

图1-8　SCR工艺流程图

半干法脱硝：活性炭脱硝技术是半干法脱硝的代表，它的本质是一系列复杂的催化氧化反应。经过热处理及氧化作用的活性炭，其吸附能力得到明显提高，可以大大提高脱硝效率。活性炭脱硝原理和影响因素比较复杂，国内关于脱硝技术的研究较少，大多与活性炭脱硫技术整合运用，开发出联合脱硫脱硝技术。联合脱硫脱硝技术虽然有较好的脱硫、脱硝效果，但在装置、能耗、大型化及后续副产物收集等方面存在诸多问题，一直困扰其快速发展，目前仍难以在大容量机组上应用。

湿法脱硝：湿法脱硝工艺主要有臭氧氧化吸收法。其原理是利用臭氧的强氧化性，将不可溶的低价态氮氧化物氧化为可溶的高价态氮氧化物，然后在洗涤塔内将氮氧化物吸收，以达到脱除的目的。该脱硝系统可以同时高效率脱除烟气中的NO_x、二氧化硫和颗粒物等污染物，同时还不影响其他污染物的控制，是传统脱硝技术的高效补充或替代技术。

2. 锅炉汽水系统

自然循环锅炉中，给水在省煤器中加热升温后进入汽包，然后沿下降管经下联箱进入水冷壁，在水冷壁中吸收炉内高温火焰和烟气的辐射热，使部分水蒸发，形成汽水混合物向上流入汽包。在汽包中利用汽水分离装置进行汽水分离，分离出的水又沿着下降管进入水冷壁；分离出的蒸汽从汽包顶部引出，依次流过各级过热器，加热到预定温度后，经主蒸汽管道送入汽轮机。

在直流锅炉中，锅炉压力超过临界压力，锅炉没有汽包，给水依次流过受热面后一次全部成为过热蒸汽，经主蒸汽管道送入汽轮机。

（三）汽轮机系统

汽轮机系统是完成蒸汽热能转换为机械能，并把工质加热后送入锅炉的系统，其流程如图 1-9 所示。过热蒸汽通过主蒸汽管道引入汽轮机高压缸，在高压缸做过功的蒸汽送到锅炉再热器重新加热后，引入汽轮机中压缸继续膨胀做功。目前我国部分超超临界机组利用二次再热技术，将中压缸做完功的蒸汽再次送到锅炉二级再热器中加热后，送入低压缸继续做功。蒸汽在不断做功的过程中，压力和温度不断降低，在低压缸做过功的蒸汽排入凝汽器，通过冷却凝结成水。凝结水依次经过低压加热器、除氧器、高压加热器、省煤器后，再次送入锅炉重复利用。

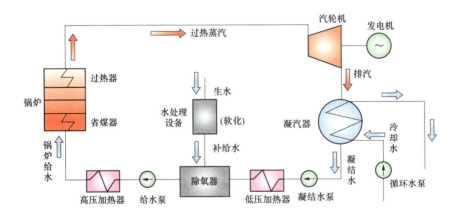

图 1-9　汽水系统流程示意图

（四）电气系统

汽轮机转子带动发电机转子转动，同时由发电机励磁系统产生的直流电送至转子线圈形成旋转磁场，切割定子线圈产生同步交变电能，完成动能到电能的转换，如图 1-10 所示。发电机产生的电能经主变压器升压送至电网，如图 1-11 所示。

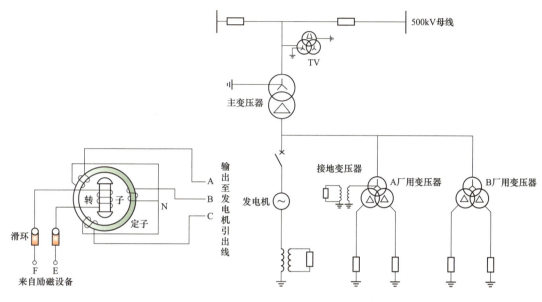

图 1-10 发电机工作原理图   图 1-11 发电企业电气系统

电气系统通常由主接线系统、发变组系统、励磁系统、厂用电系统、UPS（交流不停电电源）系统、直流系统组成。

主接线系统是发电企业与电网的连接枢纽，汇集和分配本厂电能，也可将电网电能反送至本厂。系统主要由母线单元、馈线（出线）单元、电源单元组成，具体设备有母线、断路器、隔离开关及接地刀闸、电流互感器（TA）、电压互感器（TV）、线路高频阻波器、二次系统（保护及自动装置、网络监控系统、五防系统）等。

发变组系统主要有发电机、主变压器、高压厂用变压器、励磁系统、封闭母线、电压互感器（TV）、电流互感器（TA）、避雷器、保护及自动装置等设备。

励磁系统主要有励磁变压器、整流柜、调节柜、灭磁开关、碳刷等设备。

厂用电系统分为高压 10kV 或 6kV 和低压 400V 系统，为本企业自用负荷提供交流电源。系统主要有母线、断路器、TV、TA、熔断器、低压变压器、柴油发电机、保护及自动装置等设备。

直流系统向全厂直流控制、保护、自动装置、热控、信号、UPS、事故照明、直流电机等提供直流电源，主要由母线、蓄电池、充电单元、绝缘监察单元组成。

UPS 系统为单元机组的分散控制系统、自动装置、热工保护、调节装置等不能停电负荷提供不间断且频率、电压稳定的电源，主要有隔离变压器、稳压器、整流器、逆变器、静态开关、馈线柜等设备。   **永不断电**

（五）热工控制系统

热工控制系统用以实现生产流程各系统、设备的自动控制，使各热工过程参数

控制 DPU 组件　　　　变送器

热工控制柜

接线端子　　　　保护单元

图 1-12　热工控制系统主要组成元件

处于最佳状态。一般包括自动检测、自动控制、自动调节、自动报警、自动保护和联锁等环节。图 1-12 是热工控制系统主要组成元件。

机组"神经"

自动检测环节：自动检查和测量反映生产过程进行情况的各种物理量、化学量以及生产设备的工作状态参数，以监视生产过程的进行情况和趋势。自动检测环节通常使用双金属温度计、热电阻、热电偶、流量计、差压计、氧化锆等检测元件，来检测设备的温度、压力、流量、液位（或料位）、电流、电压、功率、转数、频率、振动、气体成分、汽水品质、变化率等。

自动控制环节：自动控制有远方控制和程序控制之分。远方控制是通过开关或按钮，对生产过程中重要的调节机构和截止机构，比如气动、电动或液动调节阀门以及真空断路器、SF_6 断路器、隔离开关等实现远距离控制；程序控制是根据预先拟定的程序和逻辑条件，自动对设备进行一系列操作，主要是用于主机或辅机的自启停控制。

自动调节环节：自动调节是利用热工控制系统来实现机组各设备、系统正常运行时操作的自动化，即在一定范围内自动地适应外界负荷变化或其他条件变化，使被调节的生产设备和生产过程在合理范围内正常运转，各参数保持在受控范围。火力发电生产过程典型的自动调节系统有锅炉汽包水位调节、除氧器水位调节、蒸汽温度调节、燃烧调节、炉膛负压调节、主汽压力调节等。

自动报警环节：机组正常运行工况下，热工控制系统对反映生产状况的*模拟量*和*开关量*定期采样、检测，并将这些参数与调节器的设定值进行比较。如果检测到参数超出预先设定的上限、上上限、下限、下下限或设备状态发生变化时，就以声光、文字等形式发出报警，提醒运行人员。热工控制系统向运行人员提供的报警类型通常有仪表异常报警（上下限超 100%）、绝对值报警、偏差报警、速率报警、累计值报警、状态报警等，各报警信息按照危险级、高级、低级、报表级、不需报警级等报警优先级顺序，以不同的颜色在显示器上排列。

● 知识词典 ●

模拟量：在一定范围内变化的连续可调的物理量，通常需要8位或16位数表示。

开关量：该物理量只有"0"和"1"两种状态，如开关导通和断开的状态，继电器的闭合和打开，电磁阀的通和断，等等。

自动保护和联锁环节：当机组在启停和运行过程中，设备参数或系统运行状态达到保护或联锁装置动作条件时，热工保护和联锁装置按既定程序自动启动备用设备或联动相关联的系统和设备、自动切除某些设备或系统，甚至自动停止机组运行，以防止事故扩大，保护设备安全。同时利用声光信息提醒，向监盘人员报告机组运行中出现异常情况，以便运行人员及时采取处理措施。火力发电设备常设的保护有汽轮机的超速保护、油压低保护、低真空保护、轴振保护，*锅炉 MFT* 保护以及机组 *RB* 功能，其他辅机的温度高保护、油压低保护、振动高保护等。

● 知识词典 ●

锅炉MFT（Main Fuel Trip），即锅炉主燃料跳闸。锅炉正常运行中，当满足输入的各种跳闸条件后，保护装置切断进入锅炉的所有燃料，并且联动相应的系统和设备，使整个燃料输送系统与锅炉可靠隔离，防止锅炉爆燃。

RB（Run Back）是指机组主要辅机故障跳闸造成机组实发功率受到限制时，为适应设备出力，热工控制系统强制将机组负荷自动降至所能承受的负荷目标值。

（六）水处理系统

水处理系统主要对机组凝结水、给水、内冷水、循环水等进行化学调节、分析和监督，防止和控制热力系统结垢、积盐、腐蚀，延长设备使用寿命；同时，利用有效手段对污废水进行综合处理，实现污废水的回收利用和达标排放。

补水反渗透处理：反渗透处理是利用水分子在较高压力作用下，克服渗透压，通过反渗透膜使水中绝大部分盐分被截留下来，从而达到脱盐的目的。

除盐水处理：经过预处理的天然水或反渗透处理后的软化水，通过阳、阴离子交换器和混合离子交换器进行进一步除盐，以满足热力系统对水质的要求。

给水处理：给水通过加入碱化剂（氨）的方式来中和碳酸的酸性，以达到降低酸性腐蚀的目的。目前部分超超临界机组给水系统还采用加氧处理技术，利用给水中溶解氧对金属的钝化作用，使金属表面形成致密的保护性氧化膜，以降低给水的铁含量，防止炉前系统发生流动加速腐蚀，降低锅炉管束的结垢速率，延长锅炉化学清洗周期和凝结水精处理混床的运行周期。

发电机内冷水处理： 根据《大型发电机内冷却水质及系统技术要求》（DL/T 801—2010），大型发电机内冷却水不推荐添加缓蚀剂的方式调整控制水质，可以通过采取旁路小混床、微碱化装置等运行技术，控制和提高内冷水水质。

循环水处理： 随着节能减排和水资源的综合利用，现在机组循环水有的采用地表水或处理后的城市中水、企业自行处理的污废水，也有的采用海水进行开式循环，水源相对复杂。这就要求循环水处理必须通过动态试验确定所加药品的品种和加药含量，以确保循环水品质合格。

污水处理： 污水处理通常采用生物接触氧化法。在生物接触氧化池内设置填料，填料上培养生物膜，富氧的污水以一定的流速流经填料后，通过生物膜的物理、化学等作用，污水得到净化。

废水处理： 工业废水处理通常采用气浮分离法。向工业废水中加入絮凝剂和助凝剂，经过搅拌充分混合，进入浅层气浮池，通入溶气水，将油、微小悬浮物、胶体物质与水分离。

中水深度处理： 处理工艺为石灰混凝处理，使用石灰和聚合硫酸铁作为处理剂，在澄清池内完成反应。将石灰软化和混凝处理相结合，以降低水的碱度及碳酸氢盐硬度，去除悬浮的有机物、无机物。

海水淡化处理： 使用海水补水的机组，海水经过滤和超滤的预处理后，通过海水反渗透进行脱盐实现海水的淡化。系统的产水（即淡水）一部分作为企业工业用水，一部分经淡水反渗透处理后作为机组除盐水的水源。

二、火电企业生产特点

火电企业的生产特点如图1-13所示。

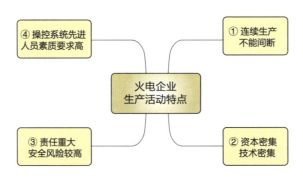

图1-13　火电企业生产特点

1. 连续生产，不能间断

由于电能不具备大量储存的特点，电力生产必须按照用户的需求随时生产，生产与需求之间必须始终保持平衡，即发电、输电、配电、用电必须同步完成。因此，电力生产设备必须保持连续运转，不可间歇，如图 1-14 所示。

2. 资本密集和技术密集

火电企业属于典型的资本密集型企业，如图 1-15 所示。由于火电企业建设成本高、资产投入大，总资产的一半及以上为固定资产，因此固定资产的结构、状况和管理水平等直接影响着企业综合竞争力，关系到企业的运营与发展。表 1-1 为我国典型超（超）临界火电机组的单位造价。

图 1-14 电能生产的连续性

图 1-15 火电企业资本密集和技术密集

表 1-1 我国典型超（超）临界火电机组的单位造价

序号	典型电厂	投产日期	机组容量（MW）	单位造价（美元/kW）
1	邹县电厂四期	2006 年	2×1000	447
2	玉环电厂一期	2006 年	1000	604
3	玉环电厂二期	2007 年	1000	446
4	外高桥电厂三期	2008 年	2×1000	518
5	石洞口二厂	2009 年	2×660	634
6	六横电厂	2014 年	2×1000	660

火电企业同时又是典型的技术密集型企业，它包含了一次能源到二次能源转化

的全部过程，系统复杂，设备、技术密集，各环节之间既有关联又互为条件、相互制约。

随着高参数、大容量机组和设备不断投入生产，增加了运行系统的复杂性，同时也使操作风险相应提高，对设备可靠性提出了更高要求。现代化电站多采用程序控制，以提高自动化水平。

3. 责任重大，安全风险较高

电力生产过程存在诸多危险因素，任何一个环节出现问题，都有可能带来一系列的连锁反应，甚至造成设备损坏、大面积停电、人身伤亡等恶性事件，还有可能因排放更多的废气、粉尘、颗粒等工业污染物，造成环保事故的发生。

火力发电主要危险因素包括：

（1）物理性危险和有害因素，如高处坠落、物体打击、高空作业、起吊作业、机械伤害、触电、灼烫、雷击、火灾、中毒等；

（2）化学性危险和有害因素，如盐酸、硫酸、氨、联氨等；

（3）心理、生理性危险和有害因素，如健康状况异常、从事禁忌作业、情绪异常、冒险心理、过度紧张、感知延迟、识别错误等；

（4）行为性危险和有害因素，如指挥失误、违章指挥、误操作、违章作业、监护不到位等；

（5）其他危险和有害因素，如作业空间受限、工具不合适、标识不清晰不完备等。

危险源是指可能导致死亡、伤害、职业病、财产损失、工作环境破坏或这些情况组合的根源或状态。火电企业的危险源可分为*第一类危险源*和*第二类危险源*。

● 知识词典 ●

第一类危险源主要由危险物质和可能发生意外释放的能量构成，主要包括：

（1）危险物质：储存的煤、燃油、氢气、透平油、盐酸、氢氧化钠、次氯酸钠、氨、联氨、六氟化硫、高温高压蒸汽、抗燃油、电气设备等。

（2）可能发生意外释放的能量：化学能（可燃气体氢气和氨与空气形成混合引起化学爆炸、酸碱的化学灼伤）、势能（承压设备、管道的物理性爆炸、高处坠落）、机械能（物体打击）、电能（雷击、触电）、声能（噪声）、热能（热辐射及烫伤）等。

第二类危险源主要由人、机、环境构成，其中有人的不安全行为（管理失误、心理、生理、行为失常等）、物的不安全状态（机械设备故障、防护设施失效等）、环境因素（平面及设施布局不当、物流运输不合理、气象条件、地质因素等）。

---

4. 操控系统先进，人员素质要求高

火电企业自动化程度大幅提高，操控系统日益先进，使值班人员的数量有所削减。现场的人力操作变成了远方的自动操作，远方设备的运行控制纳入了集控室管理，原始的盘面操作变成了微机控制，使控制范围变得更为广泛和精准，缩减了现场的值班岗位。

众多高新生产技术的应用，对人员的综合素质提出了更高的要求，不但要求运行人员具备较强的综合岗位技能，熟练掌握控制系统的基本特性，更要具备高度的责任心，同时还要有良好的心理素质和应急处理的综合能力。

为避免因身体原因而导致不安全情况的出现，要求运行人员身体健康、精力集中、精神状态良好，不能出现与岗位要求不相符的身心疾病。

电力生产既有分工又有协作，需要多部门、多专业、多岗位协作配合，要求运行人员具有较强的沟通与协调能力，以确保生产信息及时、准确地传递。

知识拓展

火电企业运行值班人员必备知识

1. 法律法规及安全标准：电力法、紧急救护法、电力技术管理法规、现场安全工作规程、电力安全工作规程、发电企业作业环境本质安全管理规定、安全工器具管理规定、工作票和操作票管理使用规定、反违章管理标准、职业卫生管理办法、安全生产应急管理标准、防止电力安全事故的二十五项重点要求等。

2. 企业规章制度：相关运行规程、事故处理规程、检修规程、消防规程、热机系统图、电工手册、调度规程等技术标准，以及行业内发生过的事故、历年累积的设备异常情况资料汇编和反事故技术措施等。

3. 专业理论知识：电工学、电子技术、自动控制与调节原理、泵与风机、流体力学、传热学、电机学、电力工程学、热工测量与仪表技术、计算机原理及性能、汽轮机运行技术、锅炉运行技术等。

4. 应知应会内容：岗位职责及工作标准、生产现场设备及系统的构造原理、安全经济环保指标分析、设备参数限值及现场系统布置、运行操作标准流程、事故处理、调度指挥、设备检修或异动后运行方式及新技术的运用、影响运行设备的不安全因素及防控措施等。

第二节　运行管理演进

　　"运行"，在《现代汉语词典》中解释为"周而复始地运转，或指程序正在被应用等"。《易经·系辞上》中写道："日月运行，一寒一暑"。上至宇宙天体，下到蝼蚁苍生，都在按照自身的规律周而复始地运转着，如图1-16所示。在工农业生产中，技术或工艺上具有连续不间断生产特点的企业，为确保24h连续运转的机械设备有人管理、操作和监控，而形成的企业活动——运行。

图1-16　"运行"概念拓展图

　　火电企业的运行指连续监控发电设备的工作，它形象地描述了电力生产的工作特点——周而复始地运转。运行管理是按一定的规则对电力生产过程进行计划、组织、指挥、协调的行为，火电企业运行管理大体经历了经验管理、科学管理和知识管理为主的智慧化管理三个阶段。

一、经验管理

从 1882 年电力工业在华夏大地上的起步到 1978 年改革开放前夕，发电装机规模和技术水平呈现出先慢后快的发展趋势，火电企业的运行管理处于经验管理阶段。这一阶段的特点是机组容量小、参数低，以手动操作为主，自动化水平发展较为缓慢。其基本特点如图 1-17 所示。**容量小、发展慢**

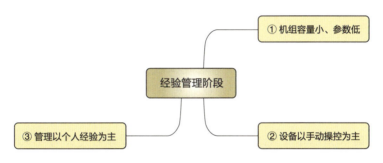

图 1-17　经验管理阶段特点

1. 机组容量小、参数低

这一阶段机组的参数不高，容量多低于 200MW，设备、系统简单，汽轮机、锅炉采用母管制连接，一台汽轮发电机组配置一台以上的锅炉或一台锅炉配置一台以上汽轮发电机组。

2. 设备以手动操控为主

由于科技的落后，绝大部分运行工作需要手动操控，基本没有或很少有自动控制；机组机、炉、电各专业独立设置，控制室分散布置，如图 1-18 所示。每个轮值除值长外，根据各自负责的专业或设备的不同，每台机组通常设置以下岗位：

锅炉专业：班长、司炉、副司炉、锅炉助手、司水、司磨等。

汽轮机专业：班长、司机、副司机、汽轮机助手、循环水泵房值班等。

图 1-18　设备以手操为主阶段的控制盘

电气专业：班长、值班员、副值班员、电工等。

3. 管理上以个人经验为主

管理上以个人经验为主，缺乏对管理的整体考虑与统一安排，没有系统完整的管理制度，工作受个人因素影响较大。员工依赖个人的自主性开展工作，根据各自的岗位需求，进行自我培训。

知识拓展

中国电力工业起步

1879年5月，上海公共租界工部局电气工程师毕晓浦（J.D.Bishop）以7.46kW蒸汽轮机为动力，带动自励式直流发电机发电，点燃了碳极弧光灯，为旧中国带来了第一股电流。

1882年英国人立德尔（R.W.Little）招股成立上海电气公司（又称上海电光公司）。同年7月26日，在上海大马路31号A（今南京东路190号），由其创办的中国第一座发电厂正式发电，标志着中国电力工业的起步。

此后数年间，北京、天津、广州等地相继发电，电力开始为工业生产提供动力。八年抗战期间，电力工业遭受了极大破坏，全国装机容量只增加了9万kW。1947年，上海杨树浦电厂建成1台180t/h高温高压锅炉和1台1.765万kW的背压式汽轮发电机组，这是当时中国第一台高参数火电机组。到1949年前夕，全国装机容量只有185万kW、发电量43亿kW·h。1949—1978年在不到30年的时间里，全国发电装机容量达到5712万kW，发电量达到2566亿kW·h。

二、科学管理

从1978年的改革开放到2002年的电力体制改革，电力工业实行"政企分开，省为实体，联合电网，统一调度，集资办电"的方针，大大调动了地方办电的积极性和责任感，使电力建设飞速发展。这一阶段，我国电力工业基本上进入了大电网、大电厂、大机组、高电压输电、高度自动控制的时代，其基本特点如图1-19所示。

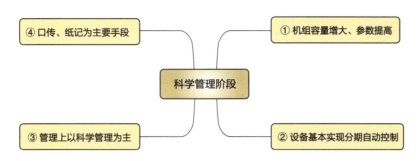

图 1-19　科学管理阶段特点

1. 机组容量逐渐增大、参数逐步提高

随着单机容量的增大，对蒸汽参数的要求也在不断提高，中间再热式汽轮发电机组被广泛应用。再热蒸汽参数因受负荷影响较大，相邻机组的再热蒸汽参数无法始终保持一致，母管制运行方式不再适用于中间再热发电机组。因此，本阶段机组主要采用单元制运行方式，即一台汽轮机配置一台锅炉。

2. 设备基本实现分散自动控制

单元制机组出现后，炉、机、电设备虽然仍为独立单元，但相互之间的控制联系更为密切，控制室采用集中布置，如图 1-20 所示。将炉、机、电三个专业控制盘布置在同一个控制室内，称为单元控制室。一个单元控制室一般设置两台机组，每个轮值除值长外，根据各自负责的专业或设备不同，通常每台机组设置以下岗位：

锅炉专业：班长、司炉、副司炉、锅炉助手等。

汽轮机专业：班长、司机、副司机、汽轮机助手等。

电气专业：班长、值班员、副值班员、电工等。

图 1-20　采用分散控制系统的集控室

3. 管理上以科学管理为主

在这一阶段，对工人进行系统的培训和教育，确保工人按照正确的方法工作；明确工人和管理者的工作分工，使得管理职能逐步凸显出来，管理者制定统一的管理制度，明确相应的工作方法，对管理工作进行计划和控制，工人负责按照规定的方法和制度要求完成工作。

4. 口传、纸记是运行管理的主要手段

在这一阶段，计算机技术还没有得到广泛地应用，口传、纸记是这一阶段运行管理的主要手段，管理不够深入和细致，工作效率不高。

三、知识管理为主的智慧化管理

2002 年 3 月，国务院正式批准了以"厂网分开，竞价上网，打破垄断，引入竞争"为宗旨的《电力体制改革方案》（〔2002〕5 号文）；2008 年，随着电力供需矛盾的缓和，我国电力工业逐步进入"转方式、调结构"时期。

这一时期，主要表现为注重价值创造、战略转型、绿色低碳发展，着力调整电源结构、产业结构、区域布局和管控模式；运行管理水平也有了较大的提升，其基本特点如图 1-21 所示。**精装备、重环保**

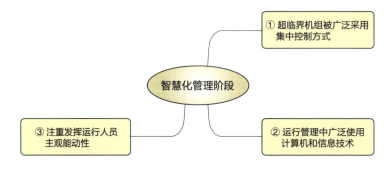

图 1-21　知识管理为主的智慧化管理阶段特点

1. 超临界机组被广泛采用集中控制方式

耐高温、耐高压新型钢材的出现，使火力发电采用更高的蒸汽参数成为可能。蒸汽参数的提高，对于机组热效率的提升具有重要作用，与亚临界机组相比，超临界机组的热效率能够提升 2% ~ 3%，而超超临界机组的热效率能够在超临界的基础上，再度提升 2% ~ 4%。因此，高参数、大容量超临界和超超临界机组被广泛采用。截止到 2017 年 1 月 1 日，我国已投产超超临界百万千瓦机组 97 台，另据不完全统计，仍有 68 台超超临界百万千瓦机组开工在建。

自动化控制和信息技术的发展，"两机一控""四机一控""八机一控"的集中控制，实现了炉、机、电设备的远方监视测量、程序控制、自动调节、自动保护功能，如图1-22 所示。在一个集中控制室控制的机组通常为一个单元，每个单元设置一名单元长，每台机组设置机组长、值班员、巡视员，降低了人力资源成本和管理成本。

2. 运行管理中广泛使用计算机和信息技术

现阶段，运行管理已由生产型管理向经营型管理转变，不但要保证安全生产，还要不断降低运营成本，实现效益最大化。在实际管理中，依据严谨的规章制度，利用计算机技术把实现管理目标的行为过程以具体的标准加以界定，来约束管理者和被管理者的行为，使双方的工作行为符合企业目标要求，促进企业各项管理目标任务的完成。

由复杂到简洁；
由手动到自动；
由分散到集中

图1-22　早期主控室和现代化集控室对比图

运用信息技术建立管理信息系统，实现生产实时数据、经营管理数据和事务性管理数据相互传递，对各类生产经营数据进行整理、分析，及时掌握生产状态，发现运行管理过程中的问题，加强运行成本控制，提高管理效能。

3. 注重发挥运行人员主观能动性

运行管理逐步融入"以人为本"的现代管理理念，注重研究人的心理需求与行为之间的关系。从多角度分析心理需求、外显行为与运行管理的契合关系，形成环境测评、健康体检、劳动保护、职业规划、岗位晋升、绩效激励、指标竞赛等一系列行之有效的激励措施，使运行人员的主观能动性得到有效提升。

● **知识词典** ●

超临界机组：水的临界状态参数为22.115MPa、374.15℃，当水的参数达到该临界点时，水汽化会在一瞬间完成，水蒸气的密度会增大到与液态水相同，这一状态下的参数叫做水的临界参数。水到达临界点时，不再有汽、水共存的两相区存在，饱和水和饱和蒸汽的参数已没有区别。当机组参数高于这一临界状态参数时，通常称其为超临界参数机组。

第三节 运行管理面临的挑战

在中国经济发展新常态的背景下，国家能源供给侧改革和经济发展方式不断深化调整，发电行业不但要承受产能相对过剩造成的市场挤压，同时还承受着巨大的环保压力，电力企业在转型过程中面临着诸多挑战，如图1-23所示。

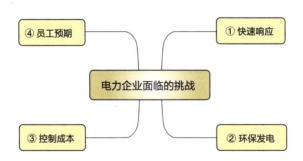

图1-23 电力企业面临的挑战

挑战一：快速响应电网的需求，成为火电企业参与竞争的首要前提

自"十二五"开始，我国大力调整能源结构，特别是"西电东送、全国联网"战略的实施，推动了更大区域范围内的资源优化配置，带来了电源结构和布局的大调整。一方面是电能跨区域的输送，挤压了区域的用电市场，致使发电行业竞争进一步加剧；另一方面，用电结构的变化致使电力系统的负荷峰谷差也逐步增

大。为保证供电质量，电力系统需要有足够的有功调节容量，要有可以快速启动、快速带满负荷的发电机组来承担调峰任务。

火电企业运行管理要适应新的市场环境，在监盘、巡回检查、运行操作等细节上下功夫，提高设备的可靠性和稳定性，提高发电机组对负荷快速响应的能力，以满足电网要求。只有保持对外供电的可靠性和连续性，才能具备基本的竞价能力，并在竞争中为企业赢得主动和先机。**自我加压**

挑战二：环保发电，成为火电企业发展的先决条件

国家环保部门对火电企业的环保工作监控越来越严格，"十二五"期间，我国累计淘汰 2800 万 kW 落后煤电机组，大力推动燃煤电厂*超低排放*和节能改造工作，相继出台 GB13223—2011《火电厂大气污染物排放标准》、《煤电节能减排升级与改造行动计划 2014—2020 年》（国办发〔2014〕31 号）、《全面实施燃煤电厂超低排放和节能改造工作方案》（环发〔2015〕164 号）等各项规定，要求到 2020 年全国所有燃煤电厂烟尘、二氧化硫、氮氧化物排放浓度分别不高于 10、35、50mg/m³，新建燃煤发电项目平均供电标准煤耗低于 300g/（kW·h），现役燃煤发电机组改造后平均供电标准煤耗低于 310g/（kW·h）。

"十三五"期间，火电企业的煤耗水平、烟尘、氮氧化物及二氧化硫排放限值及总量要求将会越来越严格。面对严格的环保监管，降低煤耗和污染物排放已经成为火电企业可持续发展的先决条件。

在不断增加环保设备投入的同时，提升运行管理的精度，确保机组排放指标符合国家环保要求，成为火电企业迎接挑战、绿色发展的必然选择。火电企业运行管理要通过运行人员的操作调整、方式优化和设备改造等手段，积极优化环保指标，将环保工作渗透到运行的每个岗位，体现到每位运行人员的巡回检查、监盘、操作中，贯穿于整个设备的运行过程之中，使企业运行环保工作同向、合拍、联动、协调，创造出最大的环保效益。**迎难而上求发展**

● 知识词典 ●

超低排放，是指火电厂燃煤锅炉在发电运行、末端治理等过程中，采用多种污染物高效协同脱除集成系统技术，使其大气污染物排放浓度基本符合燃气机组排放限值，即烟尘、二氧化硫、氮氧化物排放浓度（基准含氧量6%）分别不超过 10mg/m³、35mg/m³、50mg/m³，比《火电厂大气污染物排放标准》（GB13223—2011）中规定的燃煤锅炉重点地区特别排放值分别下降50%、30% 和50%，是燃煤发电机组清洁生产水平的新标杆。

挑战三：控制成本，成为火电企业生存的前提

知识拓展

经济指标对机组煤耗的影响

煤炭成本是火电企业的最大成本，降低机组煤耗是降低发电成本的重要措施。机组煤耗的高低与运行人员的调整密不可分。以运行经验数据为例，各经济指标对机组煤耗的影响如下表所示。

经济指标	变化情况	对机组煤耗的影响	
		600MW 机组	1000MW 机组
主蒸汽压力	每升高 1MPa	降低 1.5 ~ 2g/（kW·h）	降低 1 ~ 1.2g/（kW·h）
主蒸汽温度	每升高 1℃	降低 0.8g/（kW·h）	降低 0.3g/（kW·h）
再热汽温度	每升高 1℃	降低 0.1 ~ 0.15g/（kW·h）	降低 0.07 ~ 0.1g/（kW·h）
再热汽减温水量	每增加 1%	升高 0.5g/（kW·h）	升高 0.37g/（kW·h）
给水温度	每降低 1℃	升高 0.2g/（kW·h）	升高 0.15g/（kW·h）
补水率	每升高 1%	升高 0.5g/（kW·h）	升高 0.3g/（kW·h）
凝汽器真空	每升高 1kPa	降低 1.2g/（kW·h）	降低 0.9g/（kW·h）
排烟温度	每降低 10℃	降低 1.88g/（kW·h）	降低 1.23g/（kW·h）
锅炉效率	每提高 1%	降低 4g/（kW·h）	降低 3.1g/（kW·h）
烟气含氧量	每超标 1%	升高 1.57g/（kW·h）	升高 1.15g/（kW·h）
机组负荷率	每升高 10%	降低 3 ~ 6g/（kW·h）	降低 2.5 ~ 5g/（kW·h）
厂用电率	每降低 0.5%	降低 2 ~ 2.5g/（kW·h）	降低 1.6 ~ 1.9g/（kW·h）

当前，电力体制改革不断深化，输配电价改革全面展开，交易规则日趋完善，售电主体纷纷成立，呈现出市场主体多元化、利益诉求多样化的新趋势。

电能由卖方市场转变为买方市场，用电大客户可以直接向发电企业购买电能，并逐步形成"多买方——多卖方"的市场结构。市场结构的变化给火电企业带来的直接冲击是，电能"品种"由原来单一的"计划电"，衍生出"市场电"和"竞价电"。市场电是电力企业直接向用户销售的电量，竞价电则是通过竞价在市场中抢售的电量。

火电企业的经济效益来自于发电量。电能进入买方市场之后，计划电量的份额逐年减少，"市场电"和"竞价电"逐日增多。"市场电"和"竞价电"的销售数额取决于电能的价格优势，而价格优势又取决于发电成本的降低。因此，在市场竞价售电的形势下，严格控制发电成本是火电企业生存的前提和保证。火电企业必须从运行管理入手，通过规范运行操作、控制运行参数、优化运行方式来控制能耗指标，降低发电成本，实现企业持续、健康发展。

挑战四：员工预期的转变，企业与员工和谐发展

年轻员工对企业价值观的认同度、对企业的忠诚度、对岗位的责任心、对制度的敬畏心等与老员工相比有了很大的不同，对刚性管理特点突出的运行管理制度的接受与重视程度也有了自己的见解。他们不再满足于简单重复的"工作—挣钱—养家"的传统职业成长模式，更加关注工作环境的安全与健康，更加注重劳动者的权利与劳动保护，更加重视管理环境与心理需求的契合，对个人的职业发展有了更多的预期和设想，"认同—尊重—自我价值实现"成为普遍的职业价值观，对"客观的绩效评价、平等的发展机会、与时同步的职业成长"有了更为具体的要求。由此而导致与运行刚性管理之间的矛盾加剧，使运行操作潜在风险升高。员工心理需求的变化，需要包括运行管理在内的企业管理能够主动适应这种变化、引导这种变化、发现并运用这些变化，以此将挑战转化为机遇，实现企业与员工的和谐发展。

现代科技的发展、网络技术的应用，特别是以大数据、云计算和"*互联网+*"为代表的信息技术的成熟与普及，成为产业转型升级的重要推手。面对以上众多的挑战，火电企业运行管理若能与网络信息技术深度融合，使"互联网+"环境下的大数据和云计算技术在运行管理中得到广泛应用，将会实现运行管理的转型与升级，为火电企业的节能减排、增盈提效和技术革新带来新的推动力。

● 知识词典 ●

"**互联网+**"就是"互联网+各个传统行业",但这并不是简单的两者相加,而是利用信息通信技术以及互联网平台,让互联网与传统行业进行深度融合,提升全社会的创新力和生产力,形成更广泛的以互联网为基础设施和实现工具的经济发展新形态。

第二章
规范化管理的导入

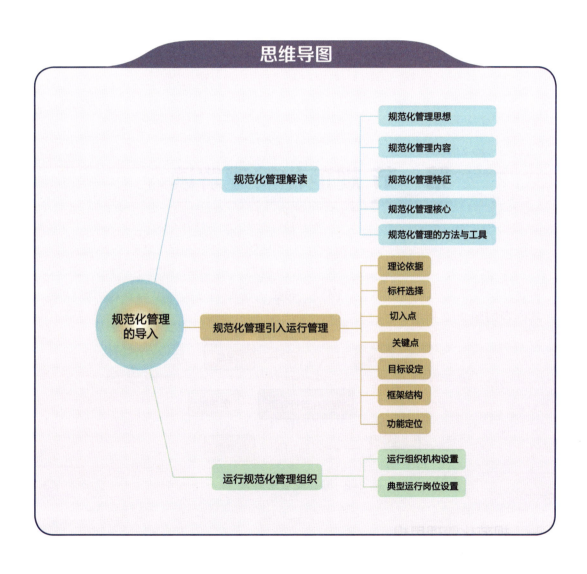

思维导图

规范化管理的导入

- 规范化管理解读
  - 规范化管理思想
  - 规范化管理内容
  - 规范化管理特征
  - 规范化管理核心
  - 规范化管理的方法与工具
- 规范化管理引入运行管理
  - 理论依据
  - 标杆选择
  - 切入点
  - 关键点
  - 目标设定
  - 框架结构
  - 功能定位
- 运行规范化管理组织
  - 运行组织机构设置
  - 典型运行岗位设置

规范化管理是把目标控制、过程控制和结果分析融为一体的管理模式。它从规范行为入手，通过固化业务流程、强化过程控制、配合奖惩机制，使操作标准得到有效执行，从而确保目标的实现。

本章从规范化管理解读、规范化管理引入运行管理、运行规范化管理组织三方面来阐述规范化管理与发电企业运行管理间的契合关系（如图2-1思维导图）。

图2-1   规范化管理的导入

第一节 规范化管理解读

本节主要对规范化管理的思想、内容、特征、核心和方法与工具等知识进行解读，其内容如图2-2所示。

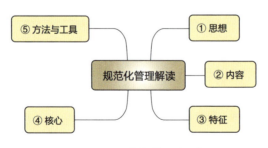

图2-2   规范化管理解读

一、规范化管理思想

规范化管理思想是以泰勒为代表的科学管理思想、以芒斯特为代表的行为管理思想和定量管理思想的集成，其基本思想可以概括为以下三个方面（如图 2-3 所示）。

第一，规范化管理是事事有章可循的制度化管理；

第二，规范化管理是处处有据可查的量化管理；

第三，规范化管理是促进人人主动行动的人文管理。

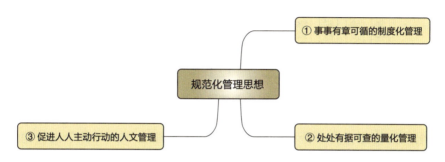

图 2-3　规范化管理思想

对企业管理进行制度化、流程化、标准化、表单化、数据化设计，建立以责、权、利对等为基础的组织框架，实现岗位与流程的精准对接，并形成统一、规范和相对稳定的管理体系，是实现规范化管理的前提。

二、规范化管理内容

规范化管理所要规范的内容包括但不限于以下四个方面，如图 2-4 所示。

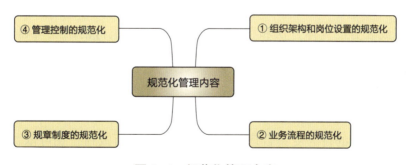

图 2-4　规范化管理内容

1. 组织架构和岗位设置的规范化

规范的组织架构设置是企业高效运行的基础保障。企业根据国家及行业的相关法律法规，结合本企业实际，对组织机构进行科学设计，形成规范的组织架构，明确经营决策者和企业各阶层机构设置、职责权限、人员编制、工作程序和相关要求，实现整个活动过程规范化运作。图 2-5 是火电企业规范化的组织架构图。

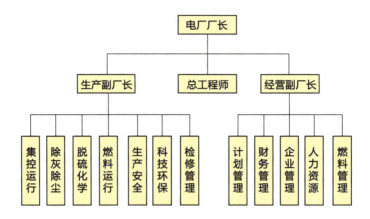

图2-5　火电企业规范化的组织架构图

企业组织架构应当合理分配职责权限，确定管理边界，对各个岗位角色的工作内容、任务性质、质量要求、劳动行为、素质要求以及劳动条件和环境情况都给予详细说明，为招聘、选拔及任用合格的员工奠定基础，为员工的考评、晋升提供依据，为企业改进工作流程设计、优化劳动环境提供支持。

2. 业务流程的规范化

提高工作质量的核心是事先确定工作过程中的关键点。关键点的选取既要满足生产、质量和安全的需要，又要符合成本效益原则。细化关键点的控制要素，并将其纳入业务流程加以管理，是提高工作质量的有效途径，可以将单纯的结果评价变为"过程控制＋结果评价"。

业务流程规范化所要解决的关键问题是确定每一个岗位角色所要完成的工作任务，以及完成任务的具体方法和程序，使员工在工作执行前就能明确知悉完成该项工作的具体方法和操作流程。

3. 规章制度的规范化

规章制度的规范化是对企业、部门运行规则进行界定，使企业的管理体系更加规范，每个员工的行为受到合理的约束与激励，从而做到有规可依、有规必依、执规有据、违规可纠。规章制度的规范化体现在以下三个方面：

第一，内容的规范化。规章制度的设计和编制要规范，所涉及的内容全面系统，能够覆盖到企业所有活动、所有过程、所有岗位；规章制度本身所体现的管理思路、管理理论、管理方法和管理工具，要适用于企业的管理环境。

第二，行为准则的规范化。规章制度的有效执行，是通过员工的行为体现出来的；规范化的管理，也必须通过员工规范的行为得以体现。

第三，绩效管理的规范化。员工对规章制度的理解和接受程度，以及遵守行为准则的结果，可以通过绩效管理进行评价；对过程和结果的奖惩，能够改变员工主观行为的选择，进而影响行为结果。绩效管理的规范化蕴含着"倒逼"和"反推"机制，与行为规则的引导相互配合，推动着规范化管理水平不断提升。

4. 管理控制的规范化

管理者对控制过程进行规范化设计，能够对企业的战略、营销、生产、财务、人力资源、技术开发、采购、质量等模块进行有效的管理和控制，并将管理目标实现过程的风险控制在最低，使企业的每一个岗位、每一个活动、每一份资产、每一个时刻，都处于受控之中。

管理控制规范化是指通过一定的方法、工具和规则，对管理目标的实现过程和结果，以及所涉及的组织、岗位、流程、规章制度和行为准则等进行有效的控制。

三、规范化管理特征

规范化管理具有以下特征，如图 2-6 所示。

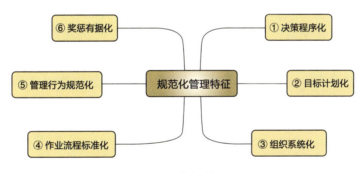

图 2-6　规范化管理特征

1. 决策程序化

主要体现在决策前的问题分析、可行性方案设计、决策方法的选择、决策机制安排等。程序化的决策可以避免企业决策受决策人的知识结构、情绪波动、感情冲动、价值偏好等因素的影响，有效降低决策失误的风险。

2. 目标计划化

目标计划化是将企业或组织的总体目标在内容结构和时间两个维度上进行分解，并与相应的资源投入和人员工作安排相匹配，以保证目标的有效实现。

总体目标在内容结构上的分解，是为了明确各项任务和活动的责任主体；在时间维度上的分解与细化，是为了明确实现总体目标的工作节奏和时间节点，从而形成岗位、任务和时间的对接，并导入规范化管理业务流程，便于过程控制和绩效管理。同时，还易于发现影响总体目标实现的瓶颈。

3. 组织系统化

组织系统化是将组织看作一个系统，对系统中的每个单元、岗位和角色进行规范化管理的过程。企业组织系统化，强调的是组织系统中的单元、部门和岗位角色，必须符合和满足企业各子系统的目标、功能和作用要求，必须明确并发挥相应子系统的目标功能，避免出现关系混乱。

同时要对组织架构中岗位角色所承担的责任与所拥有的权利进行明确界，其基本的要求是岗位角色所承担的责任要与所拥有的权利相对等，各岗位间要有明确的权责界线。通过明确界定每一个岗位角色所要承担的工作职责、质量要求以及所能支配的资源，使之能够按照既定的要求和标准履行责任，避免出现"有权无责"或"有责无权"的现象。

4. 作业流程标准化

作业流程标准化表现为企业将不同岗位、不同工种的每项工作，根据目标要求从作业准备、作业过程到作业结束，制定出严格的作业程序和工作标准，使操作程序实现流程化和规范化管理。其目的在于帮助企业实现安全高效、质量可控、如期交付的生产目标。

实现作业流程标准化，首先要对作业系统进行充分的调查分析，并在此基础上，将现行作业程序分解到每一项操作和每一个动作，并以安全、质量、效益为目标，对作业程序进行改善，形成一种更为科学和优化的作业流程，同时在规章制度的约束下，逐步达到安全、准确、高效的作业效果。

5. 管理行为规范化

管理行为规范化注重对措施细节的控制，不仅仅对行为做出原则性要求，而且还对企业活动的每一个细节，都做出明确的规定，它是保证管理结果符合标准的有力手段。同时还要为管理者的管理行为和管理过程制定出明确的规范和标准，包括如何进行有效沟通、授权，如何进行公平客观的绩效考核等内容，以提高管理行为的有效性和精准性。

6. 奖惩有据化

奖惩有据化可以让考核更加客观公正，从而更好地发挥考核的激励与引导作用，调动员工的积极性、能动性和创造性，促进企业健康持续的发展。奖惩无论大小，都要有事先确定的制度依据。企业通过制定奖惩制度，来对员工的工作行为加以引导，让员工明晰企业所期望的行为方向。

四、规范化管理核心

规范化管理的核心可以概括为以下几方面，如图 2-7 所示。

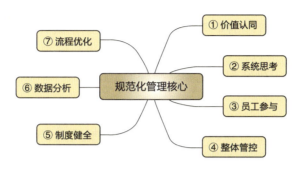

图 2-7 规范化管理核心

1. 价值认同

规范化管理的组织必须拥有全体成员一致认同的价值观体系，并以该体系作为指导思想引导成员的意识行为。企业价值观是企业文化的灵魂，对企业及员工的行为起到引导和规范的作用。当员工的价值观与企业的价值体系保持一致并融为一体时，员工的潜能就会得到最大程度的发挥。

2. 系统思考   **放眼全局**

系统思考是用整体的、全局的思维方式思考和解决企业管理或专业管理中所遇到的问题。企业所属机构所做的管理行为都要服从和服务于企业整体利益。

3. 员工参与   **以人为本**

规范化管理重视被管理者的主体地位，维护员工的尊严，尊重员工的价值、地位和个性。让员工参与企业决策、生产管理、制度制订等，既体现企业对员工的尊重，又有利于员工对企业制度的理解、支持和认同，也有利于员工的职业发展和自我价值实现。

4. 整体管控

整体管控模式特点是将目标控制、过程控制和结果分析融为一体。强调的是，要将管理理念、方法和技术进行整合，做到岗岗有职责、管控有制度、工作有流程、落实有方案、执行有表单、评价有数据。

5. 制度健全

健全的制度包括企业的计划、生产、经营、考核等各个方面，要求相关制度与措施应具有全面、具体、清晰、明确、操作性强等特点，体现出系统化、常态化、流程化、标准化、专业化、数据化、表单化的要求。

6. 数据分析

数据分析是规范化管理的重要工具，通过对数据的统计和分析，可以使管理者全面准确地掌握组织运行的状况，及时准确地查找和发现存在的问题与风险，为目标控制和绩效管理提供客观、真实、准确的依据。

7. 流程优化

规范化管理通过对业务流程的不断优化来控制风险、消除缺陷。不断优化的业务流程能够及时剔除那些不能够给企业带来价值的环节，消除无附加值的活动，减少资源的浪费，缩短生产、经营周期，提高生产经营活动的有效性。

五、规范化管理的方法与工具

规范化管理的理论优势转化为企业或组织的能力优势和实践活动，需要借助"流程""模板"和信息技术手段，如图2-8所示。

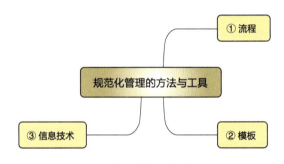

图2-8　规范化管理的方法与工具

（一）流程

流程是规范化管理的"通道"。在管理实践中指的是一项业务或事项从起始到结束的过程，反映了一个组织或企业中各项工作之间的动态逻辑关系，一般由多个部门、多个岗位经过多个环节的工作与协作共同完成。

设计流程时要考虑的关键点：

1. 流程体现管理的逻辑性与计划性

流程具备计划的所有特征，体现出工作的结构化过程。流程规定了企业在生产经营管理中处理常规问题的例行办法，具体来说，流程对一项业务行为包含的步骤、行进路线、涉及部门和人员、各部门及有关人员的责任等事项，进行分析、研究和计划，确定出相对优化的业务程序方案。流程一旦确定，要求人们严格遵守，实现"事与事，事与人，人与人"的全过程集成与精准对接，改善事后控制的局限和弊端，实现全局的动态优化。

2. 流程是有效的过程控制

流程通过文字说明、格式说明和流程图等方式，把一项业务的操作过程直观展示，既便于执行者操作，又便于管理者检查和过程管控，形成流程对应工作的良性循环。

3. 流程是一种系统

一个复杂的管理流程，往往涉及多个部门、多个岗位、不同的专业人员以及各种类型的管理活动。因而，应将其看作是一种系统，并用系统观点和系统分析的方法来分析和设计流程，以做到事前的分工与协作。

实践经验表明，凡是连续进行、由多道工序组成的管理活动或生产技术活动，只要为其制定流程，就可以提高生产效率。在对流程进行分析和设计时，应遵循以下两点基本准则：

（1）流程需权衡计划性和灵活性。流程有利于保证企业各项业务的良性开展，与此同时，流程也有一些固有的缺点，例如压抑人的创造性、缺乏灵活性等；这些缺点都需要在设计和制定流程之前进行综合考虑，企业需要在流程的计划性和必要的灵活性之间进行权衡。

（2）流程需具有权威性。流程能否发挥应有的作用取决于它的合理性和权威性。要使流程具有权威性，首先要保证流程的制定和发布具有权威性；其次，各级管理人员要带头执行流程；第三，要长期坚持对流程实施情况的监督与检查。

（二）模板

模板是流程节点上的控制标准，是规章制度在流程节点上的表单化处理。模板应当清楚地标示出工作内容、工作步骤、工作标准、工作要求等内容，以避免工作程序的不确定和工作标准的模糊，提高节点控制的有效性。

模板能够作为规范化管理的重要工具之一，主要基于以下两点原因：

1. 模板是标准的作业指导书

各类细化、规范的模板为各流程站点的实际操作提供了标准的作业指导说明。依照模板中的条款和步骤执行，可以避免因个人理解的偏差而导致操作中的失准，确保操作执行的准确化、规范化及标准化。

2. 模板是监督约束的依据

模板上有明确的工作步骤和工作标准，如果能够把工作人员的操作情况与模板上的工作标准相对照，并留下操作痕迹，可以作为检查工作人员实际操作是否到位的证据，再配合相应的绩效考评制度，可以起到监督和约束工作人员工作行为的作用。

鉴于模板的以上功能，在设计和应用过程中，应当着重注意以下事项：

（1）模板内容不能有歧义；

（2）表达方式要明确、具体；

（3）确保模板使用者正确理解模板内容，精准使用。

（三）信息技术

能否长久保持规范化管理，在一定程度上取决于员工工作行为能否长久地保持规范，而员工工作行为的监督和约束则离不开信息技术的应用。

利用数据抓取、传输、加工、分析、存储和应用等信息化技术，借助移动智能终端、蓝牙等数码产品，可以对员工行为进行记录和展示；借助绩效量化评价的杠杆作用，使员工能够自觉、主动的规范自己的行为。

以流程为手段进行过程控制，以模板为标准对流程各节点进行操作控制，以信息技术集成应用为监督工具。"流程＋模板"是对规范化管理过程的细化和固化，为信息技术的应用提供了条件；信息化手段的应用则为"流程＋模板"的落地提供了有力的保障。

第二节 规范化管理引入运行管理

运行管理与规范化管理无论是管理的要素，还是管理的过程，都有着高度的相似性。循环往复的运行过程，必然会产生学习*曲线*效应，而组织学习所累积的知识和业务流程，可以借助于规范化管理的思想和手段，将运行工作样表化、设备运行状态数据化、运行工作内容信息化，把运行管理的经验和做法加以强化，便于管理的复制和传播。

● 知识词典 ●

学习曲线效应是指在一定时间内获得技能或知识的速率，随着产品累计产量的增加，单位产品的成本会以一定的比例下降。

本节重点阐述规范化管理引入火电企业运行管理的理论依据、标杆选择、切入点、关键点、目标设定、框架结构、功能定位等内容，如图 2-9 所示。

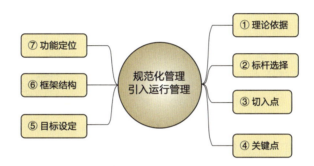

图 2-9　规范化管理引入运行管理

一、理论依据

根据规范化管理的思想，需要对运行工作中的每个环节、每个要素都制定出相应的量化指标和操作程序，才能达到流程化管理。其设计思想主要是基于以下理论的启发，如图 2-10 所示。

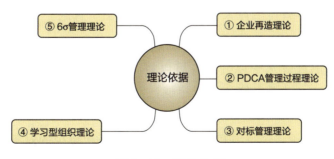

图 2-10　理论依据

1. 企业再造理论

企业再造理论是 1993 年在美国出现的关于企业经营管理方式的一种新的理论和方法，它以一种再生的思想重新审视企业，并对传统管理学赖以存在的基础——分工理论提出质疑，被称为管理学发展史上的一次革命。其中心思想是：在当今顾客、竞争和变化的环境条件下，以任务为导向的工作安排法已经不能满足企业生存与发展的需要；取而代之的是，企业应以流程为中心去安排工作，也就是所谓的企业再造。

运用企业再造理论，将火电企业运行管理从组织架构、岗位设置、工作流程三个层面进行规范化处理。

2. PDCA 管理过程理论

PDCA 管理过程理论即 PDCA 戴明循环理论，是美国质量管理专家戴明博士首先提出的，它是全面质量管理所应遵循的科学程序。PDCA 是英语单词 Plan（计划）、Do（执行）、Check（检查）和 Act（处理）的第一个字母，PDCA 循环就是按照这样的顺序进行质量管理，并且循环不止地进行下去的科学程序，其中心思想是运用一个不断循环的过程体系来实现企业管理的不断优化与改善（如图 2-11 所示）。

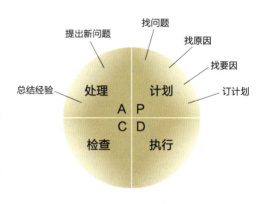

图 2-11 PDCA 管理过程

运用这一理论，解决运行工作程序化的管理问题，对运行日常工作业务流程进行优化和升级，对运行管理过程进行动态设计，实现运行管理的持续改进和提升。

3. 对标管理理论

所谓"对标"就是对比标杆找差距，是指企业以行业内或行业外的一流企业作为标杆，从各个方面与标杆企业进行比较、分析、判断，通过学习他人的先进经验来改善自身的不足，从而赶超标杆企业，不断追求优秀业绩的良性循环过程。标杆除了是业界的最好水平以外，也可以将企业自身的最好水平作为内部标杆，通过与自身相比较，增强自信，不断超越自我，从而能更有效地推动企业向业界最好水平靠齐。

运用对标管理理论，选择并确定运行管理要追赶和超越的对象，通过跨行业对标、业内对标、岗位对标、单项对标，对要规范的目标和标准进行设计。

4. 学习型组织理论

学习型组织（Learning Organization）是美国学者彼得·圣吉（Peter M. Senge）提出的管理观念。面临变化剧烈的外在环境，组织应力求精简、扁平化、弹性因应、终生学习、不断自我组织再造，以维持竞争力。学习型组织理论，强调的是组织不断学习以适应内外部环境的变化。

运用这一理论，将运行规范化管理所能够实现的组织学习功能激发出来，推动运行管理循环螺旋式上升，以达到持续自我完善和自我超越的目的。通过与智能化手段的结合，创新学习方式，以生动的视频教学和仿真实战教学为主，使得团队学习力不断增强，从而促进工作能力的不断提升。

5. 6σ 管理理论

6σ 管理是一种完善企业流程的方法，提出于 20 世纪 80 年代。它以"零缺陷"的完美商业追求，带动质量成本大幅度降低，最终实现财务成效的提升和企业竞争力的突破。

"σ"（西格玛）是用来衡量标准误差的统计单位。6σ 管理认为，对需要改进的流程进行区分，找到高潜力的改进机会，优先对其实施改进。如果不确定优先次序，多方面出手，可能会使精力分散，影响 6σ 管理的实施效果。业务流程改进遵循五步循环改进法，即 DMAIC 模式（如图 2-12 6σ 管理 DMAIC 项目环）：

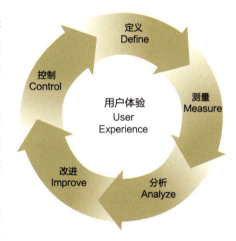

图 2-12　6σ管理 DMAIC 项目环

定义——辨认需改进的产品或过程，确定项目所需的资源。

测量——定义缺陷，收集此产品或过程的表现作底线，建立改进目标。

分析——对测量阶段收集的数据加以分析，确定一组按重要程度排列的影响质量的变量。

改进——优化解决方案，并确认该方案能够满足或超过项目质量改进目标。

控制——确保过程改进一旦完成能继续长久保持，而不会返回到先前的状态。

运用这一理论，对运行规范化管理制定一个极高的目标，通过对日常运行数据的收集和分析，找出容易出现缺陷的地方进行重点管理，并对运行管理标准定量化设计，推动运行管理的稳定性、可靠性和精准性逐步向 6σ 的标准趋近。

二、标杆选择

所谓"标杆选择"就是根据对标管理理论选择标杆。对标过程可以分为以下四个步骤，如图 2-13 所示。

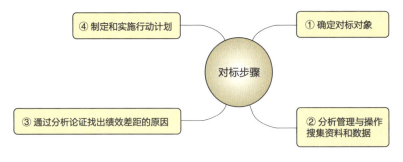

图 2-13　对标步骤

第一，确定标杆对象；

第二，分析双方的管理与操作，搜集相关资料和数据；

第三，通过分析论证找出绩效差距的原因；

第四，制定和实施行动计划，逐步达到或超越标杆对象的水平。

发电企业希望寻找到管理思想一致、管理目标类似、管理标准相仿，并且在管理方法、管理措施上具备制度化、流程化、数据化、表单化、模板化、信息化等规范化特征的先进标杆。在众多备选对象中反复比对和遴选，将军队管理和医院病房管理确定为运行规范化管理的对标对象。

（一）对标找出共同点

军队管理、医院病房管理、火电企业运行管理三者在工作性质和工作流程等方面存在高度的相似性（如图 2-14 所示），具体表现为：

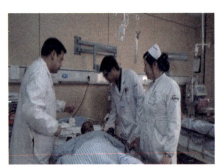

图 2-14　医院病房管理、军队管理

1. 纪律严明

军队管理是以实现战无不胜的战略战术为目标，以军人的忠诚和奉献牺牲为基础，以严格的管理制度和团队精神为保证，以标准、规范的高强度训练为手段，使军队的精神价值正确引领军人的行为方向。在医院和火电企业运行管理中，同样是以知责尽责、爱岗敬业的企业文化为引领，强调员工的奉献精神和服从意志，使员工遵守劳动纪律，达到自我规范和自我约束。

2. 责任重大

医护人员的工作对象是病人，火电企业运行人员的工作对象是发电设备，都是连续、不间断的运行；都有明确的工作标准和操作规程；都需要高度的责任意识和严谨的工作态度；都需要制定完备的应急措施以应对随时可能出现的问题。运行人员学习、借鉴医护人员的工作态度和工作作风，对待机器设备能像医护人员对待病人那样细心、耐心、用心，机组的安全运行水平将会有更大的提升。

3. 分工协作

医护工作与运行工作在工作环节上还存在着高度的相似，如图2-15所示。

医护工作与运行工作都有交接班环节，医护人员交接班时所交代的病人血压、体温等信息，如同运行人员交接班会上所了解、传达的生产信息；医护人员的查房等同于运行人员的巡回检查；医护人员对患者的分级护理与运行设备的分级护理相似；病人的急救与抢救和运行设备的异常、事故处理高度相似。

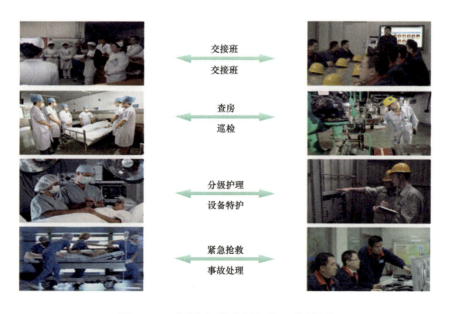

交接班 / 交接班

查房 / 巡检

分级护理 / 设备特护

紧急抢救 / 事故处理

图2-15　医院与发电厂运行工作比照

（二）对标发现改进点

通过对标发现，医院"制度精细化、就诊流程化、病情直观化、责任明晰化、信息共享化、服务人本化"管理是值得火电企业运行管理学习和借鉴的地方。

1. 制度精细化

医院具有健全的精细化管理制度体系，包括病情交待和解释、病历书写和复查、医患沟通等事项都能找到相关的制度支持。

2. 就诊流程化

患者在医院一般按照挂号、就诊、检查、处方、划价、交款、取药的流程进行就诊。医院就诊流程环环相扣，缺少哪一环节都不能够直接进入下一环节，避免了漏洞的出现，同时可以使就诊井然有序。如果火电企业运行工作也能流程式管理，可以减少工作的随意性、随机性和运行人员的惰性，形成工作的闭环式管理。

3. 病情直观化

病人的身体状况、病情程度是通过检测数据、表单的形式来体现和显示的，如体温、血压等体检报告和化验指标数据单等。如果火电企业的设备运行状态，甚至运行人员的工作绩效也能用数字来表征的话，将会更加客观、准确、清晰和明了。

4. 责任明晰化

医护人员在完成每项检查、操作和护理工作后，都会在相应的表单上签字留痕划分责任界限，以备日后查询。火电运行管理并没有做到所有的工作、所有的环节都能留下相应的痕迹，这也是需要对标改进的地方。

5. 信息共享化

病人在医院挂号后，就建立了一个个人信息账户，大夫的诊断结果、处方、检查报告、化验结果等都在上面录入，明确显示出病人的各种信息。无论在哪个科室、哪个病房、哪个大夫，只要登录系统都能看到全部信息，实现病人信息的共享，方便医生诊断和患者就诊。在火电企业运行工作中，需要登录多套管理系统才能将相互关联的信息查阅清楚。如果能实现工作信息的互联互通，必将使运行工作质量与效率得到大幅提升。

6. 服务人本化

医护人员服务对象的特殊性是独一无二的，并且处于伦理道德的制高点，而运行人员能够把医护人员对待病人的态度，作为对待机器设备的标杆，那么设备的本质安全水平定会有质的飞跃。

火电企业运行管理如果能够解决在与标杆对标中发现的问题，将共同的管理思想、管理目标和管理标准，转化为适合火电企业运行管理所需要的管理方法、管理措施和管理手段，同时借鉴先进的规范化管理思想来设计火电企业运行规范化管理模式，正是本书所要探讨的重点内容。

三、切入点

规范化管理引入火电企业运行管理，需要对运行管理各个环节和关键要素按照规范化管理要求进行"加工"和"改造"。火电企业推行运行规范化管理，所需要的基础条件如图 2-16 所示。

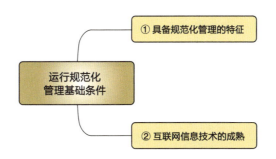

图 2-16   火电企业运行规范化管理基础条件

火电企业推行规范化管理需要突破的瓶颈是管理理念和做法的差异。具体就是"价值认同、系统思考、员工参与、整体管控、制度健全、数据分析、流程优化"等规范化管理理念需要被员工普遍接受；日常管理措施要符合"作业流程化、模板标准化、行为痕迹化、状态数据化"的要求。

实现运行规范化管理，应从以下四个方面着手切入：

（1）将繁杂交叉的运行工作变成多层次的闭环流程；

（2）将各项运行工作标准和过程记录实行表单化管理；

（3）将设备运行信息实现数据化管理；

（4）将运行工作信息实现互联互通的信息化管理。

四、关键点

实现作业流程化、模板标准化、行为痕迹化和状态数据化是实现运行规范化管理的关键点。

1. 作业流程化   **流程领路**

以作业流程为主线组织企业运营，不仅可以直接消除企业各部门和岗位角色各自为政的组织分化行为，而且可以减少*直线等级控制*的投入，减少直线等级控制所带来的摩擦，强化相互之间的配合与协调，提升企业运行的整体效率和效益。作业流程化管理要求事先确定每个岗位角色所要承担的工作任务和完成工作任务所需的工作程序。

繁杂的运行日常工作是由不同岗位分别完成的，由于运行岗位设置较多，职责各不相同，让每一个岗位的工作内容都能实现流程化，是规范化管理努力的方向。

● 知识词典 ●

直线等级控制是组织架构的一种模式。在这种模式下，企业内部从上到下，不同层次的岗位所承担的任务没有质的区别，只是事务范围从上到下发生了由大到小的变化而已。

2. 模板标准化　　　　　　　　　　　　　　　　　**模板塑形**

工作行为的标准化是运行规范化管理的重要标志。工作行为标准的前提是在实际工作中要执行一个标准的模板，这个模板要考虑到不能因执行个体的差异造成执行结果的不一致。按照"*7W+1H*"的思考方法，将工作内容细化为统一的行为要求，包括工作步骤、工作标准、系统响应等内容，如图2-17所示。同时还要有"做什么、谁来做、为谁做、在哪儿做、怎么做、什么时间做、做到什么程度、工作环境如何"等具体内容，标准模板为正确完成该工作任务增添了一道安全屏障。这种含有综合、细化工作要求，同时又可避免引起歧义的工作样板，是模板标准化的基本要求。

图 2-17　工作标准模板

● 知识词典 ●

7W+1H：是对某一工作在调查研究基础上，就其工作内容从 8 个维度进行思考和描述。

Who：谁从事此项工作，责任人是谁。

What：雇员要完成的工作任务当中，哪些是属于体力劳动的范畴，哪些又是属于脑力劳动的范畴。

Whom：为谁做，即顾客是谁。这里的顾客不仅指外部的客户，也可以是企业内部的员工，包括与从事该工作有直接关系的人：直接上级、下级、同事和客户等。

Why：为什么做，即工作对该岗位工作者的意义所在。

When：工作任务要求在什么时间完成。

Where：工作的地点、环境等。

What qualifications：从事这项工作的雇员应该具备的资质条件。

How：如何从事此项工作，即工作程序、规范以及为从事该工作所需要的权利。

3. 行为痕迹化   **工作留痕**

要使运行人员无论何时、何地都能保持规范的工作行为，过程的监督与控制是不能缺少的。可以借助于信息化手段来真实记录运行人员的工作情况，并对运行人员的工作行为予以实时评价，同时为日后责任追溯留下依据。

4. 状态数据化   **数据支撑**

数据是分析问题、制定措施的基本依据，运行工作要实现规范化管理必须用数据做支撑。数据化管理可以清晰、直观地展现设施设备的运行情况，为设备的运行状况分析提供依据；还可以用数据来量化运行人员的工作表现和工作效率，使绩效考评与激励措施更加客观和公平，以调动员工的积极性、能动性和创造性。

五、目标设定

以"流程 + 模板"为工具，以信息化技术为支撑，以岗位规范为基础，以组织建设为保障，建立起"凡事有章可循、凡事有据可查、凡事有人负责、凡事有人监督"为目标的运行规范化管理新模式。如图 2-18 所示。

1. 凡事有章可循

"章"是运行管理的标尺和依据，也是运行工作的基础和保障。运行管理最基本的"章"是"两票三制",即*工作票制度、操作票制度、交接班制度、巡回检查制度和设备定期试验及切换制度*,它是电业安全生产保证体系中最基本的制度之一,也是我国电力行业多年运行管理实践中总结出来的宝贵经验。

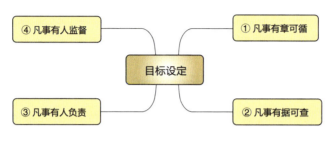

图 2-18   目标设定

对于运行生产一线,还应该制定可操作性强的作业指导书,保证员工操作的每一道程序都按照规范、统一的标准去执行,确保员工在工作过程中减少偏差,保证企业生产质量。在运行管理中,"章"通常还包括*运行操作规程、热机系统图、电工手册*、监盘管理制度、设备缺陷管理制度、运行调度管理制度、培训管理制度、生产综合指标竞赛管理规定等。

2. 凡事有据可查

运行管理中所涉及的"据"通常包括两类,一类是值班记录和各类报表数据,通常由值长、值班负责人(单元长或班长、机组长)负责记录。这些记录和数据作为运行人员的工作痕迹和"证据",必须准确、全面,不得遗漏;主要包括全厂主要生产情况、全厂主要生产数据、接受的调度指令、提报的检修申请、机组启停的进程、系统设备的操作、设备的保护投停、发生的缺陷及异常事故、办理的工作票、执行的操作票以及接班时的设备运行方式等内容。

另一类是技术台账。运行部门专工进行设备状态分析、经济分析、事故分析以及指导现场操作所整理的设备记录、运行分析、运行操作措施、操作指导等原始资料,即为技术台账。台账资料的编写、整理过程,就是对各设备、系统积累运行档案的过程,可以为机组安全、经济、环保运行分析提供真实资料。同时,还可以方便专业管理人员及时总结设备运行规律和特点,及时发现设备管理过程中的漏洞和盲区,以采取必要的防范和补救措施。因此,由专业专工建立的技术台账也可以起到培训员工、自我督促、强化安全生产管理的指导作用。

技术台账主要包括:主机启停台账、主机及主要辅机异常台账、机组参数异常台账、设备变更(异动)台账、机组修检后检修交待台账、锅炉燃油台账、磨煤机球耗台账、锅炉超温超压台账、锅炉吹灰器投入台账、高压加热器故障停运台账、继电保护及自动装置动作情况台账、断路器分合闸动作台账、避雷器动作次数及泄漏电流台账、不安全事件台账、在用运行技术措施台账等。

传统运行管理的"据"一般通过口传、纸记、电话通知等形式留痕追溯，但在流转过程中容易信息衰减，造成责任不清。运行规范化管理运用信息化技术记录并保存相关数据资料，分门别类建立资料档案，方便查询和调用。

● 知识词典 ●

工作票制度：是电力企业为确保工作人员在电力生产设备和系统上检修、基建施工或其他作业时的安全而实行的一种管理规定，是保证检修、基本建设施工或其他作业人员人身安全和设备安全的一项重要措施。

操作票制度：是电力企业为确保操作人员正确操作而实行的一种管理规定，是防止操作人员误操作，保障操作人员人身安全、设备系统安全的一项重要措施。

交接班制度：是为保障电力生产连续性和安全性而建立的运行人员交接班时必须遵守的一种行为准则，确保值班生产信息在"交"与"接"的过程中做到"交清楚、接明白"，保持生产的连续性。

巡回检查制度：是指运行值班期间，按照规定时间、内容和路线对设备进行有计划的监视和检查的管理措施，便于运行人员及时了解和掌握设备运行状况，发现设备缺陷和安全隐患。

设备定期试验及切换制度：是为检验设备或装置功能正常，及早发现设备功能异常，保持设备或装置处于良好备用状态而制定的一项管理规定。

运行操作规程：是生产现场中各设备、系统的使用说明书和作业指导书，它详细描述了每台设备、每个系统的检查、监视、调整、操作的标准、要求和步骤。

热机系统图、电工手册：将现场各系统的热力设备按照介质热力循环的顺序集中展现出来，将现场的电气设备按照电压等级和电能传递的顺序依次连接起来，反映了电力生产过程中介质的流程和热力设备、电气设备之间的有机联系，表明了介质的能量转换及热量、电能的传递过程。

3. 凡事有人负责

运行规范化管理应根据运行工作需要，确定工作岗位及其数量；根据岗位工作内容，确定岗位职责范围和任职条件；根据工作性质，确定岗位所要使用的设备、工具，以及工作质量和工作效率；根据工作关联程度，确定各岗位间的相互关系；根据岗位职责，确定岗位目标和岗位环境，让运行人员进入到运行工作的"链条"

中，知道"做什么""谁来做""如何做""做到什么程度""做不到会有什么样的惩戒"。

4. 凡事有人监督

对生产管理进行全过程监督和控制，杜绝潜在隐患的出现和防止工作行为偏离目标。在实时监督的同时，还要具备实时指导和纠偏的功能，当运行人员的工作行为出现偏差，或在工作过程中出现问题或疑惑时，能得到相应的技术指导和支持，以此来确保运行人员工作行为的规范与安全。

在监督过程中，要体现超前性、针对性、适时性，要达到全天候、全方位、全过程，要注重民主性、公开性、公平性，以此来提升监督的质量和管理效能。

六、框架结构

（一）框架设计

由"主体维度、过程维度、目标维度"所构成的三位一体架构，即一个螺旋式上升的循环、三个高度衔接的阶段、四个严格递推的目标、五个标准化的工作岗位，就是运行规范化管理的框架，如图 2-19 所示。

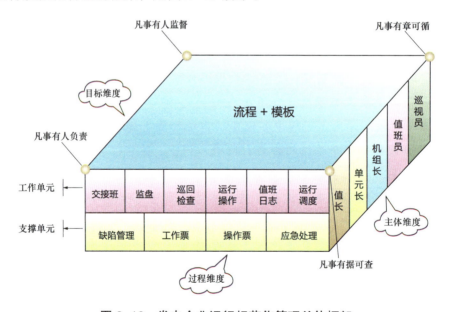

图 2-19 发电企业运行规范化管理总体框架

主体维度：工作执行的主体即岗位角色。不同的火电企业根据企业规模、机组类型、管理方式等设置了不尽相同的运行岗位。尽管岗位设置、岗位名称、岗位数量有所不同，"值长、单元长、机组长、值班员、巡视员"是较为通用的五级岗位设置，在火电企业运行管理中具有一定的通用性和代表性，因此运行规范化管理执行主体包括值长、单元长、机组长、值班员、巡视员五个标准化工作岗位（详细内容见第二章第三节的相应内容）。

过程维度：过程就是工作节点的有序组合，即工作流程。发电企业运行过程是一个循环往复、螺旋式上升，并具有组织学习特征的过程，这个过程包括三个高度衔接的阶段，并体现 PDCA 管理过程理论的特征与要求，为有效实现运行目标提供机制保证。该维度有六个工作单元和四个支撑单元：

工作单元——交接班、监盘、巡回检查、运行操作、值班日志、运行调度，六个工作单元包含了一个运行班次日常工作的基本内容，是规范管理的重点。

支撑单元——缺陷管理、工作票、操作票、应急处理，支撑单元是工作单元派生出的重要工作，是保证工作单元良好运转的基础。

六个工作单元和四个支撑单元彼此联系、相互融合，缺一不可，共同组成运行日常工作。

目标维度：过程维度与主体维度对应节点上的要求即为岗位工作目标。目标维度可概括为"四个凡事"（详细内容见本节"五、目标设定"部分）。

运行规范管理以"流程＋模板"为工具，以信息技术应用为手段，将主体维度与过程维度在时间和工作内容上进行精准对接，实现了岗位责任的无缝衔接。下面以调度指令的执行为例，用图示的方法展现主体维度与过程维度的关系，如图 2-20 所示。

（二）流程框图的编制

在对岗位职责、运行规程、工作标准进行梳理、分解的基础上，将运行人员当班所有工作进行分解、固化，通过流程再造的形式，将工作流程、岗位角色、标准模板的具体内容有机整合，体现出工作内容、管控标准与责任岗位精准对接，再以过程维度为纵坐标、以主体维度为横坐标编制成框图，其中框图中的纵横交叉点就是相应岗位在日常工作中所需完成的工作任务，如图 2-21 所示。（见折页）

1. 过程维度纵坐标

纵坐标以工作时间为主线，以工作频次为基准，将一个运行班次的工作系统化、流程化处理，分别为"交接班、监盘、巡回检查、运行操作、值班日志、运行调度"六个工作单元和"缺陷管理、工作票、操作票、应急处理"四个支撑单元。

2. 主体维度横坐标

将运行规范化主体维度的"值长、单元长、机组长、值班员、巡视员"五个岗位角色作为运行规范化流程框图的横坐标。

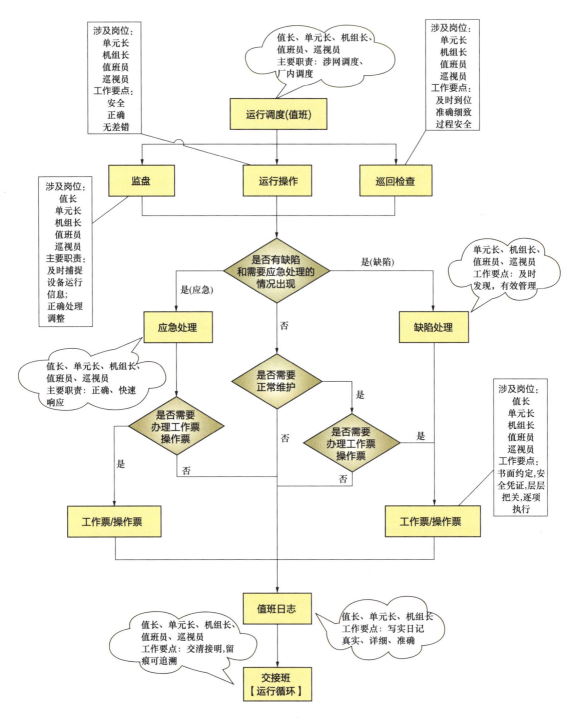

图 2-20　调度指令的下达与执行

（三）标准模板的编制

根据不同单元的工作特点和工作步骤，在流程框图中每一个"节点"上，需要以表单形式列出标准模板。

标准模板通常包括工作内容、工作步骤、工作标准等内容，是运行规章制度和日常工作要求的表单化处理。运行人员选择自己岗位流程的"节点"，即可看到"该干什么、怎么干、干到什么程度、干不好有什么惩戒"等内容，从而确保操作的规范与安全。

（四）"流程＋模板"与岗位的精准对接

每个企业可以根据自己的管理特点，结合各岗位的职责范围制定适合本企业各岗位的流程和模板，使每名运行人员清楚什么时间、自己应该做什么、需要做到什么程度，如图 2-22 所示。（见折页）

图 2-23 为单元长岗位接班流程"节点"示意图，从图中可以对单元长岗位接班的流程进度一目了然。

在实际应用中，流程框图是由于各岗位的责任划分各有侧重，每个岗位所要承担的工作任务也不相同，框图可利用不同的颜色绘制不同的角色和流程，将暂不需要岗位角色承担的工作内容做一标记。运行各岗位选择自己职责范围内的流程节点去执行，不属于本岗位工作内容的节点可以跳过。运行人员在流程框图中查看本岗位工作时一目了然，既能体现出规范化管理的整体系统性思考原则，又能体现岗位分工各不相同的个性化色彩，使之具备完整性和指导性。

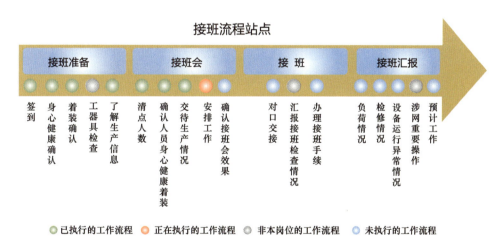

图 2-23　单元长岗位接班流程"节点"图

（五）"流程＋模板"的动态优化

流程和模板的编制是为了规范和指导运行人员的工作程序和工作行为。在执行流程框图和标准模板的过程中，各级管理人员的督导必不可少。督导应重点围绕执行过程中的热点、难点问题，分析原因、研究对策。如果问题属于执行制度不到位所致，则按相关规定进行处理；如果存在不科学、不严谨、不合理、待完善的管理漏洞，则把该问题列为整改目标，提出整改措施，修订相关规章制度，持续改进和不断完善流程框图和标准模板，由此构建出运行规范化管理自我完善和自动修复的自组织功能。

七、功能定位

"天使的眼睛，影随的导师，绩效的天平"是运行规范化管理的功能定位。

1. 天使的眼睛

"天使的眼睛"——即全面覆盖、实时监控、自动留痕功能，能够二十四小时无死角地记录管理对象的工作痕迹。

火电企业循环往复的运行过程管理，是通过制度制约、机制设计，并借助信息与网络技术手段，使得反映员工工作过程和工作结果的信息得到立体化展示和存储，就像是在运行管理的时空里装有一双"天使的眼睛"一样，让运行过程更加公开、透明。

2. 影随的导师

"影随的导师"——即全过程陪伴，并随时提供指导的功能，可以实时监控体系运转情况，随时纠正管理对象不正确的行为，并不断积累正确的经验。

火电企业运行规范化管理应用流程再造和内部控制的基本原理，把循环往复的动态循环规范成为 PDCA 的循环过程，运用成熟的信息与网络技术手段，对运行管理过程信息进行抓取、加工和存储；按照学习型组织的理论与原理，应用大数据和云计算等信息加工和数据挖掘工具，将简单、机械的运行循环过程，打造成为自组织的学习过程，运行组织也相应成为充分体现网络时代学习特征的学习型组织。这样的组织在学习过程中所形成的知识积累，可以借助信息与网络技术手段，为每一个岗位的每一个环节、每一个步骤提供在线的点对点指导，就像给每一位工作人员配备了一名"影随的导师"，使设备运行状态不再因运行人员职业技能水平的差异而受到影响。

3. 绩效的天平

"绩效的天平"——即全岗位业绩自动评价功能，能够实时反映管理对象的工作态度、工作能力和工作绩效。

绩效考核是驱动运行管理良性循环不可或缺的动力，火电企业运行规范化管理不仅要实现科学化与标准化，还做到定量化、数字化和智能化。"天使的眼睛"+"影随的导师"顺势打造出一架"绩效的天平"，让每位员工的付出都能得到及时、客观的反馈和体现，这是对追求"公正与公平"人性需求的满足，也是个人"自我实现"需求的释放，同时还是"激励与约束"机制的展现，是推动运行规范化管理持续发挥作用的根本所在。

综上所述，在运行规范化管理框架下，管理者的追求与被管理者的期盼被有效地整合在一起，在实践中解决了管理者与被管理者之间的固有矛盾。管理者希望客观全面地记录员工的工作付出，被管理者期盼个人的付出能够得到客观全面的评价，这两方面的诉求通过"天使的眼睛"得以满足，彻底改变"猫捉老鼠"的游戏规则，实现双方从对立向合作的结构性转变；同样，管理者希望为员工提供全面、个性化的工作支持，被管理者期盼个人工作能够得到全面、个性化的指导与帮助，这两者又被"影随的导师"成功地解决；"绩效的天平"则一肩挑起了双方对绩效的关注与期盼，促进规范化管理的良性发展。

"天使的眼睛、影响的导师、绩效的天平"三者在运行规范化管理中的作用与相互关系，如图 2-24 所示。

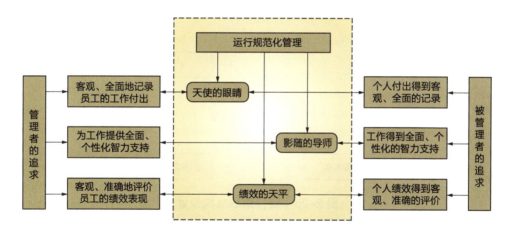

图 2-24　运行规范化功能定位关系图

第三节 运行规范化管理组织

　　运行规范化管理组织是企业为实现运行规范化管理，在职务范围、责任、权利等方面所形成的管理结构体系，它是运行管理规范化运转、职能规划、岗位设置等最基本的管理依据和框架，包含组织机构设置和典型岗位设置两方面内容。运行规范化管理组织应明确标示出组织各部分的排列顺序、空间位置、职权范围、管理层次和管理幅度，以及各要素之间的相互关系。

一、运行组织机构设置

　　一个组织的有效运行，需要按照"决策、执行和监督"进行职责分工，并相辅相成，实现组织运行过程的闭环管理。火电企业运行组织也要遵循这一原则，设置决策机构、执行机构和监督机构，并进行相应职责划分。运行组织机构设置如图 2-25 思维导图所示。

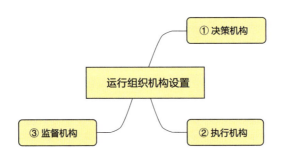

图 2-25　运行组织机构设置

（一）决策机构

　　决策机构是主导运行生产方向、确定运行重大管理方案的定夺机构，是运行生产的决策中心，主要职责是对运行生产工作的目标、任务、计划、组织、协调等重大事项进行决策。决策机构通常由分管生产副厂长（副总经理）、总工程师、运行副总工程师等人员组成。

（二）执行机构

执行机构是执行决策机构的工作部署和任务安排，制定任务和工作部署具体实施的机构，主要负责对运行人员的日常管理和涉及运行的技术监督、运行分析等方面的工作。执行机构一般由运行管理人员和运行值班人员组成。

根据生产专业化的特点，可以把运行的各组成部分划分为运行调度、集控运行、燃料运行、灰水运行、供水运行、化水运行、中水运行等功能模块。因企业装机规模、机组台数、自动化水平和人力资源配备等因素的影响，形成三种典型的运行执行组织模式：运行调度管理部门和运行生产部门并存的"双轨制"模式、运行调度管理部门与运行生产部门合并的"单轨制"模式、兼具"双轨制"和"单轨制"特点的"混合制"模式。

● 知识词典 ●

运行调度，是在电网调度统一领导下，建立以值长为中心环节的生产组织、指挥、协调系统。运行调度分为两个层面，一是企业内部生产调度，二是接受电网调度。

集控运行，是指一台机组的炉、机、电三个专业集中管理，共用一个控制室，并且都在分散控制系统（DCS）中操作的工作模式。

燃料运行，在火力发电的生产流程中负责燃煤的"接、卸、储、供"，确保安全持续地为机组运行供应燃料的运行工作称为燃料运行。

灰水运行，在火电企业中负责除去燃料在炉膛中燃烧后形成的炉渣和烟气中含有的飞灰的运行工作称为灰水运行，有些火电企业的灰水运行还负责脱硫、脱硝设备的管理工作。

供水运行，即从江河湖泊或地下为企业提取"原水"的运行工作。火电企业通常有专门的水源地或深井水源，用来保证生产、生活用水所需的原水。

化水运行，即"化学水处理"的意思，利用各种物理和化学工艺将"原水"净化为"生活水""工业水""除盐水"的运行工作。

中水运行，即向机组各用户供给水质合格的"工业水"的运行工作。根据水质不同，通常将水分为上水、中水、下水三个等级。上水为可饮用水，下水为污染严重不可回收废水，中水则是将企业生产、生活排放的污水收集、储存，并处理成可以重复使用的非饮用水。

---

1. 双轨制模式

双轨制执行机构是指"运行调度管理部门＋运行生产管理部门"的管理模式。该执行机构有两种，如图2-26和图2-27所示。

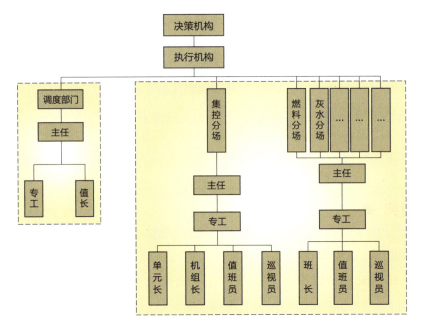

图2-26　双轨制运行执行机构Ⅰ

图2-26双轨制运行执行机构Ⅰ中，调度部门只有一个，而运行分场有一个或多个，调度部门和运行分场构成了运行组织中的执行机构。一般适用于装机在4台及以上机组的火电企业。其特点是：

（1）分别设置负责运行调度管理的部门（通常简称调度部或调度科）和负责运行生产管理的部门（通常简称运行分场）。

（2）运行分场独立进行本部门的人员管理和生产管理，并接受调度部门的指导和监督，服从调度部门进行的生产调度管理。

（3）运行分场的运行人员按照轮值方式进行倒班，每个运行值是一个班组，各班组的班长接受并正确执行本值值长（代表生产调度部门）发布的生产调度命令，保证生产链条有序运转。

（4）调度部门主任可对各分场主任行使生产调度权，调度部门的值长和专工可对各分场单元长、班长、机组长、值班员、巡视员行使生产调度权。

图2-27双轨制运行执行机构模式Ⅱ的特点为：

（1）燃料运行、灰水运行、供水运行、化水运行、中水运行设备的监视调整均远传至集控室管理，将集控运行和燃料运行、灰水运行、供水运行、化水运行、中水运行等运行群体划归为一个运行分场进行管理。

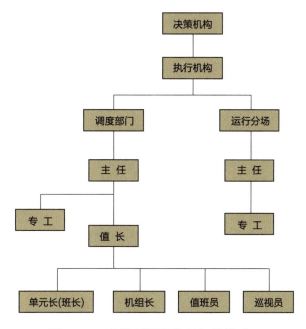

图 2-27   双轨制运行执行机构模式 Ⅱ

（2）调度部门主任可对运行分场主任行使生产调度权，调度部门的专工可对运行分场的单元长（班长）、机组长、值班员、巡视员行使生产调度权。

（3）企业自动化水平较高、人员配置少、机组台数较少。

2. 单轨制模式

单轨制模式的执行机构是运行调度管理和运行生产管理由一个部门负责，即运行部或发电部（"运行调度管理部门 + 运行生产部 = 运行部或发电部"）。一般适用于装机在 4 台机组以下的火电企业。如图 2-28 所示。

单轨制模式的特点是：负责运行调度管理的调度部门和负责运行生产管理的一个或多个运行分场合并为一个部门，通常称为运行部或发电部，它集人员管理、运行生产管理和调度管理于一身，对各运行班组进行指导和监督；运行人员按照本企业的轮值方式进行倒班，部门的每个运行值是一个班组，各班组的班长接受并正确执行本值值长的生产调度命令，保证生产链条有序运转。

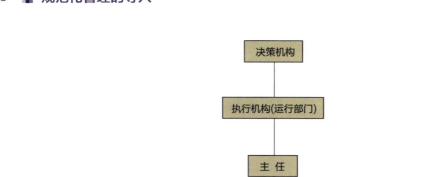

图 2-28　单轨制运行执行机构

3. 混合制

混合制模式的执行机构是"双轨制+单轨制"并存的一种特殊的模式，如图 2-29 所示。

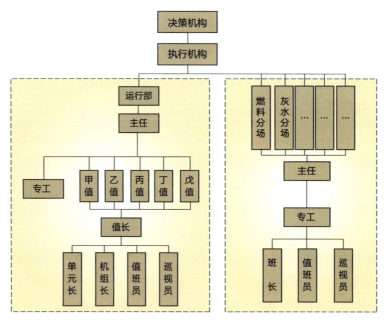

图 2-29　混合制运行执行机构

混合制模式下，企业将燃料运行、灰水运行、供水运行、化水运行、中水运行等生产专业，设置为独立的运行分场。同时，将集控运行人员按照轮值方式划分为几个行政值，每个行政值也作为一个独立的运行分场进行管理，几个行政值与负责运行调度管理的调度部门合并组建为运行部（发电部）。

运行部（发电部）既对几个行政值进行运行生产管理和调度管理，也对其他几个运行分场（燃料运行、灰水运行、供水运行、化水运行、中水运行）进行生产调度管理。其特点是：

（1）运行值升格为独立的运行分场——行政值，值长负责对本值集控运行人员管理、生产管理和调度管理，并服从运行部（发电部）的指导和监督。

（2）值长具有双重身份，值班期间既代表生产副厂长（副总经理）、总工程师行使运行生产调度指挥权，还是全值的部门负责人。

（3）行政值中每个运行单元组建为一个班组，各班组单元长（班长）要同时接受并正确执行值长发布的生产调度命令和生产管理命令。

（4）燃料运行、灰水运行、供水运行、化水运行、中水运行等其他运行分场，按值别划分班组，各班班长在接受本部门生产管理的同时还接受值长的调度管理，执行值长发布的生产调度命令，保证生产链条有序运转。

（5）运行部主任可对各分场主任行使生产调度权，运行部的值长和专工可对各分场的班长、值班员、巡视员行使生产调度权。

知识拓展

1．混合制模式的优点

（1）值长始终和基层班组运行人员一起生产、一起学习，填补了夜间行政管理的空当，实现了对运行人员"全天候、无缝隙"式管理。

（2）运行调度管理实行了纵向的统一领导、分级管理，以层次授予相应的授权和责任，组织间不同层次的上下隶属关系界定更加明确，一级对一级负责，避免了职责重叠与空白。

（3）运行生产部门的专业化设置，有助于专业管理水平的提高。

2．混合制模式的缺点

（1）值长容易对本值出现的问题"护短"，运行部（发电部）对基层班组一些深层次的管理问题不易及时发现或不易发现。

（2）调度部门对运行分场的指导和监督有所弱化，对现场一些深层次的管理问题不易及时发现或不易发现。

（三）监督机构

监督机构的职责是监督执行机构在生产过程中的工作行为，并协调管理过程中遇到的问题，以保证执行机构正确执行决策机构的工作部署。监督机构是生产管理的"标尺"，从行为安全、业务技能、经济指标、劳动纪律等不同层面和角度衡量运行人员的工作表现，确保执行决策机构工作部署的刚性。

运行管理的监督机构通常是由监督企业安全生产的安监部、负责企业技术管理的生技部、负责企业的能源节约和达标排放的节能环保部，以及负责人力资源管理的人力资源部等部门构成。

本书主要论述运行组织中的执行机构，重点讲述执行机构的设置模式及其典型的岗位设置，对决策机构和监督机构的设置不作过多描述。

二、典型运行岗位设置

岗位设置要基于管理目标的需要，按岗位需要匹配适合的人员，人与事要高度配合，做到工作责任既无空白又无重叠，每个岗位责权界线清晰明确；一级对一级负责，直接下级对所承担的任务或工作负有直接责任；管理人员对其下级完成任务的成效负有领导责任。

本书以混合制执行机构为样本，重点探讨集控运行岗位设置，燃料运行、灰水运行、供水运行、化水运行、中水运行等运行分场的岗位设置和工作标准可参照执行。

根据职责分工的不同，执行机构通常要设置运行管理岗位和运行值（班组）成员岗位两类，如图 2-30 所示。

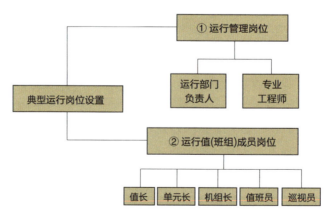

图 2-30　典型运行岗位设置

（一）运行管理岗位

根据运行管理工作需要，运行管理岗位一般设有运行部门负责人和专业工程师两种岗位。

运行部门负责人通常设置一名主任和多名副主任。部门主任的主要职责是协助企业分管领导做好运行管理工作，对整个部门的所有工作负责，是部门运行管理的第一责任人；部门副主任负责协助主任做好部门的调度管理、生产管理和专业技术管理等工作。

根据不同的专业设置，通常设置汽轮机运行、锅炉运行、电气运行、安全培训等专业工程师（简称"专工"）各一名，协助分管副主任做好专业技术管理工作，负责本专业的技术监督、运行分析、培训管理等工作。此外，有些企业还配置一名运行方式专工，负责对各机组运行方式的管理，以及对其他运行部门进行运行管理的业务指导工作。

知识拓展

运行管理岗位责任

（1）**建章立制**：要建立健全运行管理的各项规程、制度，实现运行管理有章可循。

（2）**过程管控**：要对运行人员工作行为进行过程管控，对发现的问题提出整改意见。

（3）**指导生产**：要密切协调配合，及时指导并服务于现场生产。

（4）**技术监督**：要发挥技术监督的作用，建立设备台账，开展运行分析。

（5）**技能培训**：要做细做实运行培训工作，锻造一支优秀的运行职工队伍。

（二）运行值（班组）成员岗位

"值长、单元长、机组长、值班员、巡视员"岗位是运行规范化十个组成单元的具体执行者和实践者，是利用"流程＋模板"去规范工作行为的对象和主体，在火电企业运行管理中具有一定的通用性和代表性。

值长、单元长、机组长、值班员、巡视员所承担的责任不同，图2-31为运行规范化管理过程维度和五个岗位主体维度的关系图，展示了运行规范化管控内容与各岗位责任的匹配关系。

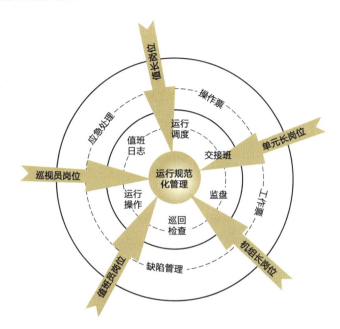

图 2-31　运行规范化管理过程维度和主体维度关系图

1. 值长

值长是当值安全生产、经济调度、运行操作、事故处理的指挥者，是企业与调度机构值班调度员的工作联系人。值长通常由有一定时限的单元长或技术专工工作经历的人员担任，其职责主要包括：

（1）代表生产副厂长（副总经理）、总工程师行使生产调度指挥权；

（2）协调当值期间所有机组的生产事务；

（3）组织重大事故处理；

（4）正确执行电网调度指令。

2. 单元长（班长）

为便于接受和执行值长的调度指令、协调两台机组的生产管理和人员管理（两台相邻的机组称为一个单元），通常设置一名单元长，也可称作班长。单元长是运行班组安全生产第一负责人，通常由具有一定时限的机组长工作经历的人员担任，其职责主要包括：

（1）组织学习贯彻执行有关规章制度；

（2）组织两台机组的运行维护和检查工作；

（3）在本值值长的领导下，全面负责本单元的各项工作；

（4）在技术、安全管理方面接受部门专业工程师的指导。

3. 机组长

资格与职责

为便于接受、执行单元长的调度指令，协调本机组的生产管理和人员管理，每台机组通常设置一名机组长。机组长通常由具有一定时限的值班员工作经历的人员担任，在单元长（班长）、专工领导下，全面负责本机组的安全、经济、环保运行。其职责主要包括：

（1）做好本机组的事故处理和系统切换、倒闸等操作；

（2）完成本机组的各项生产任务和经济、环保指标；

（3）在单元长不在时代行单元长的岗位职责，做好值班期间的班组管理工作。

4. 值班员

值班期间负责对 DCS 系统上各流程画面、参数、报警等信息进行监视、调整和应急处理的监盘人员，一般称为值班员。为防止监盘人员长时间连续监盘疲劳影响监盘质量，每台机组至少设置两名值班员，监盘时通常每 1 小时轮换休息一次。值班员通常由具有一定时限的担任巡视员工作经历的人员担任，接受单元长和机组长的领导，其职责主要包括：

（1）负责监视机组运行状态、调整机组参数、处理突发异常工况；

（2）严格执行集控运行规程、事故处理规程和各类技术指导措施；

（3）认真监盘，精心操作，保证机组安全、经济、环保运行。

● **知识词典** ●

DCS 是"集散控制系统"的简称，也可直译为"分散控制系统"或"分布式计算机控制系统"。它具有强大的逻辑控制功能和检测系统画面显示功能，配备了人机互动的平台——操作员站和工程师站，用于显示并记录来自各控制单元的过程数据，是人与生产过程信息交互的操作接口。

5. 巡视员

生产现场设施、设备、系统巡回检查及就地设备单一操作的负责人，一般称为巡视员。值长、单元长、机组长、值班员的值班地点在集控室，巡视员岗位是为掌握现场设备运行情况，及时发现设备缺陷和安全隐患，正确执行现场操作任务而设置的。巡视员接受机组长的直接领导，其职责主要包括：

（1）全面负责机组各系统、设备的巡回检查和就地操作工作；

（2）及时发现设备缺陷，并尽快、正确地录入缺陷管理系统；

（3）对生产现场防火、防盗、防冻、防破坏等工作负责。

第三章
运行规范化管理工作单元

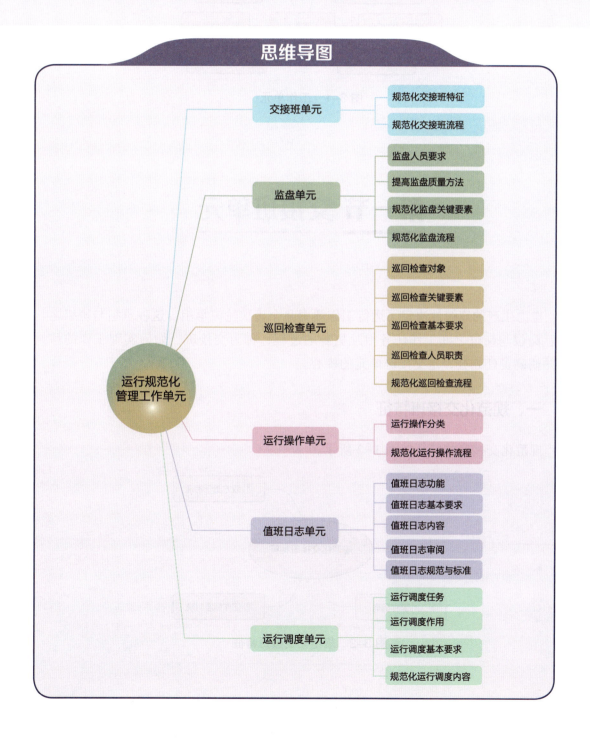

思维导图

- 交接班单元
  - 规范化交接班特征
  - 规范化交接班流程
- 监盘单元
  - 监盘人员要求
  - 提高监盘质量方法
  - 规范化监盘关键要素
  - 规范化监盘流程
- 巡回检查单元
  - 巡回检查对象
  - 巡回检查关键要素
  - 巡回检查基本要求
  - 巡回检查人员职责
  - 规范化巡回检查流程
- 运行操作单元
  - 运行操作分类
  - 规范化运行操作流程
- 值班日志单元
  - 值班日志功能
  - 值班日志基本要求
  - 值班日志内容
  - 值班日志审阅
  - 值班日志规范与标准
- 运行调度单元
  - 运行调度任务
  - 运行调度作用
  - 运行调度基本要求
  - 规范化运行调度内容

运行规范化管理工作单元

本章重点阐述火电企业运行规范化管理交接班、监盘、巡回检查、运行操作、值班日志、运行调度六个工作单元的具体内容、标准及其内在关系（如图3-1思维导图所示），特别是各工作单元的工作职责与岗位之间的精准对接，对于运行规范化管理的导入与持续提升，具有重要的实践意义。

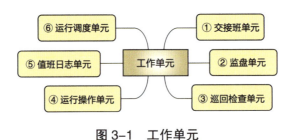

图3-1　工作单元

第一节 交接班单元

电力生产的连续性决定了运行工作要由几个班次轮流承担。这种班组与班组之间、岗位与岗位之间工作任务相互更替的过程，称为交接班。如何实现工作的移交并明确责任划分，是交接班单元的核心。

一、规范化交接班特征

规范化交接班的特征如图3-2所示。

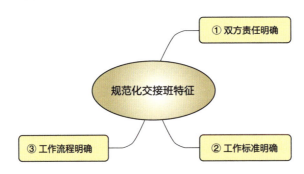

图3-2　规范化交接班特征

（一）双方责任明确　　　　　　　　　　　　　**责任明确、交接留痕**

1. 交班者对以下事项负责

（1）对本班所做工作的正确性、完整性负责；

（2）对向接班者交代事项的正确性、准确性、完整性负责；

（3）对本班已经存在而没有提出的隐患而导致的后果负责。

2. 交班者需要"交清楚"的重点内容

（1）将运行方式及注意事项交清楚。 设备运行方式通常包括"运行""备用""检修"三种状态，交班人员在交班时要交代设备运行状态发生变化的时间、原因，设备目前状态，以及需要注意的问题。

（2）将设备缺陷及异常情况交清楚。 对于遗留的缺陷，要向接班人员交代目前状态、发展趋势；对于本班发现的缺陷要交代发现时间、缺陷情况、采取的措施、检修进度；对于本班发生的异常问题，要交代发生的时间和原因、处理的过程和结果、造成的影响和注意事项等内容。附录就列举了一起因交班者未交待设备缺陷而造成接班后机组跳闸的案例。

（3）将主要操作情况交清楚。 交班人员要将本班进行的重要操作及相关设备状态及参数变化情况向接班人进行交代。

（4）将不安全情况及预防措施交清楚。 对本班出现的不安全情况的原因、现象以及处理过程向接班人详细交代，并交代预防措施和注意事项。

（5）将现场设备及清洁情况交清楚。 对于本班设备的运行情况、现场的卫生情况，要向接班人交代；如遇到设备、环境被污染时，要交代原因、采取的措施及处理情况。

3. 接班者对以下事项负责

（1）对自身满足接班必须具备的*身心条件*负责；

（2）对准确、全面理解交班者交代的事项负责；

（3）对准确、全面掌握接班时生产现场设备运行状况负责；

（4）对接班后的安全生产任务负责。

鉴于以上责任，接班者要在接班时做到"接明白"。所谓"接明白"是指接班者对其未值班期间的生产信息了解清楚，对本班的重点工作任务及安全工作事项等弄明白。

● **知识词典** ●

身心条件：主要是指身体状况和精神状态能否胜任岗位要求。

4. 接班者需要"接明白"的重点内容

（1）对发生的异常事故原因、处理经过、产生的影响、防范措施弄明白，以吸取经验教训，避免类似的问题再次发生。

（2）对新增的设备缺陷、发展状况、影响范围、有无扩大的可能、扩大后应采取的措施等弄明白，以掌握缺陷设备的运行状况，并做好缺陷突然扩大或设备跳闸的应急处理准备。

（3）对本班的重点工作、安全注意事项、现场设备情况、上级工作安排等情况弄明白，便于接班后有序安排工作重点，做到忙而不乱，安全有序。

（二）工作标准明确　　　　　　　　　　　　**流程有序、标准明确**

交接过程要做到"三交、四清、五不接"。

"三交"，遇有特殊情况不宜将现场设备说清楚的时候，要到现场交代；重要的信息要通过书面的形式进行交接；同岗位之间要进行对口交接。

"四清"，指交接双方要做到"讲清、听清、看清、点清"。

"五不接"，指"交待不清楚不接、工作任务无故未完成不接、措施不到位不接、重大操作未完成不接、环境卫生不合格不接"。

上述"三交、四清、五不接"，需要制定详细的表单，并履行相应的确认手续，以防执行过程中变形或走样。

（三）工作流程明确　　　　　　　　　　　　　　　**流程引领**

如何实现"交清楚，接明白"是交接班单元流程设计的关键。考虑到交接班是由相互交接的两个班组共同完成，工作任务相互独立，又有交叉、互动和重叠，接班方需要一定的时间来提前做好准备，准备内容主要涉及"接班准备""接班汇报""接班会"等工作；交班方为了"交清楚"，需要提前做好"交班准备"；为了总结值班情况，交班后需要召开"班后会"；双方在交接时，还要办理"交接班手续"。

上述工作是交接过程中必不可少的内容，按时间顺序串连起来，就形成了交接班流程的六个环节，即"交班准备、接班准备、接班会、交接班、接班后汇报、班后会"。交接班流程思维导图如图3-3所示。

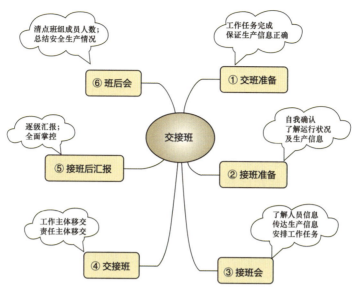

图 3-3　交接班流程

二、规范化交接班流程

（一）交班准备

交班准备的目的主要有两个，一是梳理本班工作是否已全部完成，并确认所进行的工作是否存在疏漏或错误；二是准备向接班人员交代的生产信息等内容，做到交代事项完整、准确、无歧义。 **生产信息传递**

为保证接班人员到来后有充分的时间详细了解、熟悉接班的生产信息等，交班人员通常在交班前 30min 内完成交班准备工作。

交班准备通常包括检查值班记录、检查运行日志、检查工器具三项工作。交班准备思维导图如图 3-4 所示。

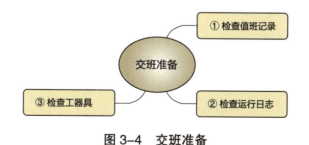

图 3-4　交班准备

1. 检查值班记录

值班记录检查要遵循"谁记录谁负责"的原则，重点检查生产信息是否正确、无遗漏，是否利于接班人员准确、全面了解未值班期间的生产信息。

值班记录通常分为值长值班记录、单元长值班记录和机组长值班记录。由于值长、单元长、机组长岗位职责范围不同，重点管辖的设备不同，因此所记录的生产信息也各有侧重。各岗位值班记录中重点记录的设备清单详见本章第五节"值班日志单元"。

值长值班记录重点关注五个方面的生产信息：

（1）全厂各台机组相互关联的设备、系统以及公用系统的方式变化；

（2）影响机组经济性能和能耗的重大事件；

（3）影响环保指标有可能造成环保参数超标排放的事件；

（4）与上级调度机构相关联的设备及其相关的工作联系；

（5）危及人身或设备安全，导致重要辅机或主机降出力甚至被迫停运的事件；

（6）领导交代的指令或工作安排。

值长岗位值班记录检查项目如图 3-5 所示，检查标准详见表 3-1 值长岗位值班记录检查参照样表。

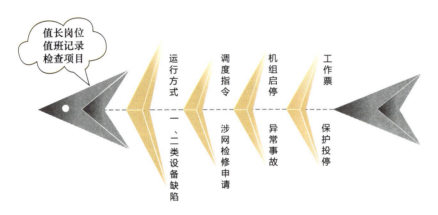

图 3-5　值长岗位值班记录检查项目

单元长值班记录重点关注以下所管辖生产信息：

（1）设备运行方式的变化以及相关的操作；

（2）影响机组经济性能和能耗水平的事件；

（3）影响机组环保指标或造成机组环保参数超标排放的事件；

（4）所辖机组相互关联的设备、系统的方式变化；

（5）危及人身或设备安全，导致重要辅机或主机降出力甚至被迫停运的事件。

表 3-1 值长岗位值班记录检查参照样表

序号	检查项目	检查内容	检查参照标准
1	运行方式	设备运行状态	在 DCS 画面中状态显示为"红色"
		设备备用状态	在 DCS 画面中状态显示为"绿色"
		设备检修状态	在 DCS 画面中状态显示为"灰色"
2	一、二类设备缺陷	缺陷设备名称	与缺陷管理系统中录入的一致
		缺陷象征	与缺陷管理系统中录入的一致
		发展趋势	使用表示缺陷趋势稳定的词语("无明显变化""稳定"等)
			使用表示缺陷趋势发展的词语("扩大""升高""增大""增加"等词语,以及"持续""快速""逐渐"等修饰语)
		采取的措施	对缺陷采取的措施与实际措施一致(切换、遮挡、隔离、调整、停电、停汽、停气、停水、消压等)
3	调度指令	指令内容	与接受指令时所做的书面记录或电话录音一致
		人员姓名	指令发布人与接受指令时所做的书面记录或电话录音一致
			听取汇报调度员姓名与值班调度员一致
		时间	开始时间与执行该命令的操作票开始时间一致
			操作结束时间与执行该命令的操作票执行完毕时间一致
		设备状态变化	操作前后设备状态变化与执行该命令的操作票上的设备状态一致(检修、运行、备用)
4	涉网检修申请	检修工作内容	与厂网互动平台上向调度员提报的检修申请的内容一致
		检修申请时间	计划工期与厂网互动平台上向调度员提报的计划工期一致
			批准工期与厂网互动平台上调度员批准的工期一致
			开工时间与厂网互动平台上该检修申请开工时间一致
			收工时间与厂网互动平台上该检修申请的收工时间一致
		调度员姓名	与厂网互动平台上该检修申请调度员签名一致
		设备状态	设备状态变化与执行该工作任务的操作票上的状态或发布的调度指令一致

序号	检查项目	检查内容	检查参照标准
5	机组启停	重要节点时间	工作节点时间与该操作票记录的时间一致（锅炉点火、汽轮机冲转、发变组并列、厂用电切换、锅炉全停油、发变组解列、锅炉熄火等）
		缺陷及处理情况	参照本表2"一二类设备缺陷"部分执行
6	异常事故	发生时间	与异常事故发生时间一致
		象征	报警信息与异常事故发生时的声光报警信号、DCS报警信息一致
			设备参数与异常事故发生时一致（电流、温度、压力、流量、振动、转速等）
			设备状态与异常事故时DCS画面设备的状态一致（运行状态为红色、设备跳闸状态为灰色）
			就地设备状态与异常事故时设备出现的现象一致（异声、异味、振动、泄漏、冒烟等）
		初步原因分析	初步判断异常发生的原因［设备或部件损坏、失效、渗漏、卡涩、异声、振动、缺少润滑脂（油、水），保护装置误报警、误跳闸等］
		处理经过	异常时处理过程与实际相同（转移负荷、紧急停运、切换、遮挡、隔离、调整、停电、消压、工作票办理等）
7	工作票	检修工作内容	检修设备、检修范围等与相应工作票一致
		主要安全措施	安全措施与相应工作票所列安全措施一致（隔离、调整、停电、消压等）
		工作时限	批准完成时间与相应工作票批准完成时间一致
			实际开工时间与相应工作票实际开工时间一致
			收工时间与相应工作票收工时间一致
			延期时间与相应工作票延期时间一致

序号	检查项目	检查内容	检查参照标准
7	工作票	设备试转情况	试转结论与实际试转结论一致
			试转参数与试转过程中采集的参数一致
		检修交代	交代内容与检修人员书面交代的内容及现场实际情况一致（设备异动及改造情况、运行注意事项、缺陷是否消除等）
8	保护投停	保护名称	与相应保护投停申请单的名称一致
		投停原因	与相应保护投停申请单的原因一致
		投停时间	与相应保护投停申请单填写的时间一致
		批准人	与相应保护投停申请单的批准人一致

单元长岗位值班记录检查项目如图 3-6 所示，检查标准详表 3-2 单元长岗位值班记录检查参照样表。

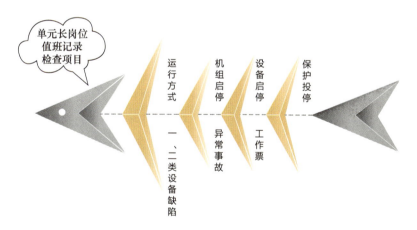

图 3-6　单元长岗位值班记录检查项目

表 3-2　单元长岗位值班记录检查参照样表

序号	检查项目	检查内容	检查参照标准
1	运行方式	设备状态	运行设备在 DCS 画面中状态显示为"红色"
			备用设备在 DCS 画面中状态显示为"绿色"
			检修设备在 DCS 画面中状态显示为"灰色"
		主要参数	与实际参数一致
2	一、二类设备缺陷	缺陷设备名称	与缺陷管理系统中录入的一致
		缺陷象征	与缺陷管理系统中录入的一致
		发展趋势	使用表示缺陷趋势稳定的词语("无明显变化""稳定"等)
			使用表示缺陷趋势发展的词语("扩大""升高""增大""增加"等词语，以及"持续""快速""逐渐"等修饰语)
		采取的措施	对缺陷采取的措施与实际措施一致（切换、遮挡、隔离、调整、停电、停汽、停气、停水、消压等）
		发现时间	与缺陷管理系统中录入的缺陷发现时间一致
3	机组启停	重要节点参数	与实际参数数值一致： （1）汽轮机冲转时主蒸汽温度、主蒸汽压力、再热蒸汽温度、再热蒸汽压力、主蒸汽流量、凝汽器真空以及汽水中 Fe、Na^+、SiO_2、Cu 含量； （2）冲转过程中汽轮机各轴承最高振动值、润滑油温、轴承温度等； （3）发变组解列后转子惰走时间、盘车电机电流、转子偏心度等
		重要节点时间	工作节点时间与该操作票记录的时间一致（锅炉点火、发变组恢复备用、汽轮机冲转、发变组并列、厂用电切换、锅炉全停油、发变组解列、锅炉熄火等）
		缺陷及处理情况	参照本表 2 "一、二类设备缺陷"部分执行

续表

序号	检查项目	检查内容	检查参照标准
4	异常事故	发生时间	与异常事故发生时间一致
		象征	报警信息与异常事故发生时的声光报警信号、DCS报警信息一致
			设备参数与异常事故发生时一致(电流、温度、压力、流量、振动、转速等)
			设备状态与异常事故时DCS画面设备的状态一致(运行状态为红色,设备跳闸状态为灰色)
			就地设备状态与异常事故时设备出现的现象一致(异声、异味、振动、泄漏、冒烟等)
		初步原因分析	初步判断异常发生的原因〔设备或部件损坏、失效、渗漏、卡涩、异声、振动、缺少润滑脂(油、水),保护装置误报警、误跳闸等〕
		处理经过	异常时处理过程与实际相同(转移负荷、紧急停运、切换、遮挡、隔离、调整、停电、消压、工作票办理等)
5	设备启停	设备名称	与相应操作票(或工作单)上的名称一致
		启停时间	与相应操作票(或工作单)上的时间一致
6	工作票	检修工作内容	检修设备、检修范围等与相应工作票一致
		主要安全措施	安全措施与相应工作票所列安全措施一致(隔离、调整、停电、消压等)
		工作时限	批准完成时间与相应工作票批准完成时间一致
			实际开工时间与相应工作票实际开工时间一致
			收工时间与相应工作票收工时间一致
			延期时间与相应工作票延期时间一致

续表

序号	检查项目	检查内容	检查参照标准
6	工作票	设备试转情况	试转结论与实际试转结论一致
			试转参数与试转过程中采集的参数一致
		检修交代	交代内容与检修人员书面交代的内容及现场实际情况一致（设备异动及改造情况、运行注意事项、缺陷是否消除等）
7	保护投停	保护名称	与相应保护投停申请单的名称一致
		投停原因	与相应保护投停申请单的原因一致
		投停时间	与相应保护投停申请单填写的时间一致
		批准人	与相应保护投停申请单的批准人一致

机组长值班记录重点关注以下生产信息：

（1）机组设备运行方式的变化以及相关的操作；

（2）影响机组经济性能和能耗水平的事件；

（3）影响机组环保指标或造成机组环保参数超标排放的事件；

（4）机组发生的缺陷以及采取的相应措施；

（5）危及人身或设备安全，导致重要辅机或主机降出力甚至被迫停运的事件。

机组长岗位值班记录检查项目如图3-7所示，检查标准详见表3-3机组长岗位值班记录检查参照样表。

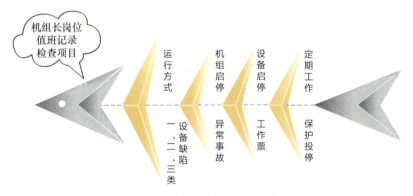

图3-7　机组长岗位值班记录检查项目

表 3-3　机组长岗位值班记录检查参照样表

序号	检查项目	检查内容	检查参照标准
1	运行方式	设备状态	运行设备在 DCS 画面中状态显示为"红色"
			备用设备在 DCS 画面中状态显示为"绿色"
			检修设备在 DCS 画面中状态显示为"灰色"
		主要参数	与实际参数一致
2	一、二、三类设备缺陷	缺陷设备名称	与缺陷管理系统中录入的一致
		缺陷象征	与缺陷管理系统中录入的一致
		发展趋势	使用表示缺陷趋势稳定的词语("无明显变化""稳定"等)
			使用表示缺陷趋势发展的词语("扩大""升高""增大""增加"等词语以及"持续""快速""逐渐"等修饰语)
		采取的措施	对缺陷采取的措施与实际措施一致(切换、遮挡、隔离、调整、停电、停汽、停气、停水、消压等)
		发现时间	与缺陷管理系统中录入的缺陷发现时间一致
		发现人	与缺陷管理系统中该缺陷的录入人一致
3	机组启停	重要节点参数	与实际参数数值一致(①汽轮机冲转时主蒸汽温度、主蒸汽压力、再热蒸汽温度、再热蒸汽压力、主蒸汽流量、凝汽器真空以及汽水中 Fe、Na^+、SiO_2、Cu 含量;②冲转过程中汽轮机各轴承最高振动值、润滑油温、轴承温度等;③发变组解列后转子惰走时间、盘车电机电流、转子偏心度等)
		重要节点时间	工作节点时间与该操作票记录的时间一致(锅炉点火、发变组恢复备用、汽轮机冲转、发变组并列、厂用电切换、锅炉全停油、发变组解列、锅炉熄火等)
		缺陷及处理情况	参照本表 2 "设备缺陷"部分执行

续表

序号	检查项目	检查内容	检查参照标准
4	异常事故	发生时间	与异常事故发生时间一致
		象征	报警信息与异常事故发生时的声光报警信号、DCS报警信息一致
			设备参数与异常事故发生时一致(电流、温度、压力、流量、振动、转速等)
			设备状态与异常事故时DCS画面设备的状态一致(运行状态为红色、设备跳闸状态为灰色)
			就地设备状态与异常事故时设备出现的现象一致(异声、异味、振动、泄漏、冒烟等)
		初步原因分析	初步判断异常发生的原因〔设备或部件损坏、失效、渗漏、卡涩、异声、振动、缺少润滑脂(油、水),保护装置误报警、误跳闸等〕
		处理经过	异常时处理过程与实际相同(转移负荷、紧急停运、切换、遮挡、隔离、调整、停电、消压、工作票办理等)
5	设备启停	设备名称	与相应操作票(或工作单)上的名称一致
		启停时间	与相应操作票(或工作单)上的时间一致
		发生的缺陷	参照本表2"设备缺陷"部分执行
		参数变化	设备启停前后相关参数与DCS画面上各参数一致(电流、温度、压力、流量、振动等)
6	工作票	检修工作内容	检修设备、检修范围等与相应工作票一致
		主要安全措施	安全措施与相应工作票所列安全措施一致(隔离、调整、停电、消压等)
		工作时限	批准完成时间与相应工作票批准完成时间一致
			实际开工时间与相应工作票实际开工时间一致

续表

序号	检查项目	检查内容	检查参照标准
6	工作票	工作时限	收工时间与相应工作票收工时间一致
			延期时间与相应工作票延期时间一致
		设备试转情况	试转结论与实际试转结论一致
			试转参数与试转过程中采集的参数一致
		检修交代	交代内容与检修人员的书面交代的内容、现场实际情况一致（设备异动及改造情况、运行注意事项、缺陷是否消除等）
7	定期工作	内容	与相应操作票（或工作单）上定期工作内容一致
		时间	与相应操作票（或工作单）上定期工作执行时间一致
		设备参数	执行前后设备及相关系统参数与相应定期工作专项记录上的参数一致（电流、温度、压力、流量、振动等）
		结论	要有"合格""正常"或是"不合格""不正常"等结论
		遇到的问题及采取的措施	发生的缺陷参照本表2"设备缺陷"部分执行
			发生的异常参照本表4"异常事故"部分执行
			未执行的定期工作要记录未执行原因及批准人姓名（专工及以上管理人员）
8	保护投停	保护名称	与相应保护投停申请单的名称一致
		投停原因	与相应保护投停申请单的原因一致
		投停时间	与相应保护投停申请单填写的时间一致
		批准人	与相应保护投停申请单的批准人一致

值长、单元长、机组长作为记录人，在交班前要按照下列要求对各自的值班记录进行检查：

（1）检查值班记录内容的正确性，所记录的内容应与实际运行情况相符合。

（2）检查值班记录内容的完整性，所记录的内容应全面涵盖实际运行状况，不能出现漏项。

（3）检查数字记录正确、文字描述无引起歧义的词句。特别要注意检查专业术语是否符合规范，避免出现"可以这样理解也可以那样理解"的情况。如果设备运行状态描述不清楚、设备缺陷发生部位描述不准确，容易造成理解的偏差或错误。

（4）纸质记录应检查字迹清楚、整洁，文字涂改不得超过3处，其中设备名称、编号、连接片、插头、参数、操作动词不得涂改。

（5）要检查记录内容使用标准用语及单位。

正确、完整、规范

● 知识词典 ●

运行方式： 通常指设备的"运行""备用"和"检修"三种状态，但电力企业系统流程复杂、设备众多，即使所有设备都投入运行，也会存在系统连接形式的特殊状态，比如：设备主保护投用和退出情况、各断路器及隔离开关的位置及母线的串并联方式、设备投解备用状态、发电机组的解并列等，这些都属于广义上的运行方式范畴。

2. 检查运行日志

检查运行日志要遵循"谁抄录谁负责"的原则，要按照以下要求进行：

（1）抄录人必须对抄录数据的正确性负责，所抄录的各项数据应与抄录时的表计指示一致。

（2）抄录人注意检查所抄录的各项数据准确、完整无遗漏。

（3）应检查所抄录的数据在正常范围内。若超出限值，应查找是设备原因还是抄录错误，并根据情况采取针对性措施。

（4）纸质记录应检查字迹清楚、整洁，数字书写规范，没有任意涂改、脏污现象，签名要使用仿宋字体。

根据岗位职责不同，值长、机组长、巡视员分别负责检查不同类型的运行日志。

值长负责的运行日志： 主要有全厂主要生产情况、全厂主要生产数据、上级调度机构日报、上级公司生产日报等（如图3-8所示），涉及企业的上网电量、线路负荷等重要数据，这些数据内容的准确记录，可以使各级技术人员快速掌握生产情况，为调度部门及上级公司的决策和经济利润兑现提供依据，其检查标准详见

表3-4值长岗位运行日志检查参照样表。

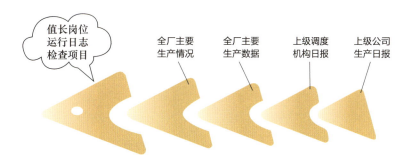

值长岗位运行日志检查项目 · 全厂主要生产情况 · 全厂主要生产数据 · 上级调度机构日报 · 上级公司生产日报

图 3-8　值长岗位运行日志检查项目

表 3-4　值长岗位运行日志检查参照样表

序号	检查项目	检查内容	检查参照标准	检查方法
1	全厂主要生产情况	填报的生产内容	记录全面、准确、无遗漏、无错别字	（1）对照值班记录的内容，逐条检查录入的主要生产情况内容； （2）逐条检查录入的主要生产情况
2	全厂主要生产数据	填报的日发电量、综合厂用电率、补水量等数据	正确、齐全、无遗漏、与实际一致	（1）逐项检查填报数据； （2）检查填报数据与统计各数据
3	上级调度机构日报	填报的全厂上网电量及各出线上网电量等数据	正确、齐全、无遗漏、与实际一致	（1）逐项检查填报数据； （2）核对填报的各数据与统计的各数据
4	上级公司生产日报	填报的全厂发电量、厂用电率、煤耗、供热量等数据		

机组长岗位检查的日志是本机组监盘人员接盘前所抄录的机组各设备、系统的重要参数。应检查的运行日志一般包括机组经济指标运行日志、发电机温度运行日志、机组运行日志、机组 SCR 区脱硝运行日志等（如图 3-9 所示），其检查标准详见表 3-5 机组长岗位运行日志检查参照样表。

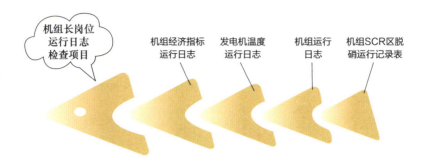

图 3-9　机组长岗位运行日志检查项目

表 3-5　机组长岗位运行日志检查参照样表

序号	检查项目	检查内容	检查参照标准
1	机组经济指标运行日志	填报的全厂发电量、上网电量、厂用电量、补水量等数据	（1）逐项检查填报，填写齐全，无遗漏； （2）核对数据与抄录数据正确，并与实际值一致； （3）检查填报的数据字体，整洁、清晰、无涂改； （4）检查填报人签名使用仿宋字体
2	发电机温度运行日志	填报的发电机定子线棒温度、发电机定子冷却水出口温度、氢气温度、定子铁芯温度、转子线圈温度等数据	（1）逐项检查填报数据，填写齐全，无遗漏； （2）核对填报数据与DCS画面各数据一致； （3）检查填报数据字体，整洁、清晰、无涂改； （4）检查填报人签名使用仿宋字体
3	机组运行日志	填报的有功负荷、无功负荷、主（再热）蒸汽参数、汽轮机轴向位移、差胀、主机轴承振动、温度、凝汽器真空、循环水温度、抽汽温度压力等参数	
4	机组SCR区脱硝运行记录表	填报的脱硝效率、反应器入口参数（NO_x、烟气温度、烟气流量）、反应端出口NO_x、反应器差压、还原剂流量、稀释比等数据	

　　巡视员岗位应检查的日志主要为就地抄录的发电机电量表码、各台给煤机的给煤量表码以及磨煤机、凝结水泵、一次风机、循环水泵、送风机等主要动力设备的耗电表码等数据（如图 3-10 所示），要检查各表码正确无误，以确保厂用电率

和煤耗计算的正确性，其检查标准详表 3-6 巡视员岗位运行日志检查参照样表。

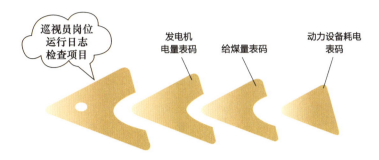

图 3-10   巡视员岗位运行日志检查项目

表 3-6   巡视员岗位运行日志检查参照样表

序号	检查项目	检查内容	检查参照标准
1	发电机电量表码	填报的发电机有功负荷、无功负荷、峰段电量、平段电量、谷段电量等表码	（1）逐项检查填报数据齐全、无遗漏； （2）核对填报数据与各表计数据指示一致； （3）检查填报数据的字体，整洁、清晰； （4）检查填报人签名书写规范，使用仿宋字体
2	给煤量表码	填报的各台给煤机累计给煤量表码	
3	动力设备耗电表码	填报的各台风机、磨煤机、凝结水泵、循环水泵、电动给水泵、真空泵、低压厂用变压器等耗电表码	

3. 检查工器具   **定置放、数量全、功能好**

交班前应认真检查工器具数量齐全、功能完好、定置存放，避免丢失和错乱。

检查时应对照工器具检查标准清单，核对工器具名称、数量、型号与清单是否相符，是否定置摆放，外观是否完整无破损，尤其要检查电器绝缘工器具的性能是否符合要求，人身劳动保护的工器具是否在有效期内。

若发现工器具不合格，应立即汇报单元长，联系专工予以更换；专工对存在问题的工器具应进行校验、修复或进行其他处理。当发现工器具缺失时，应向单元长汇报，并向班组人员逐一询问工器具去向，以便尽快找回。若确认工器具已丢失或损坏，要在工器具登记簿上登记、填写缺损清单及缺损原因，上报专业专工，专业专工根据统计的工器具缺损清单，将工器具补齐。

工器具的检查通常由巡视员负责，并在接班人员到来之前检查完毕。需要检查的工器具通常有安全工器具、操作工器具、钥匙、技术资料等。

安全工器具是保障工作人员人身安全的各种专用工具和器具，以防止触电、灼伤、坠落、摔跌等事故的发生。生产现场一般配有正压式呼吸器、防毒面具、验电器、安全标志牌、绝缘靴、绝缘手套、安全带、接地线等（如图 3-11 所示），其检查标准详见表 3-7 安全工器具检查参照样表。

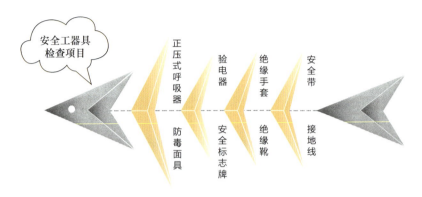

图 3-11　安全工器具检查项目

操作工器具是指运行操作、测量时使用的专用工具或器具，生产现场一般配有绝缘电阻表、万用表、断路器操作把手、测氢仪、测温仪、测振仪、大锤、听针、阀门钩、煤粉浓度检测仪、氨气浓度监测仪等（如图 3-12 所示），其检查标准详见表 3-8 操作工器具检查参照样表。

图 3-12　操作工器具检查项目

表 3-7 安全工器具检查参照样表

序号	工器具名称	检查项目	检查参照标准
1	正压式呼吸器	外观检查	外观完好无破损
			气瓶压力在 200 ~ 300bar 之间（1bar=0.1MPa）
			校验证粘贴牢固，在有效期内
		定置摆放	摆放在橱柜规定位置
			橱柜内旁边贴有使用说明
			数量齐全，无缺失
2	防毒面具	外观检查	面具无裂痕、无破口
			呼气阀片无变形、无破裂、无裂缝
			滤毒盒座密封圈完好
			校验证粘贴牢固且在有效期内
		定置摆放	摆放在橱内规定位置
			数量齐全，无缺失
3	验电器	外观检查	外观完整无破损
			表面无污物、灰尘
			校验证粘贴牢固且在有效期内
			声光报警正常
		定置摆放	按电压等级定置摆放
			数量齐全，无缺失
4	安全标志牌	外观检查	标示牌无变形、字迹清晰、悬挂绳牢固（"禁止合闸，有人工作""禁止操作"标示牌）
		定置摆放	摆放在相应橱柜内的规定位置

续表

序号	工器具名称	检查项目	检查参照标准
5	绝缘手套	外观检查	外观完整无破损、发粘、老化、裂纹等现象
			合格证粘贴牢固且在有效期内
		定置摆放	摆放在橱内规定位置
			立式存放，无叠压
			数量齐全，无缺失
6	绝缘靴	外观检查	外观完整无破损、发黏、老化、裂纹等现象
			合格证粘贴牢固且在有效期内
		定置摆放	摆放在橱内规定位置
			数量齐全，无缺失
7	安全带	外观检查	带体无磨损、铆钉牢固、缝线均匀无开线
			校验证粘贴牢固且在有效期内
		定置摆放	卷成螺旋状存放或吊挂存放
			摆放在橱内规定位置
			数量齐全，无缺失
8	接地线	外观检查	完整无破损，无断股、绞线松股、夹具断裂松动、护套破损等缺陷
			合格证粘贴牢固且在有效期内
		定置摆放	编号牌向外
			按橱柜内编号位置对应摆放
			数量齐全；缺失的地线与现场装设的接地线登记编号一致

表 3-8 操作工器具检查参照样表

序号	工器具名称	检查项目	检查参照标准
1	绝缘电阻表	外观检查	外观完整无破损
			绝缘电阻表测量线齐全
			校验证粘贴牢固，且在有效期内
		定置摆放	按电压等级摆放在规定位置
			数量齐全，无缺失
2	万用表	外观检查	外观完整无破损
			表线完整
			校验证粘贴牢固且在有效期内
		定置摆放	摆放在橱内规定位置
			数量齐全，无缺失
3	断路器操作把手	外观检查	外观完整，无变形、无裂纹等现象
		定置摆放	摆放在橱内规定位置
			数量齐全，无缺失
4	测氢仪	外观检查	外观完整无破损
			校验证粘贴牢固，且在有效期内
			电池电量充足
			声光报警正常（按下"ON"键试验）
		定置摆放	摆放在橱内规定位置
			数量齐全，无缺失

续表

序号	工器具名称	检查项目	检查参照标准
5	测温仪	外观检查	外观完整无破损
			校验证粘贴牢固，且在有效期内
			电池电量充足
		定置摆放	摆放在橱内规定位置
			数量齐全，无缺失
6	测振仪	外观检查	外观完整无破损
			校验证粘贴牢固，且在有效期内
			电池电量充足
		定置摆放	摆放在橱内规定位置
			数量齐全，无缺失
7	大锤	外观检查	锤柄清洁、无油污
			锤头完整，表面光滑微凸，无歪斜、缺口、凹入及裂纹等情形
			锤柄用整根硬木制成，安装牢固，并将头部用楔栓固定
		定置摆放	摆放在橱内规定位置
			数量齐全，无缺失
8	听针	外观检查	外观完整，无变形或弯曲、裂纹现象
		定置摆放	摆放在橱内规定位置
			数量齐全，无缺失
9	阀门钩	外观检查	外观完整，无变形或弯曲、裂纹现象
		定置摆放	摆放在橱内规定位置
			数量齐全，无缺失

续表

序号	工器具名称	检查项目	检查参照标准
10	煤粉浓度检测仪	外观检查	外观完整无破损
			校验证粘贴牢固，且在有效期内
			电池电量充足
		定置摆放	摆放在橱内规定位置
			数量齐全，无缺失
11	氨气浓度监测仪	外观检查	外观完整无破损
			校验证粘贴牢固，且在有效期内
			电池电量充足
		定置摆放	摆放在橱内规定位置
			数量齐全，无缺失

钥匙。为防止人员误入带电间隔，发生触电事故，生产现场的配电室、升压站、主变压器围栏、高压备用变压器围栏、检修电源箱等均设有门锁。每把锁至少配有三把钥匙，分别供运行值班人员巡检使用、事故处理时使用、借给单独巡视高压设备人员或检修工作负责人使用。同时，为防止误操作的发生，一些重要设施、设备的隔离开关上也装设了对号锁、程序锁、电磁锁以及采用微机闭锁等装置。因此，根据钥匙用途的不同，通常分为四类：*正常巡检钥匙、事故处理钥匙、借用钥匙及防误闭锁解锁钥匙*（如图3-13所示），其检查标准详见表3-9钥匙检查参照样表。

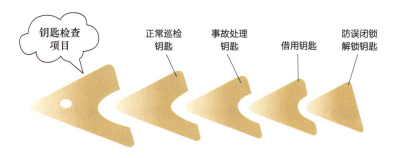

图3-13　钥匙检查项目

表 3-9　钥匙检查参照样表

序号	工器具名称	检查项目	检查参照标准
1	正常巡检钥匙	定置摆放	按标牌名称定置悬挂
			数量齐全，无缺失
			钥匙名称与标牌名称一致
2	事故处理钥匙	定置摆放	按标牌名称定置悬挂
			数量齐全，无缺失
			钥匙名称与标牌名称一致
3	借用钥匙	定置摆放	按标牌名称定置悬挂
			数量齐全，无缺失
			钥匙名称与标牌名称一致
			借出的钥匙与借出登记的钥匙一致
			借出钥匙登记的钥匙名称、借用人、借出理由、借出时间、经手人等信息完整
4	防误闭锁解锁钥匙	定置摆放	定置放置在加有封条的专用箱（盒）内
			在箱（盒）外看到钥匙
			钥匙专用箱（盒）封条完整

● 知识词典 ●

正常巡检钥匙：专供运行人员值班期间巡回检查、运行操作时使用的钥匙。

事故处理钥匙：专供运行人员事故处理时使用的钥匙。

借用钥匙：用于借给许可单独巡视高压设备的人员和工作负责人使用的钥匙。借出时，必须登记所借用钥匙的名称、借用人、借出理由、借出时间、经手人等信息，并要在当日内将借出钥匙交回；对于连续多日的检修工作，次日可重新办理借用手续。

防误闭锁解锁钥匙：专门用来解锁防误操作闭锁装置的钥匙，放置在加有封条的专用箱（盒）内。

另外，运行规程、安全规程、热机系统图、电气系统图、技术措施、异动报告、试验方案及其他技术文件等技术资料，作为运行人员值班期间的"特殊工器具"，也要纳入到交接内容当中，以备运行人员在值班期间随时查阅，提供技术支持，其检查标准详见表3-10技术资料检查参照样表。

表3-10　技术资料检查参照样表

序号	技术资料名称	检查项目	检查参照标准
1	运行规程	外观检查	外观无破损
			使用批文在有效期内
		定置摆放	数量齐全
			放置专用箱柜内
2	安全规程	外观检查	外观无破损
			使用批文在有效期内
		定置摆放	数量齐全
			放置专用箱柜内
3	热机系统图	外观检查	外观无破损、无缺页
			使用批文在有效期内
		定置摆放	数量齐全，无缺失
			放置专用箱柜内
4	电气系统图	外观检查	外观无破损、无缺页
			使用批文在有效期内
		定置摆放	数量齐全，无缺失
			放置专用箱柜内

（二）接班准备

接班准备的目的有两个，一是使接班人员能够自我确认是否满足上岗条件；二是使接班人员能够清楚了解设备运行状况和未值班期间的生产信息，以便接班后顺利开展工作。因此，接班前，接班人员应提前一定时间到达工作现场，掌握未值班期间的生产信息，并听取交接人员的交代，以备有足够的时间做好值班前的工作准备。

准备工作应包括自我准备、工器具检查和了解生产信息等事项。如图 3-14 接班准备思维导图所示。

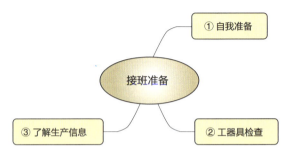

图 3-14　接班准备

1. 自我准备

运行人员接班前要重点对自己的工作服、安全帽等着装进行自我确认，避免因穿戴不合格的工作服和安全帽而造成的人身伤害，如图 3-15 所示。另外，运行人员还要对自己的身体状况和精神状态等身心健康情况进行自我确认，最大限度地避免因疾病或情绪不稳定而引发不安全行为、因酒后上班引发安全事故等问题。

图 3-15　着装确认

自我确认时要本着对自己负责、对岗位负责、对企业负责的精神，实事求是地按照自我确认样表严格自查，自我确认标准详见表 3-11 自我确认参照样表。

表 3-11　自我确认参照样表

序号	自我确认内容	确认项目	确认参照标准
1	身心健康确认	身体状况	体能良好
			未饮酒
			无影响工作的病症
		精神状态	精力充沛
			思想稳定
2	着装确认	工作服	穿着纯棉材质工作服，未穿用尼龙、化纤或棉、化纤混纺制作的衣服
			衣服和袖口已扣好，没有可能被转动设备绞住或卡住的部分
			未戴围巾
			未穿短裤、裙子、拖鞋、凉鞋、高跟鞋、铁掌鞋等
		安全帽	合格证在有效期内
			外观无损伤、无裂纹、无变形
			帽衬组件完整、帽箍完好无破损，并与帽壳连接牢固
			帽带无伤痕，锁扣完整有效

运行人员自我确认身心健康、着装符合要求后，应进行接班签到。值长、单元长、机组长及负责检查工器具的巡视员，通常应在接班前 30min 左右签到；值班员及其他巡视员通常在接班前 20min 签到，以保证有足够的时间进行接班前的检查。

2. 工器具检查

接班前必须将工器具的数量和状况等检查清楚，以备值班期间正常使用，如图 3-16 所示。

工器具检查通常由巡视员在接班会召开前完成。检查时应对照工器具检查标准清单，检查安全工器具、操作工器具、钥匙、技术资料等与清单是否对应，是否定置摆放，校验证是否在有效期内，外观是否完整无破损。如发现工器具缺损，应向交班人员了解原因，同时做好缺损工器具的记录，并及时汇报给单元长及专业专工，以便及时查找或补齐。检查标准详见交班准备的工器具检查样表。

图 3-16　工器具检查

3. 了解生产信息　　　　　　　　　　　　　　　　　　**了如指掌**

通常由接班机组长、单元长、值长岗位翻阅各类登记簿，登录缺陷管理系统、"两票"系统、值班日志系统、厂网互动平台系统等，对未值班期间的生产信息逐项查看、了解。接班会上单元长或机组长要将掌握的生产信息向班组成员传达，以便让接班者全面掌握未值班期间的生产信息，顺利进入工作状态。

值长重点了解：

影响全厂机组安全、经济、环保运行的重大缺陷、重要操作、特殊运行方式以及涉网生产信息（如图 3-17 所示），其了解标准详见表 3-12 值长了解生产信息参照样表。

图 3-17　值长岗位生产信息了解项目

表 3-12　值长了解生产信息参照样表

序号	信息内容	了解参照标准
1	运行方式	掌握设备状态（运行、备用、检修）
2	设备缺陷	掌握设备一、二类缺陷名称、发展趋势、采取的措施
3	调度指令	掌握调度员所发布调度预告的操作任务、操作步骤
		掌握调度指令内容和当前执行到的具体操作项目
		掌握操作前后设备状态变化（检修、运行、备用）
4	涉网检修申请	掌握检修的设备、检修范围、计划开工时间、批准检修工期、操作前后设备状态变化（检修、运行、备用）
5	机组启停	了解重要工作节点时间（锅炉点火、汽轮机冲转、发变组并列、厂用电切换、锅炉全停油、发变组解列、锅炉熄火等）
		掌握机组启停过程中发生缺陷的名称、发展趋势、采取的措施、处理情况
6	异常事故	掌握异常事故发生时间、初步原因、采取的措施（转移负荷、紧急停运、切换、遮挡、隔离、调整、停电、消压、工作票办理等）
7	工作票	掌握已开工工作检修的设备、检修范围、批准检修工期、采取的安全措施
		掌握已收工工作缺陷是否消除、设备试转结论、操作前后设备状态变化
8	保护投停	掌握投停保护名称、原因
9	厂内检修申请	掌握计划检修的设备、检修范围、计划开工时间、批准检修工期
10	机组负荷	了解各台机组当前实时负荷值
		了解当前全厂总负荷曲线是否与调度机构计划曲线一致及偏离计划曲线原因
11	机组 AGC 模式	熟知投入 AGC "R" 模式的机组
		熟知投入 AGC "O" 模式的机组
		了解机组退出 AGC 控制的原因
12	电网通知	了解电网调度机构下发的各类通知及电网电量考核情况

单元长重点了解：

负责的机组的安全、经济、环保运行的缺陷、操作、运行方式变化及公用系统的生产信息（如图 3-18 所示），其了解标准详见表 3-13 单元长了解生产信息参照样表。

图 3-18　单元长岗位生产信息了解项目

机组长重点了解：

负责机组安全、经济、环保运行的缺陷、操作、运行方式变化等生产信息（如图 3-19 所示），其了解标准详见表 3-14 机组长岗位了解生产信息参照样表。

图 3-19　机组长岗位生产信息了解项目

表 3-13　单元长了解生产信息参照样表

序号	信息内容	了解参照标准
1	运行方式	熟知设备状态（运行、备用、检修）
		熟悉机组主要参数（凝汽器真空、主蒸汽温度、供热机组供热温度、机组烟气二氧化硫及 NO_x 含量、烟尘含量等参数）
2	设备缺陷	掌握设备一、二类缺陷名称，发展趋势，采取的措施
3	机组启停	了解重要工作节点时间（锅炉点火、汽轮机冲转、发变组并列、厂用电切换、锅炉全停油、发变组解列、锅炉熄火等）
		掌握机组启停过程中发生缺陷的名称、发展趋势、采取的措施、处理情况
4	异常事故	掌握异常事故发生时间、初步原因、采取的措施（转移负荷、紧急停运、切换、遮挡、隔离、调整、停电、消压、工作票办理等）
5	设备启停	掌握启停设备的名称、发生的缺陷、参数及状态变化
6	工作票	了解未开工检修工作计划开工时间、需要采取的安全措施
		掌握已开工工作检修的设备、检修范围、批准检修工期、采取的安全措施
		掌握已收工的工作缺陷是否消除、设备试转结论、操作前后设备状态变化
7	保护投停	掌握投停保护名称、原因
8	厂内检修申请	掌握计划检修的设备、检修范围、计划开工时间、批准检修工期
9	机组负荷	了解各台机组当前实时负荷值
		了解当前机组负荷曲线是否与调度机构计划曲线一致及偏离计划曲线原因
10	机组 AGC 模式	熟知投入 AGC "R" 模式的机组
		熟知投入 AGC "O" 模式的机组
		了解机组退出 AGC 控制的原因

表 3-14 机组长岗位了解生产信息参照样表

序号	信息内容	了解参照标准
1	运行方式	熟知设备状态（运行、备用、检修）
		熟悉机组主要参数（凝汽器真空、主蒸汽温度、供热机组供热温度、机组烟气二氧化硫及 NO_x 含量、烟尘含量等参数）
2	设备缺陷	掌握设备一、二、三类缺陷名称，发展趋势，采取的措施
3	机组启停	了解重要工作节点时间（锅炉点火、汽轮机冲转、发变组并列、厂用电切换、锅炉全停油、发变组解列、锅炉熄火等）
		掌握机组启停过程中发生缺陷的名称、发展趋势、采取的措施、处理情况
4	异常事故	掌握异常事故发生时间、初步原因、采取的措施（转移负荷、紧急停运、切换、遮挡、隔离、调整、停电、消压、工作票办理等）
5	设备启停	掌握启停设备的名称、发生的缺陷、参数及状态变化
6	工作票	掌握已开工的检修设备、检修范围、批准检修工期、采取的安全措施
		掌握已收工工作缺陷是否消除、设备试转结论、操作前后设备状态变化
7	定期工作	掌握定期工作执行前后设备及相关系统参数变化（电流、温度、压力、流量、振动等）
		掌握定期工作结论（"合格""正常"或是"不合格""不正常"）
		执行中遇到的缺陷、异常及采取的措施
		了解定期工作因故未执行的原因
		掌握本班需要执行的定期工作内容
8	保护投停	掌握投停保护名称、原因
9	厂内检修申请	掌握计划检修的设备、检修范围、计划开工时间、批准检修工期

续表

序号	信息内容	了解参照标准
10	机组负荷	了解机组当前实时负荷值
		了解当前机组负荷曲线是否与调度机构计划曲线一致及偏离计划曲线原因
11	机组 AGC 模式	熟知机组当前 AGC "R" 模式、"O" 模式
		掌握机组退出 AGC 控制的原因

（三）接班会   **"战前动员"**

接班会是接班负责人接班前组织班组成员共同参加的生产信息传达会和工作任务安排会。

接班会的功能主要有三个，一是了解人员身心健康、着装及到岗情况，二是向全体员工传达未值班期间的生产信息，三是安排本班重点工作任务和注意事项。

接班会通常于接班前 20min 召开，由接班单元长（班长）主持召开，接班班组成员共同参加。若接班单元长（班长）因故无法准时参加，应由机组长代为主持。

接班会流程通常为清点人数、确认班组成员身心健康及着装、交代生产情况、安排工作及确认会议效果等（如图 3-20 所示），其标准详见表 3-15 接班会参照样表。

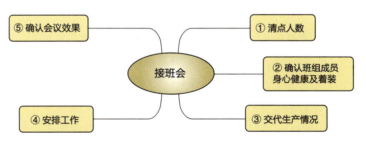

图 3-20　接班会流程

表 3-15　接班会参照样表

时间	正点接班前 20min	主持人	接班单元长	参加人员	班组全体成员
序号	会议流程	会议内容	工作参照标准		
1	清点人数	清点人员	逐一清点到岗人数，不遗漏		
			与未到人员取得联系、了解迟到原因		
			向参会人员公布请假人员情况		
		调配人员	合理调配到岗人员分工，接班时不空岗（如有请假或迟到人员）		
2	确认班组成员身心健康及着装	身体状况和精神状态确认	汇报值长或分管领导进行人员调配，并安排离岗休息，不准该人员接班（酒后上班影响工作）		
			汇报值长或分管领导进行人员调配，并安排离岗休息，不准该人员接班（身体状况不能胜任岗位要求）		
			视情况安排能够胜任的工作，不再安排风险系数高、执行程序复杂的操作任务（班组成员精神状态不佳）		
		着装确认	（1）穿着纯棉材质的工作服，未穿用尼龙、化纤或棉、化纤混纺的衣料制作的衣服； （2）衣服和袖口已扣好，没有可能被转动的设备绞住或卡住的部分； （3）禁止戴围巾，禁止穿裙子、短裤、拖鞋、凉鞋、高跟鞋、铁掌鞋等； （4）所戴安全帽合格证在有效期内，外观无损伤、无裂纹、无变形，帽衬组件、帽箍、锁扣等完整、无破损，与帽壳连接牢固		
3	交待生产情况	交代未值班期间的生产信息	详细交代新增缺陷名称、发展趋势及采取的措施（切换、遮挡、隔离、调整、停电、消压等）		

续表

时间	正点接班前 20min		主持人	接班单元长	参加人员	班组全体成员
序号	会议流程	会议内容		工作参照标准		
3	交待生产情况	交代未值班期间的生产信息		详细交代发生的异常事故初步原因、采取的措施（转移负荷、紧急停运、切换、遮挡、隔离、调整、停电、消压、工作票办理等），应该吸取的经验和教训		
				逐项详细交代机组或设备状态变化（汽动给水泵、引风机、送风机、一次风机、磨煤机、循环水泵、凝结水泵、真空泵、母线、断路器、隔离开关等）		
				逐条详细交代投退的设备保护名称及投退原因		
				详细交代本班预计要开工的工作票、检修申请和将要执行的定期工作		
				交代清楚机组当前实时负荷值以及偏离计划曲线的原因		
				交代清楚当前投入 AGC "R" "O" 模式的机组		
		重点强调事项		交代清楚机组特殊运行方式下的不安全因素		
				强调重大设备缺陷以及可能造成的影响		
				交代清楚本班的重大操作及安全风险		
				极端天气时，强调监盘、巡检、操作等注意事项		
				强调调度机构发布的特殊指令内容及操作原则		
				强调设备非全套保护运行情况下的风险分析及注意事项		
4	安排工作	监盘		安排接盘人员针对存在的缺陷，对相关参数连续监视，做好缺陷扩大的事故预想		

续表

时间	正点接班前 20min		主持人	接班单元长	参加人员	班组全体成员
序号	会议流程	会议内容		工作参照标准		
4	安排工作	巡回检查		针对存在的缺陷，安排巡检人员增加现场巡检频次		
		操作		针对预计工作，指定操作人和监护人做好工作开工前的准备		
		临时性工作		安排其他需要传达、落实责任人的临时性通知等事项		
5	确认会议效果	班组成员对单元长交代的生产情况和安排的工作逐一确认		班组成员清楚明白时，可利用签字、举手、口头等确认形式，但必须要留取确认痕迹（可采用视频、录音、签字确认等留痕形式）		
				若有人对某项工作不清楚或不明白时，单元长必须重新交待和解释，直至班组成员全部清楚明白，并予以确认		

（四）交接班　　　　　　　　　　　　　**工作移交**

交接班环节通常包括对口交接、接班前检查情况汇报、办理交接班手续三部分。

对口交接。对口交接是同岗位间进行的口头交接，是对机组出力及负荷分配、设备缺陷、值班日志等生产信息的补充说明和工作建议。为使交接双方责任明确，交接时可以采用录音、签字确认等方式留存交接痕迹。

值长、单元长、机组长、值班员岗位之间通常需要对口交接的内容如图 3-21 所示，对口交接标准详见表 3-16~表 3-19 对口交接参照样表。

图 3-21　值长、单元长、机组长、值班员岗位对口交接项目

表 3-16　值长对口交接参照样表

序号	交代项目	交代内容			交代参照标准
1	遗留缺陷	遗留一、二类缺陷的发展趋势（稳定、发展、减缓）			逐条交代、清晰全面、过程留痕
2	未开工检修工作的准备情况	方式调整	根据检修任务需要是否已降低或升高机组负荷		交代清晰全面、过程留痕
			根据检修任务需要是否已将检修设备或系统切至备用设备或系统运行		
			根据检修任务需要是否已将相关设备停运或停电		
			根据检修任务需要是否已调整锅炉燃煤煤质		
			根据检修任务需要是否已将相关设备、系统进行隔离		
		相关部门、岗位的协调情况	检修任务是否已得到分管领导批准、调度员同意		交代清晰全面、过程留痕
			对涉及到多个岗位的检修任务，是否已联系协调		交代协调情况清晰全面、过程留痕
		检修人员的准备情况	与检修部门负责人的联系情况；检修部门的人员准备、工器具准备情况		逐项交代、清晰全面、过程留痕
3	已开工的检修工作	工作进度	掌握的检修工作进度		交代清晰全面、过程留痕
			检修工作的预计收工时间		交代清晰全面、正确、过程留痕
		需要协调的问题	检修过程需要协调、汇报的工期延长、备品不足、缺陷的处理方案、人员不足等事项		逐项交代、清晰全面、过程留痕

续表

序号	交代项目		交代内容	交代参照标准
4	正在进行的重大操作	操作进度	当前机组启停、电气倒闸操作等重大操作的操作进度	交代清晰全面、过程留痕
5	异常参数		异常参数的发展趋势（稳定、发展、减缓）	交代清晰全面、过程留痕
6	调度机构特殊要求或领导安排的工作	调度机构特殊要求	调度机构根据高温、严寒、大雨、大风、大雾等天气的特殊要求	交代清晰全面、过程留痕
			调度机构根据电网潮流需要，对机组有功负荷、无功负荷等的特殊要求	交代清晰全面、过程留痕
		领导安排的工作	企业或部门领导安排的现场管理要求以及现场设备的维护事项	逐项交代、清晰全面、过程留痕
7	需要补充的事项		其他需要补充交代的事项或工作建议	交代清晰全面、过程留痕

表 3-17　单元长对口交接参照样表

序号	交代项目		交代内容	交代参照标准
1	遗留缺陷		遗留一、二类缺陷的发展趋势（稳定、发展、减缓）	逐条交代、清晰全面、过程留痕
2	未开工检修工作的准备情况	方式调整	根据检修任务需要是否已降低或升高机组负荷	交代清晰全面、过程留痕
			根据检修任务需要是否已将检修设备或系统切至备用设备或系统运行	交代清晰全面、过程留痕
			根据检修任务需要是否已将相关设备停运或停电	交代清晰全面、过程留痕
			根据检修任务需要是否已调整锅炉燃煤煤质	交代清晰全面、过程留痕

序号	交代项目		交代内容	交代参照标准
2	未开工检修工作的准备情况	方式调整	根据检修任务需要是否已将相关设备、系统进行隔离	交代清晰全面、过程留痕
		相关部门、岗位的协调情况	对涉及到多个岗位的检修任务，是否已联系协调	交代协调情况，清晰全面、过程留痕
		检修人员的准备情况	与检修工作负责人的联系情况；检修人员准备、工器具准备情况	逐项交代，清晰全面，过程留痕
3	已开工的检修工作	工作进度	掌握的检修工作进度	交代清晰全面、过程留痕
			检修工作的预计收工时间	交代清晰全面、过程留痕
		需要协调的问题	检修过程需要协调、汇报的工期延长、备品不足、缺陷的处理方案、人员不足等事项	逐项交代，清晰全面，过程留痕
4	正在进行的重大操作	操作进度	当前机组启停、电气倒闸操作等重大操作的操作进度	交代清晰全面、过程留痕
5	异常参数	异常参数的发展趋势（稳定、发展、减缓）		交代清晰全面、过程留痕
6	调度机构特殊要求或领导安排的工作	调度机构特殊要求	调度机构根据高温、严寒、大雨、大风、大雾等天气的特殊要求	交代清晰全面、过程留痕
			调度机构根据电网潮流需要，对机组有功负荷、无功负荷等的特殊要求	交代清晰全面、过程留痕
		领导安排的工作	企业或部门领导安排管理要求以及现场设备的维护事项	逐项交代，清晰全面，过程留痕

表 3-18 机组长对口交接参照样表

序号	交代项目	交代内容		交代参照标准
1	遗留缺陷	遗留一、二、三类缺陷的发展趋势（稳定、发展、减缓）		逐条交代，清晰全面，过程留痕
2	未开工检修工作的准备情况	方式调整	根据检修任务需要是否已降低或升高机组负荷	交代清晰全面、过程留痕
			根据检修任务需要是否已将检修设备或系统切至备用设备或系统运行	交代清晰全面、过程留痕
			根据检修任务需要是否已将相关设备停运或停电	交代清晰全面、过程留痕
			根据检修任务需要是否已调整锅炉燃煤煤质	交代清晰全面、过程留痕
			根据检修任务需要是否已将相关设备、系统隔离	交代清晰全面、过程留痕
		检修人员的准备情况	与检修工作负责人的联系情况；检修人员准备、工器具准备情况	交代清晰全面、过程留痕
3	已开工的检修工作	工作进度	通过现场了解、电话联系，掌握的检修工作进度	交代清晰全面、过程留痕
			检修工作的预计收工时间	交代清晰全面、过程留痕
4	正在进行的操作	操作进度	当前机组启停、电气倒闸操作、系统投停等操作的操作进度	交代清晰全面、过程留痕
5	异常参数	异常参数发展趋势（稳定、发展、减缓）		逐项交代，清晰全面，过程留痕
6	调度机构特殊要求或领导安排的工作	调度机构特殊要求	调度机构根据高温、严寒、大雨、大风、大雾等天气的特殊要求	交代清晰全面、过程留痕

续表

序号	交代项目	交代内容		交代参照标准
6	调度机构特殊要求或领导安排的工作	调度机构特殊要求	调度机构根据电网潮流需要，对机组有功负荷、无功负荷等的特殊要求	交代清晰全面、过程留痕
		领导安排的工作	企业或部门领导安排的管理要求以及现场设备的维护事项	交代清晰全面、过程留痕
7	需要补充的事项	其他需要补充交代的事项或工作建议		交代清晰全面、过程留痕

表 3-19 值班员对口交接参照样表

序号	交代项目	交代内容		交代参照标准
1	遗留缺陷	遗留一、二、三类缺陷的发展趋势（稳定、发展、减缓）		逐条交代，清晰全面，过程留痕
2	正在进行的操作	当前操作进度（机组启停、电气倒闸操作、系统投停等）		交代清晰全面、过程留痕
3	异常参数	异常参数发展趋势（稳定、发展、减缓）		逐项交代，清晰全面，过程留痕
		异常参数调整方式（自动或手动）		交代清晰全面、过程留痕
		已采取的调整手段、措施及注意事项		交代清晰全面、过程留痕
4	调度机构特殊要求或领导安排的工作	调度机构特殊要求	调度机构根据高温、严寒、大雨、大风、大雾等天气的特殊要求	交代清晰全面、过程留痕
			调度机构根据电网潮流需要，对机组有功负荷、无功负荷等的特殊要求	交代清晰全面、过程留痕
		领导安排的工作	企业或部门领导安排的管理要求以及现场设备的维护事项	交代清晰全面、过程留痕
5	需要补充的事项	其他需要补充交代的事项或工作建议		交代清晰全面、过程留痕

巡视员岗位之间对口交接的内容如图 3-22 所示，对口交接标准详见表 3-20 对口交接参照样表。

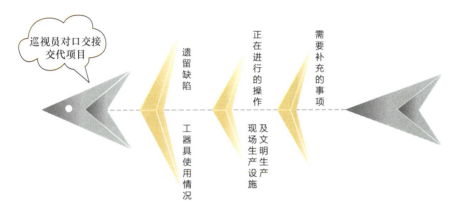

图 3-22　巡视员岗位对口交接项目

表 3-20　巡视员对口交接参照样表

序号	交代项目	交代内容		交代参照标准
1	遗留缺陷	遗留一、二、三类缺陷的发展趋势（稳定、发展、减缓）		逐条交代、清晰全面、过程留痕
2	工器具使用情况	缺损情况	缺损工器具的名称、数量原因	交代清晰全面、过程留痕
			缺损工器具的查找结果或汇报专业专工后，将要补齐工器具的时间	交代清晰全面、过程留痕
		更换情况	更换工器具的名称、数量、原因	交代清晰全面、过程留痕
3	正在进行的操作	操作进度	当前机组启停、电气倒闸操作、系统投停等操作的操作进度	交代清晰全面、过程留痕
4	现场生产设施及文明生产	生产设施	现场不符合项以及相应的联系处理结果（门窗、地面、楼梯栏杆等厂房建筑以及沟道盖板、井坑孔洞、照明、标识牌、消防器材等）	交代清晰全面、过程留痕
		文明卫生	现场文明卫生差的区域、设备，以及联系处理情况	交代清晰全面、过程留痕
5	需要补充的事项	其他需要补充交代的工作事项或工作建议		交代清晰全面、过程留痕

接班前检查情况汇报。接班前，各岗位接班人员应将检查发现的问题向上一级岗位人员汇报，便于上一级岗位人员能全面掌握设备运行情况。接班前各岗位检查情况汇报的重点内容通常包括：

（1）**巡视员应向机组长汇报**：设备运行状况、有无异常现象、设备清洁程度；原有缺陷有无发展、有没有采取相应措施、是否会影响到相邻设备的安全运行；如果发现新的缺陷，要汇报缺陷设备名称、缺陷内容、缺陷程度、影响大小等情况；生产现场文明卫生、设备卫生、环境卫生情况。

（2）**值班员应向机组长汇报**：DCS 画面主要参数情况、有没有越限参数、有没有异常参数；各系统运行是否正常、有无可疑之处；原有设备缺陷的发展趋势、会给机组运行带来哪些影响；有没有新发现的设备缺陷。

（3）**机组长应向单元长汇报**：各岗位检查发现的异常情况的位置、可能产生的影响；原有缺陷的发展情况、新增缺陷的内容及缺陷程度、有无影响其他设备运行或机组安全运行的可能；现场文明卫生事项。

办理交接班手续。交接班手续应在交接班时间正点办理。双方签字前，接班人员无权对机组设备进行操作，若发现异常情况，应及时告知交班人员进行处理；如遇到危及设备和人身安全等特殊情况，可以在交班人员的指挥下，协助交班人员进行操作。

附录《违反规范化管理事故案例》中，就列举了一起某企业在交接班时段，因接班人员擅自操作而引发的跳机事件。

按交接班规定的项目逐项交接清楚后，接班值长、单元长、机组长应先在交接班记录簿上签名，然后交班人方可签名。交接班签字意味着工作正式移交，接班人员全面接管对机组的监盘、巡回检查、设备操作等工作，对机组安全运行负全部责任。 **责任划界**

交接班过程中若出现以下情况，应推迟交接班：

（1）已到交接班时间而接班人员未到岗时，不得交接班。交班人员应继续值班，但值班时间不得超过 2h。待接班人员到岗并履行交接班手续后，交班人员方可离开工作岗位。

（2）事故处理期间，机组还没有完全稳定时，不得交接班。机组正常运行或启停中的重大操作期间，比如锅炉点火、汽轮机冲转、发变组解并列等重要操作执行时，以及汽动给水泵、空气预热器、一次风机、引风机、送风机、供热系统、400V及以上母线、变压器等可能造成机组降出力或非停的操作时，不得进行交接班。在这种情况下，应以交班方为主，接班方为辅，接班人员可以在交班值长或单元长的指挥下，主动协助处理，待事故处理完毕或操作告一段落后，方可办理交接班手续。

（3）因人为因素或设备原因造成设备或系统异常、参数超限，或不符合规程规定时，不得交接班。当班人员应继续工作，直至将各参数、系统或异常情况调整至正常后再交班，但交班人员继续值班时间不得超过 0.5h。

（五）接班后汇报

接班后汇报通常分为两个层面，一是单元长（班长）以及各辅助运行班长汇总下属各岗位接班情况，并向值长汇报；二是值长汇总全厂运行班组生产情况，并向上级调度员汇报。

接班后相关岗位人员要按以下工作标准进行汇报：

（1）单元长通常在接班后 15min 内，将机组负荷、运行方式、一/二类缺陷消缺进度、本班预计的操作等生产信息和接班情况向值长汇报，并听取值长的工作安排（如图 3-23 所示），汇报标准详见表 3-21 接班后单元长向值长汇报内容及参照样表。

（2）各辅助运行班长通常在接班后 15min 内，将接班生产情况、设备运转情况、缺陷异常、预计工作、检修申请等向值长汇报，并听取值长的工作安排。

（3）值长通常在接班后 1h 内，向省调调度员汇报本厂生产情况，并听取工作安排；汇报内容包括全厂负荷及影响机组出力的设备缺陷、调度管辖设备的异常、本班预计的涉网操作及恶劣天气等信息（如图 3-24 所示），汇报标准详见表 3-22 接班后值长向省调调度员汇报内容及参照样表。

图 3-23　单元长岗位接班后汇报项目

表 3-21　接班后单元长向值长汇报内容及参照样表

汇报时间	接班后 15min 内	汇报要求	电话汇报；报出岗位和姓名，使用统一的调度术语	留痕方式	电话录音
序号	汇报项目	汇报内容		汇报参照标准	
1	机组负荷	当前各台机组的实时负荷值		与实际值一致	
		机组负荷偏离计划曲线的原因（煤质、设备检修或调度指令等）		汇报清楚原因	
2	运行方式	机组 AGC 投入模式（"R"模式、"O"模式或退出）		与实际相符	
		当前设备"运行""备用""检修"状态（汽动给水泵、引风机、送风机、一次风机、磨煤机、循环水泵、凝结水泵、真空泵、消防水泵、空压机、母线、断路器、隔离开关、线路等）		与实际相符	
		主要运行参数（供热机组供热温度、机组烟气二氧化硫及 NO_x 含量、烟尘含量等）		与实际相符	
		汇报未值班期间投退保护的名称、原因		与实际相符	
3	设备检修情况	检修设备的名称、检修范围、对机组负荷的影响、预计完成时间		与实际相符	
4	设备缺陷	未值班期间新增一、二类缺陷名称，发展趋势（稳定、发展、减缓），采取的措施（切换、负荷转移、隔离、调整、停电、消压等）		与实际相符	
5	异常事故	异常事故发生的时间、初步原因［设备或部件损坏、失效、渗漏、卡涩、异声、振动、缺少润滑脂（油、水），保护装置误报警、误跳闸等］、处理经过（转移负荷、紧急停运、切换、遮挡、隔离、调整、停电、消压、工作票办理等）		与实际相符	
6	正在进行的操作	当前执行到的具体操作项目、预计完成操作的时间		与实际相符	

续表

汇报时间	接班后 15min 内	汇报要求	电话汇报；报出岗位和姓名，使用统一的调度术语	留痕方式	电话录音
序号	**汇报项目**	**汇报内容**			**汇报参照标准**
7	本班待开工的工作	待开工设备的名称、检修范围、对机组负荷的影响、计划开工时间、批准的检修工期			与实际相符
8	特殊天气	大雨、雪、大风、大雾等恶劣天气情况			与实际相符
9	其他	需要与值长沟通、汇报的其他事项			根据工作需要

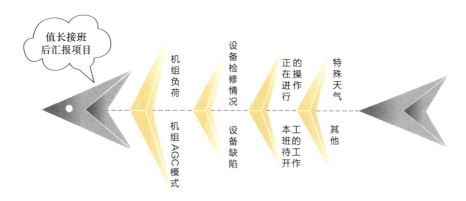

图 3-24　值长岗位接班后汇报项目

表 3-22　值长向省调调度员接班后汇报内容及参照样表

汇报时间	接班后 1h 内	汇报要求	电话汇报；报出企业名称和姓名，使用统一的调度术语	留痕方式	电话录音
序号	**汇报项目**	**汇报内容**			**汇报参照标准**
1	机组负荷	当前各台机组的实时负荷值和全厂总负荷值			与实际值一致
		机组负荷偏离计划曲线的原因（因煤质、设备检修或调度指令等）			及时汇报原因
2	机组 AGC 模式	机组 AGC 投入模式（"R"模式、"O"模式或退出）			与实际相符

续表

汇报时间	接班后1h内	汇报要求	电话汇报；报出企业名称和姓名，使用统一的调度术语	留痕方式	电话录音
序号	汇报项目	汇报内容		汇报参照标准	
3	设备检修情况	检修设备的名称、检修范围、对机组负荷的影响、预计完成的时间		与实际相符	
4	设备缺陷	发展趋势（稳定、发展、减缓）、采取的措施（负荷转移、隔离、停电等）		与实际相符	
5	正在进行的操作	当前执行到的具体操作项目、预计完成操作的时间		与实际相符	
6	本班待开工的工作	待开工设备的名称、检修范围、对机组负荷的影响、计划开工时间、批准的检修工期		与实际相符	
7	特殊天气	大雨、雪、大风、大雾等恶劣天气情况		与实际相符	
8	其他	需要与调度员沟通、汇报的其他事项		根据工作需要	

（六）班后会

班后会是交班班组在交班后组织召开的工作总结会，主要任务是梳理值班期间的生产情况、总结经验教训、评价人员工作行为和业绩。班后会一般由交班单元长（班长）主持，交班班组全体成员参加。若交班单元长（班长）因故不能准时参会主持，应由交班机组长代为主持。班后会的流程通常包括清点班组成员人数、当班工作总结评价、工作传达（如图3-25所示）其标准详见表3-23班后会参照样表。

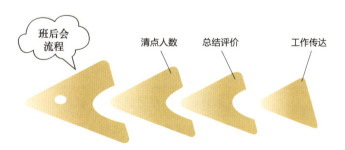

班后会流程　　清点人数　　总结评价　　工作传达

图 3-25　班后会流程

表 3-23　班后会参照样表

时间	办理完交接班手续后	主持人	交班单元长	参加人员	班组全体成员
会议流程	会议内容		工作参照标准		
清点人数	清点人员		逐一清点参会人数，应到人员不遗漏		
			向参会人员公布请假提前下班人员情况		
	联系缺席人员		（1）立即设法联系到未签到、未参会者本人，了解缺席原因，核查去向；（2）等待缺席人员返回后再召开交班会，全员参加；（3）若缺席人员在现场出现意外要立即组织救援，并向上级领导汇报		
总结评价	梳理本班生产情况		总结清楚本班新增缺陷及采取的措施（切换、负荷转移、隔离、调整、停电、消压等）		
			总结清楚本班发生的异常事故及其初步原因和采取的措施		
			总结清楚本班所进行的主要操作（设备启停、切换、隔离、调整、停电、消压等）		
			总结本班办理工作票情况（开工、延期、收工等）		
			总结清楚本班投停的设备保护及其原因		
	总结经验教训		总结清楚在异常处理中应吸取的经验和教训		
			总结清楚各项操作的经验和教训		
			总结清楚班组成员工作中违章行为原因和应吸取的教训		
			总结值班期间其他岗位发生的不安全事件原因和应吸取的教训		
	评价工作行为		批评违反规章制度的行为，分析原因，督促整改		
			表扬良好工作行为（认真执行安全规程、及时发现设备缺陷、正确处理异常事故等）		
工作传达	内部文件		详细传达值班期间接收的各通知、公告		
			详细传达值班期间接收的各技术措施		
	外来文件		详细传达值班期间接收的各类外单位不安全事件通报，分析原因，吸取教训		
	其他		传达其他需要让班组成员了解的事项		

第二节 监盘单元

监盘是运行人员对 DCS 系统上各流程画面、参数、报警等信息进行监视、调整，对突发异常进行应急处理的工作行为，其核心任务是准确捕捉设备运行信息并进行正确处理，以保持机组安全、经济、环保运行。

一、监盘人员要求 业务 + 心理素质

监盘人员要在第一时间获取运行数据的变化，发现机组缺陷和异常，及时做出优化调整，以避免事故的发生和扩大。

监盘人员必须具备熟练的操作能力与调整能力等业务技能，集中精力监盘，避免因调整不当导致参数、设备，甚至整个机组运行不稳定。附录《违反规范化管理事故案例》中的"监盘异常案例"就列举了一起因监盘技能不足，导致磨煤机火检失去并跳闸的典型案例。

监盘人员必须由经过岗位培训且考试合格，并经过批准公布的值班员及以上岗位人员担任。当有实习人员学习监盘时，监盘人员负责监护，并对实习人员的监盘行为和监盘结果负全部责任。

监盘人员要有较强的心理素质、判断能力、工作责任心和综合分析能力，在机组突发异常情况时，保持沉着冷静，做到判断准确、处理果断、操作正确。

二、提高监盘质量方法

运行人员在长期的监盘实践中总结了一些行之有效的方法、窍门，值得学习和借鉴。比如，主要参数记忆法、参数对比分析法和异常信息跟踪法等对提高监盘质量都有很大的帮助，如图 3-26 所示。

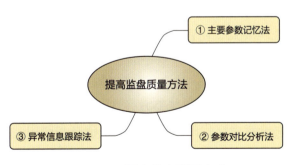

图 3-26 提高监盘质量方法

1. 主要参数记忆法

监盘人员要熟知机组主要设备的保护定值和限值，熟练掌握主要参数的正常运行范围，对机组参数的变化进行实时分析判断。当设备参数偏离正常范围时能够及时发现，并采取针对性的处理措施，将隐患消灭在萌芽状态。

2. 参数对比分析法

监盘人员要熟悉机组不同负荷、工况、季节下各参数的变化范围。通过相同工况、不同时段的对比分析，优化调整策略，及时发现设备较隐蔽性的安全隐患。对不同机组的参数对比，可以寻找两台机组的差异，利于对各台机组进行优化调整，在查找不同机组差距的过程中提高机组安全经济运行水平。

3. 异常信息跟踪法

机组突发异常时，DCS 根据设备和系统出现的故障向监盘人员发出报警信息。监盘人员不可盲目确认报警，而要按照参数的重要程度，逐个快速调出参数异常或报警设备所在的 DCS 画面，确认发生异常的设备，认真分析查找参数异常或报警的原因。

通过控制调整能消除异常或报警的要及时消除，不能消除的要立即汇报并请求协助处理。在参数异常或报警未消除期间，监盘人员要保持对设备状态的持续跟踪监视，直至其恢复正常运行，确保异常信息归零。

三、规范化监盘关键要素　　　　　预想、留痕、评价、责任划分

规范化监盘的关键要素包括盘前预想、交接留痕、盘中监控、盘后评价。

盘前预想。接盘人员接盘前，在全面掌握设备参数及运行方式的基础上，要对当前设备存在的缺陷或问题，进行有目的的预想，预想出现异常事故时的现象、处理要点、防范措施等内容。预想可以通过预想表单或其他形式留下预想痕迹，便于责任追溯和绩效评价。

交接留痕。监盘交接同样需要"交清楚""接明白"，做好责任交接。双方应通过签名或录音留存等方式留下交接、交代痕迹，接盘者一旦签名或接盘，就视为对交盘者交代的内容已经完全清楚和明白。

盘中监控。监盘过程中，要对监盘人员的监盘行为及操作内容、参数调整等进行监督、记录和评价，以利于规范监盘人员操作行为、提升监盘质量，使监盘行为始终处于受控状态，但采取的监控手段应得当，不能对监盘人员的监盘工作造成干扰。

盘后评价。监盘时段结束后，交盘人员可以查询监盘时段的监盘质量评价，纵横比

较查看自己在所有监盘人员中的排名，找出自己的优势和不足，促进监盘质量的提升。

四、规范化监盘流程

监盘单元工作流程在设计上应考虑如何实现"交清楚""接明白""留痕迹""明责任"等问题。根据监盘工作的先后顺序，其流程应设计为"接盘准备、接盘、监盘、交盘"四个步骤。监盘流程思维导如图 3-27 所示。

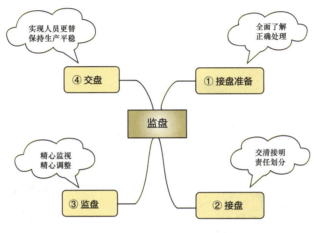

图 3-27　监盘流程

（一）接盘准备

接盘人员进行接盘准备的目的主要有两个，一是熟悉运行参数，掌握机组的主要运行状况，监盘时能够做到"心中有数"；二是做好事故预想，当机组出现异常或事故情况时能够准确、果断、及时地进行调整和处理。

接盘准备一般包括学习监盘指导、事故预想、翻阅 DCS 画面、抄录运行表纸四项工作。接盘准备思维导图如图 3-28 所示。

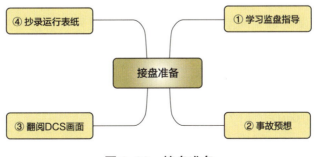

图 3-28　接盘准备

1. 学习监盘指导

监盘指导通常包括两类：一是常规监盘指导；二是非常规监盘指导。

（1）常规监盘指导

常规监盘指导是指企业内部制定下发的各类指导措施和规程规定。接盘前接盘人员可以学习该类相关规定（如图 3-29 所示），熟悉并牢记机组设备的主要参数限值，掌握设备在各种运行工况下的参数变化范围和调整方法，以便在监盘过程中正确地监视和调整。

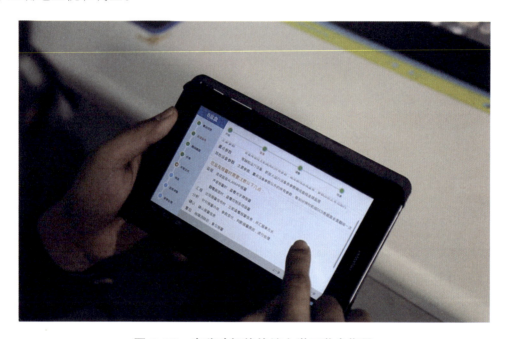

图 3-29　在移动智能终端上学习监盘指导

（2）非常规监盘指导

非常规监盘指导通常是由运行部门专业工程师制定的书面操作指导和调整措施，通常包括：

1）主要设备发生重大缺陷、运行辅助设备出现异常且无备用设备切换、主要参数超出正常范围等非正常运行工况。

2）机组运行中主要设备切换或重要电气倒闸操作。

3）热工控制回路或电气保护回路上的检修工作。

4）机组主保护动作的相关试验或定期工作。

接盘人员在接盘前必须再次学习该类技术指导，掌握机组异常运行工况下的调整处理方法。

2. 事故预想

接盘前还应根据现场设备情况做好事故预想，有效的事故预想可以在事故突发时做到心中有数、沉着应对。

事故预想分为正常运行工况下的事故预想和异常运行工况下的事故预想两种情况。

（1）正常工况事故预想

机组在正常运行工况下，接盘人员在监盘或执行定期工作时应当提前做好必要的风险分析，对机组可能出现的常见异常问题及发生的设备缺陷等异常情况，以及出现问题的原因、事故象征、处理方法等提前思考并做好应对准备。

常见的设备缺陷异常情况一般包括：

1）单侧风机跳闸；

2）单台给水泵跳闸；

3）制粉系统设备跳闸；

4）转动设备轴承振动高；

5）汽轮机轴瓦温度高；

6）发电机定（转）子绕组温度高；

7）主变压器油温超限；

8）管道、阀门泄漏；

9）其他突发情况。

（2）异常工况事故预想

当机组系统出现无备用设备、设备带缺陷运行、重要测点指示不准、极端天气等异常工况时，接盘人员应针对机组当前的这些特殊运行工况做好事故预想（如图 3-30 所示）。

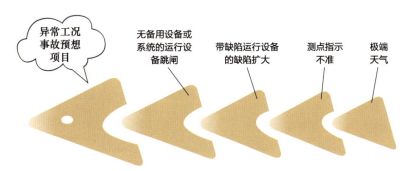

图 3-30　异常工况事故预想项目

预想时要以发生问题的设备为主要预想对象，明确设备问题的诱发因素、可能出现的事故象征、可能导致的后果、可能影响的范围、需要采取的监视措施以及调整措施等，预想标准详见表3-24异常工况事故预想参照样表。

表 3-24 异常工况事故预想参照样表

序号	预想项目	预想内容		预想参照标准
1	无备用设备或系统的运行设备跳闸	象征	运行设备电流及转速到零	想到设备在相应DCS画面的位置
			相应的设备跳闸声、光报警信号发出	想到报警位置及内容
			DCS画面上设备颜色由红色变为黄色	想到设备在相应DCS画面上的颜色改变
			相关联系统的压力、流量等参数急剧降低	想到相应参数位置及变化，以及调整方法
		后果	设备冷却水、润滑油中断，引起设备损坏	想到设备损坏后果及采取的措施
			汽动给水泵、凝结水泵等设备跳闸，引起除氧器、汽包断水，造成机组因相关保护动作跳闸	想到相关反应及预防措施
			循环水泵跳闸，造成循环水中断，机组因凝汽器真空低而跳闸	想到跳闸后果及预防措施
			风机跳闸，会造成锅炉MFT保护动作	想到MFT后果及预防措施
		应采取的措施	燃烧不稳及时投油稳燃（锅炉火焰闪烁、炉膛负压波动较大等）	想到参数波动及油枪所在DCS画面，以及相应操作
			注意对炉膛燃烧、负压、汽包水位、主汽温度、机组负荷、凝汽器真空等参数的调整	想到各参数相应位置、变化及调整方法
			达到机组停运条件时，要紧急停机或停炉，避免损坏设备	想到紧急停机或停炉按钮所在DCS画面

续表

序号	预想项目		预想内容	预想参照标准
2	带缺陷运行设备的缺陷扩大	象征	设备的温度、振动、电流等参数持续升高；就地异音明显、泄漏量增大	想到参数的变化和可能引发的后果，以及应对措施
			设备跳闸，设备电流及转速到零、设备跳闸的声光报警信号发出、DCS画面上设备颜色由红色变为黄色	想到报警信号位置，以及设备所在DCS画面上的颜色发生改变
		后果	设备冷却水、润滑油中断，会引起设备损坏	想到设备损坏后果及应对措施
			泄漏量增大，有可能影响运行人员的人身安全或附近测点受潮而指示不准确或保护误动作	想到可能引发的后果及应对措施
			设备跳闸后若备用设备未联锁启动，会造成事故进一步扩大，甚至引发机组跳闸	想到强制启动备用设备及应对措施
		应采取的措施	达到停运条件要紧急停运设备，避免设备损坏	想到设备所在DCS画面及相应位置
			采用降低负荷、转移设备负荷、切换设备、遮挡泄漏点等措施延缓缺陷的发展	想到相应操作画面及相应操作
			设备跳闸后若备用设备未联锁启动，备用设备无报警信号时强合一次。强合不成功，按本表1"无备用设备或系统的运行设备跳闸"的措施处理	想到相应DCS操作画面及相应操作
3	测点指示不准	象征	该测点指示大幅波动或停滞、不刷新	想到相应DCS画面
			DCS画面上该测点显示超限红色报警、粉红色超测点量程或坏点	想到相应DCS画面测点颜色
			相关联的自动控制器由"自动"方式切至"手动"方式	想到相应DCS画面及相应操作
			相关联的保护装置可能动作	想到相应DCS画面及相应操作

续表

序号	预想项目		预想内容	预想参照标准
3	测点指示不准	后果	相关联的自动调节控制器调节不正常	想到相应 DCS 画面及相应操作
			相关联的保护误动作	想到相应 DCS 画面及相应操作
			无法正确监视该参数	想到相应 DCS 画面及应对措施
		应采取的措施	利用其他测点或相关联的测点监视、调整	想到相应 DCS 画面及相应操作
			就地检查确认或手动采集数据,掌握设备运行状况	想到就地设备运行状态及参数,以及相应操作
			请示总工程师同意、退出该测点保护,或在相关保护逻辑中剔除该测点	想到该测点相关联的保护及相应保护画面
			相关联的自动控制器由"自动"方式切至"手动"方式	想到相应 DCS 操作画面及相应操作
			设备保护误动作按照设备跳闸或机组跳闸处理	想到相应 DCS 画面及操作步骤,以及相应操作
4	极端天气	严寒天气	取样管道冻结造成测点指示不准确,按照本表 3"测点指示不准"预想	想到就地测点位置
			气动阀门压缩空气管路冻结,会造成阀门全开或全关,要根据相关参数的变化就地手动关小或开大阀门	想到就地测点位置及可能引起的变化参数在 DCS 画面中的位置
			管道冻裂造成泄漏,采用降低负荷、转移设备负荷、切换设备、遮挡泄漏点、隔离等措施应对	想到相关操作步骤
		大雨天气	测点进水,按照本表 3"测点指示不准"预想	想到就地测点位置

续表

序号	预想项目	预想内容	预想参照标准
4	极端天气	大雨天气：端子柜、电源柜、控制柜受潮，会造成控制回路接地、短路、保护误动作等异常。设备跳闸后若备用设备未联锁启动，备用设备无报警信号时强合一次。若强合不成功，应按本表1"无备用设备或系统的运行设备跳闸"的措施处理	想到就地相应位置及处理步骤
		高温天气：辅机轴承温度、电机绕组温度高，按照本表2"带缺陷运行设备的缺陷扩大"预想	想到就地相应位置及处理步骤

如果预想不全面、不到位，接盘人员很有可能在异常发生时没有心理准备，造成慌乱处理。在附录《违反规范化管理事故案例》之《监盘异常案例》中，"监盘前风险分析不到位，导致汽包水位低跳闸"就是其中一例。

3. 翻阅机组 DCS 画面   勤翻画面

接盘前需要翻阅的 DCS 流程画面通常包括机组锅炉、汽轮机、电气和各设备控制器画面、报警信息画面，如图 3-31 所示。

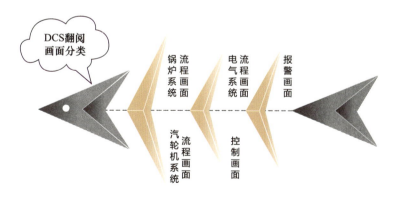

图 3-31　DCS 画面分类

翻阅画面时要注意查看各画面设备及系统的状态、参数、控制方式、报警内容等信息，同时还要注意以下几点：

（1）翻阅 DCS 画面不得影响监盘人员的监控调整。

（2）在翻阅画面过程中若发现设备或参数异常，不得擅自处理；应及时告知监盘人员，由监盘人员确认报警信息并做适当的调整。

（3）翻阅画面时不得随意点击画面中的控制部分，以免引起设备误动。

DCS画面翻阅标准详见表3-25DCS画面翻阅参照样表。

表3-25　DCS画面翻阅参照样表

画面分类	画面名称	查看项目	查看参照标准及方法	
锅炉系统流程画面	风烟系统、汽水系统、制粉系统、燃油系统、压缩空气系统、锅炉吹灰系统、脱硫系统、脱硝系统、锅炉本体疏水排污系统等	设备参数	检查DCS画面上各流程参数点的显示	红色表示超限报警
				粉红色表示超测点量程或坏点
				绿色表示正常值
汽轮机系统流程画面	凝结水系统、给水系统、抽汽系统、循环水系统、工业水系统、真空系统、润滑油系统、抗燃油系统、主蒸汽系统等	设备状态	检查、确认各DCS画面上各设备显示的状态与实际状态一致	紫色表示禁止操作
				黄色表示设备故障
				蓝色表示控制方式在"就地"状态
				黄闪表示启、停故障或故障跳闸
				红色表示运行或全开
				绿色表示停运或全关
电气系统流程画面	发变组系统、厂用电系统、励磁系统、UPS直流系统、保安系统等		右键点击DCS画面上各阀门，查看各阀门的"自动"和"手动"状态（电动、气动、液动阀门）	与实际要求的"自动"或"手动"控制方式一致
			右键点击DCS画面上显示"绿色"的各备用动力设备	查看各备用设备的"备用"按钮正常投入

续表

画面分类	画面名称	查看项目	查看参照标准及方法	
控制画面	汽轮机主控器、锅炉主控器、协调控制器、风机动叶（静叶）控制器、炉膛负压控制器、锅炉燃料控制器、给水控制器、氧量控制器、热井补水控制器等	控制方式	检查DCS各控制画面的控制器应在"自动"方式	若在"手动"方式时，向监盘人员询问原因
		控制器参数	查看DCS各控制画面控制器被调参数的设定值	在规程规定的范围内
			检查投入"自动"方式的控制器设定值	被调参数的实际值正常跟踪设定值
			检查投入"自动"方式的控制器位返	与调节指令一致
报警画面	实时报警信息画面、光字牌报警画面	报警级别	根据颜色不同，按照优先级顺序依次查看各报警信息	红色表示一级重要报警信息
				粉红、黄色、白色、紫色和蓝色分别表示重要程度依次递减的报警信息
				绿色表示已经正常复位的报警信息
				报警信息条闪烁时表示正在发生的报警信息
		报警名称	根据报警信息级别，逐条查看报警信息名称和内容	知悉报警情况
		报警时间	根据报警信息级别，逐条了解触发报警信息的时间	了解报警时间
		报警原因	根据报警信息时间、内容，核实DCS画面设备信息，初步判断报警原因	询问监盘人员处理情况

4. 抄录运行表纸

接盘人员在接盘前规定时间内，应将机组运行的实时参数按照规定的格式，抄录在专用的表纸上，如图 3-32 所示。抄录运行表纸具有以下作用：

定时、准确、无遗漏

通过手工抄录表纸比对参数变化

图 3-32　抄录表纸

（1）通过抄录可以实时了解设备参数，及时发现有无越限参数。

（2）通过对比上一时段的抄录数据，分析参数变化趋势，提前发现设备隐患。

（3）留存机组运行的原始数据，为经济分析和异常分析提供第一手资料。

需要抄录的表纸主要有机组经济指标运行日志、机组运行日志、发电机温度运行日志、机组 SCR 区脱硝运行记录表等（如图 3-33 所示）。

运行表纸抄录项目

机组经济指标运行日志　　发电机温度运行日志　　机组运行日志　　机组SCR区脱硝运行记录表

图 3-33　抄录表纸内容

抄录表纸时必须按照规定的时间进行，做到抄录的数值准确、齐全，并注意检查各参数的变化趋势；若不是因负荷、运行方式、环境温度等因素而引起的参数波动，应分析变化原因。抄录运行表纸的标准详见表 3-26 抄录运行表纸参照样表。

表 3-26   抄录运行表纸参照样表

序号	检查项目	抄录内容	抄录参照标准及要求
1	机组经济指标运行日志	全厂发电量、上网电量、厂用电量、补水量等数据	（1）接盘前10min开始抄表，不应影响监盘和接盘工作； （2）抄表时应确保数据准确、整洁、规范，签名使用仿宋字体； （3）注意检查各参数的变化趋势，并与上个时段的数据进行比较，若非因负荷、运行方式、环境温度等因素而引起的参数波动，应及时分析变化原因，并向监盘人员询问； （4）抄录数据应确保准确无误，不得随意伪造抄表数据； （5）为保证抄录数据的准确，不得提前或滞后抄录； （6）抄录完的表纸分类定置放置，以备日后数据分析时查阅
2	发电机温度运行日志	发电机定子线棒温度、发电机定子冷却水出口温度、氢气温度、定子铁芯温度、转子线圈温度等数据	
3	机组运行日志	有功负荷、无功负荷、主（再热）蒸汽参数、汽轮机轴向位移、差胀、主机轴承振动、温度、凝汽器真空、循环水温度、抽汽温度（压力）等参数	
4	机组SCR区脱硝运行记录表	脱硝效率、反应器入口参数（NO_x、烟气温度、烟气流量）、反应端出口NO_x、反应器差压、还原剂流量、稀释比等数据	

（二）接盘

接盘是接盘人员从监盘人员手中接受设备操控权的过程，也是监盘责任移交的节点。

1. 交清楚

交盘人员需要"交清楚"的项目如图3-34所示，交代的标准详见表3-27交接盘口头交代参照样表。

图 3-34   交盘人员需要"交清楚"的项目

表 3-27　交接盘口头交代参照样表

序号	交代项目	交代内容	交代参照标准
1	监盘期间的新增缺陷	名称	详细全面交代缺陷名称，并留下交代痕迹
		发展趋势	详细描述当前状态，并留下交代痕迹（稳定、发展、减缓）
		采取措施	详细交代调整手段或措施以及调整注意事项，并留下交代痕迹（切换、负荷转移、隔离、调整、停电、消压等）
2	监盘期间的操作	正在进行的操作	详细交代操作进度、当前状况、存在问题等，并留下交代痕迹
		已经完成的操作	详细交代操作后的设备状态，并留下交代痕迹（运行、备用、检修）
3	监盘期间的异常参数	原因	详细交代参数异常原因，并留下交代痕迹
		发展趋势	详细交代当前状态，并留下交代痕迹（稳定、发展、减缓）
		调整方式	详细交代当前自动或手动调整方式，并留下交代痕迹
		调整过程	详细交代已采取的调整方法、措施及注意事项，并留下交代痕迹
4	机组负荷	跟踪计划曲线情况	交代机组当前实时负荷值
			交代当前机组负荷曲线是否与调度机构计划曲线一致
			交代机组负荷曲线偏离计划曲线原因
			留下交代痕迹
5	AGC 模式	投入或退出	交代机组当前投入的"R"或"O"模式；并留下交代痕迹
6	调度机构的特殊要求	恶劣天气特殊要求	调度机构根据高温、严寒、大雨、大风、大雾等天气提出的特殊要求；并留下交代痕迹
		对机组有功负荷、无功负荷等的特殊要求	调度机构根据电网潮流需要，对机组有功负荷、无功负荷等提出的特殊要求；并留下交代痕迹
7	其他	需要补充的事项	对监盘有影响或有潜在影响、需要补充交代的事项或工作建议；并留下交代痕迹

2. 听明白

"听明白"主要体现在以下几个方面：

（1）明白当前设备运行方式，有无检修设备、以及所做的安全措施；

（2）明白交盘人员交代的监盘过程中出现的问题及注意事项；

（3）明白上级领导及调度的指示、命令和任务；

（4）明白当前存在的设备缺陷，并针对缺陷做好事故预想；

（5）明白本监盘时段预计要进行的重大操作及定期工作等内容。

3. 接盘者应负的责任

平稳过渡

（1）对准确、全面、正确理解上一监盘时段设备运行状况负责；

（2）对接盘后的操作和注意事项负责；

（3）对准确、全面理解交盘者交代的事项负责；

（4）对监盘时段机组安全稳定运行负责。

4. 延迟交接盘的条件

（1）机组主要参数显示不正常或出现大幅波动；

（2）运行设备跳闸；

（3）锅炉燃烧不稳定、主／再热汽温或锅炉壁温超限；

（4）监盘人员在操作执行中；

（5）重要报警信息发出但报警原因未查明；

（6）接盘人员精神状态不符合要求，不适合承担监盘工作。

当上述情况出现时，交盘人员应继续负责监视和调整，待机组各项参数稳定或操作告一段落时，接盘人员做好接盘准备后，方可进行监盘工作的移交和接管。

（三）监盘

1. 监盘内容

监盘通常包括监视、调整、应急处理三项内容，监盘工作内容思维导图如图3-35所示。

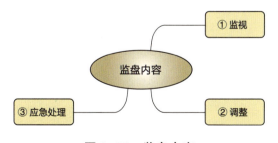

图 3-35　监盘内容

（1）监视　　　　　　　　　　　　　　　　　　　**掌控动态**

监视是监盘人员对DCS流程画面、设备参数、报警画面严密的观察和注视行为。监视通常包括参数监视、报警监视、翻阅画面等内容，如图3-36所示。

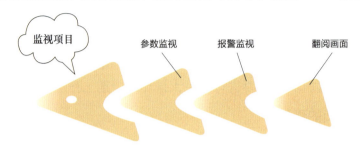

图3-36　监视项目

监视的标准详见表3-28系统监视参照样表。

表3-28　系统监视参照样表

序号	监盘项目	监盘内容	参照标准
1	参数监视	主要参数	能够造成机组跳闸的参数做成曲线放在监控画面的中心位置连续监视（主蒸汽温度、主蒸汽压力、炉膛压力、汽包水位或给水流量、主机润滑油压力、主机轴向位移、EH油压力、凝汽器真空等）
		辅机参数	（1）将能够直接造成重要辅机跳闸的参数做成曲线重点监视（电机电流、润滑油压力、轴承振动、轴承温度、挡板或调阀开度、环保参数等）；（2）带缺陷运行的设备参数、新投入运行的设备参数，做成曲线重点监视
		其他参数	至少每30min查看一次
2	报警监视	报警内容	根据报警信息类别和优先级逐条查看报警内容
			必要时派人就地对报警设备或系统进行全面检查
3	翻阅画面	翻阅频率	机炉主控器画面、燃烧调整画面、汽温调整画面和存在设备缺陷的画面至少每15min翻阅一次
			其他流程及控制系统画面至少每30min全面翻阅一次
		查看状态	设备显示状态与实际状态一致（紫色表示禁止操作，蓝色表示控制方式在"就地"状态，黄闪表示启、停故障或故障跳闸，红色表示运行或全开，绿色表示停运或全关）

续表

序号	监盘项目	监盘内容	参照标准
3	翻阅画面	查看参数	各参数显示绿色，数值在规定范围内（红色表示超限报警，粉红色表示超测点量程或坏点，绿色表示正常值）
		查看控制器	控制器位返与调节指令一致，被调参数实际值与设定值跟踪正常

（2）调整   **修正状态**

调整是监盘人员根据监视到的设备状态变化、参数发展趋势、报警信息等，通过启停设备、开关阀门、调整控制器设定值等进行的相应干预和修正操作的过程。

参数调整的标准详见表 3-29 参数调整参照样表。

表 3-29   参数调整参照样表

序号	调整模式	调整内容	调整参照标准
1	"自动"模式下调整	调整设定值或设定值偏差	缓慢调节，待实际值跟踪到设定值时再作进一步调整
			增加或降低同类型控制器间设定值偏差
			统一调整同类型控制器设定值，使同类型设备出力相匹配
2	"手动"模式下调整	调整调节指令	缓慢调节，待位返跟踪到调节指令时再作进一步调整
			统一调整同类型控制器调节指令，使同类型设备出力相匹配
3	状态调整	调整调节指令	改变控制器的调节指令或电动阀门开度，全开或全关现场电动、气动或液动阀门
		点击操作窗口	通过操作窗口的启、停按钮停运或启动动力设备

（3）应急处理   **恢复常态**

应急处理是监盘人员在监盘过程中发现事故、确定对策、控制事故的处理过程。应急处理的关键在于当设备发生异常事故时，监盘人员能根据事故象征迅速确认设备发生的故障性质、原因，消除对人身和设备的威胁。

机组出现异常情况时，监盘人员若不能准确判断问题的原因，或因异常参数较多处理不过来时，应立即汇报机组长和单元长，请求其他人员协助处理；严禁监盘人员盲目处理，造成事态扩大。多人进行应急处理时，主要操作要分工到人，避免出现两人或多人翻看同一画面，而其他画面却无人查看的现象。

应急处理具体执行标准详见第四章"应急处理单元"部分。

2. 监盘要求

（1）监盘过程中不准离盘。若因故需暂时离开监盘岗位时，应由具有监盘资格的人员接替，接替时应按交接盘的要求执行，并进行口头交代。

（2）不准做与监盘无关的事情。

（3）控制盘上保持整洁，不得放置与监盘无关的东西。

（4）为防止分散监盘人员注意力和精力，机组稳定运行中的设备切换等定期工作应安排专人负责，监盘人员不得兼任操作人。操作前操作人要向监盘人员交代清楚所要进行的操作，监盘人员注意监视有关参数变化并做好相关的事故预想。

（5）操作调整时注意不要误碰盘面上的操作把手及放置的标示牌、按钮罩等。

（6）未监盘人员不准围盘与监盘人员闲谈，更不能有影响监盘人员监盘的言行。

（7）监盘人员身体状况不适合监盘时，应及时由具备监盘资格的人员接替，并对接替人员做好全面交代。

（8）机组停运后，只要有设备或系统运行，就要专人监盘。为防止机组停运后，汽轮机缸体进入冷水、冷气造成金属壁温急剧变化，要严密监视并每一小时抄录一次汽轮机的高压缸上下缸金属壁温、中压缸上下缸金属壁温、汽轮机各段抽汽口金属壁温、汽轮机偏心度、盘车电机电流等参数。同时注意监视汽轮机润滑油系统的各油泵电流、压力，密封油系统油泵压力、密封油氢差压、发电机压力、主油箱油位、汽轮机轴承油温，以及需要保留的定子水冷泵、闭式水泵或其他设备油泵的电流、压力、振动等参数。若凝汽器、辅汽系统未破坏备用，还要注意监视热井水位正常、辅汽联箱压力等参数正常。

（四）交盘

交盘者应对以下事项负责：　　　　　　　　　　　　　**交实情、无隐患**

（1）对监盘时段的监盘质量、操作正确性、产生结果及影响范围负责；

（2）对向接盘者交代事项的正确性、准确性、完整性负责；

（3）对让接盘者知悉上一监盘时段机组运行情况负责。

交盘后，交盘人员可查询自己监盘质量的评价结果，与自己的历史数据对比、与同岗位人员的数据对比、与各参数的调整标准及要求对比，来查找自己在监视调整中的优势与不足。

第三节 巡回检查单元

巡回检查简称巡检，是运行人员在值班期间按照规定的时间、路线、检查项目、检查内容对现场生产设施设备进行查看、监视、诊断的过程。巡回检查目的在于掌握现场设备、设施的运行状况，及时发现安全隐患；对发现的设备缺陷进行及时处理，保障设备正常运转。

一、巡回检查对象

巡回检查的对象主要包括现场生产设备和生产设施，如图 3-37 所示。

图 3-37　巡回检查对象

生产设备。生产设备主要包括发电机、汽轮机、锅炉、变压器、水泵、风机、磨煤机、油泵、电机、冷油器、母线、断路器、隔离开关等发供电设备。

巡回检查时要重点检查各设备是否声音正常、外观完好、表计齐全、参数在规定范围内、信号指示正确，判断设备的运行状况是否正常，及时发现设备缺陷和安全隐患并尽快联系予以消除。

生产设施。生产设施主要包括门窗、地面、楼梯、栏杆等厂房建筑以及沟道盖板，现场的井、坑、孔、洞、照明、标识牌、消防器材等安全设施。生产设施的齐全与牢固是工作环境安全的前提，是生产流程开展的必不可少的硬件支撑。

巡回检查时要重点检查各设施是否齐全、完整、牢固，及时发现生产设施的安全隐患并尽快联系处理，避免引发设备安全及人身安全事件。

二、巡回检查关键要素

巡回检查关键在于"及时到位""准确细致""过程安全"，巡回检查关键要素思维导图如图 3-38 所示。

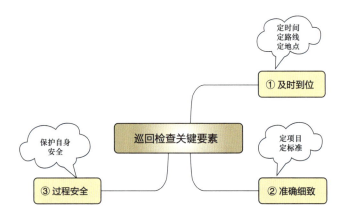

图 3-38　巡回检查关键要素

1. 及时到位

巡回检查要做到及时到位，"定时间、定路线、定地点"是前提。巡视人员要按照规定的时间、路线、地点，认真检查每一台设备、每一个设施及其关键部位，做到设备不遗漏、检查无死角，便于提前发现设备隐患。

定时间是指确定巡检时间。它包括两方面的内容，一是确定巡检出发的时间，二是确定巡检过程所需要的时间。

定路线是指按照现场设施设备的布置情况，制定合理的巡检路线。制定巡检路线时，要充分考虑现场设备的空间布置情况，可以按照汽轮机、锅炉、电气等专业设备的布置制定路线，也可以根据厂房空间划分区域。**安全、便捷、全面**

合理的巡检路线应该满足三个标准：一是现场设备全覆盖；二是提高巡检效率；三是确保巡检安全。

巡回检查时，如不按规定的路线进行检查，很容易造成设备漏检，给机组的安全生产带来隐患。在这方面企业大都有过经验教训，在附录《违反规范化管理事故案例》的《巡回检查异常案例》中，"巡检不到位，未及时发现吹灰器卡涩造成锅炉受热面泄漏"就是由于巡检不到位而引发的不安全事件。

定地点是指在巡检过程中，要明确设备巡检地点和部位；需要特别关注的巡检地点包括：①带缺陷运行设备的特护；②缺陷部位的重点关注；③设备运行数据的定部位采集。

2. 准确细致

要使巡回检查做到准确细致，定项目、定标准是必要的保障。

定项目是对巡检内容、项目、巡检制度标准的明细化管理；明确设备巡检时的关键内容，是确保检查细致、到位的有效措施。

定标准是针对检查项目、检查内容的运行方式、状态、参数所制定的评判依据。检查标准通常根据运行规程和设备规范来制定，是检查设备参数和运行状态正常与否的依据。

3. 过程安全　　　　　　　　　　　　　**线路安全、自我防护**

要做到巡回检查的过程安全，一要巡检路线安全，二要巡视人员有足够的自我保护意识，不能因为检查设备而将自身置于危险境地。巡视人员在巡检过程中除了要对设备认真检查外，更重要的任务是要保证自身的安全，如图 3-39 所示。巡回检查中，要确保人身安全，应做到以下几点：

图 3-39　巡检做到过程安全

（1）巡检前要做好安全风险分析，带好必要的安全工器具，着装要符合要求。

（2）巡检中严禁穿越临时围栏及井、坑、孔、洞或沟道；要注意脚下的孔、洞、盖板等危险源，防止高处坠落；禁止触及带电及旋转部分，禁止靠近汽水系统的泄漏区域；巡视电气设备时不得触动带电部分；进入氢站、氨区及高压加热器、汽包水位计及安全阀等高温高压区域前，要认清安全撤离路线，确认通道畅通。

（3）巡检过程中要做到精力集中，做到"观察不走动，走路看脚下"，行走中不使用通信工具。

（4）巡回检查过程中遇到突发事件，首先要保障人身安全，不能在没有安全防范措施的情况下盲目处理。

三、巡回检查基本要求   "七七四九"

巡回检查基本要求是"七应七到""四比较""九注意"，思维导图如 3-40 所示：

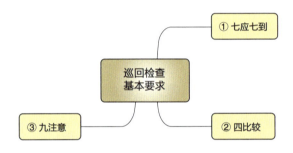

图 3-40　巡回检查基本要求

"七应七到"是指应检查的时间身到不拖延；应走到的地点脚到不遗漏；应触摸的检查点手到摸准；应看到的情况眼到看明白；应听声音的地方耳到听清楚；应嗅气味的区域鼻到嗅准确；应分析的情况脑到勤分析。

"四比较"是指表计实际指示与标准数值相比较；同类型设备之间相比较；本次检查情况与上次检查情况相比较；同负荷情况下参数相比较。

"九注意"是指注意运行设备是否有振动异声；注意运行设备是否有发热变色现象；注意运行设备是否有冒烟、异味发生；注意设备缺陷有无发展趋势；注意天气骤变对设备的影响；注意运行方式改变对设备的影响；注意巡检路线有无危险因素；注意生产现场有无安全隐患；注意现场环境是否清洁文明。

四、巡回检查人员职责

巡视人员必须由经过岗位培训且考试合格，并经过批准公布的巡视员及以上岗位人员担任。当有实习人员学习巡检时，巡检人员负责监护，并对实习人员的巡检行为、巡检结果和人身安全负全部责任。　　　　　　　　**知责、尽责**

巡回检查通常由巡视员岗位负责，其他岗位人员应根据工作需要针对性的进行重点检查。巡回检查中，巡视人员应承担以下责任：

（1）对自身的着装情况、身体状况和精神状况符合巡检的工作要求负责；

（2）对巡检中的自身安全负责；

（3）对设备的检查结果负责；

（4）对已发生的问题未能及时发现负责；

（5）对巡检中的操作行为和操作结果负责。

五、规范化巡回检查流程

规范化巡回检查流程设计为"巡检准备、巡检执行、缺陷响应、巡检结束"四部分内容，巡回检查流程思维导图如图 3-41 所示。

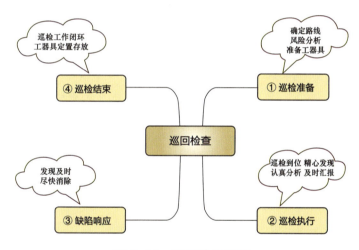

图 3-41　巡回检查流程

（一）巡检准备

巡检准备工作通常包括选择巡检路线、风险分析、准备工器具三项内容。

1. 选择巡检路线　　　　　　　　　　　　　　　　**明确任务、避免漏检**

巡视人员巡检前，要根据巡检任务和要求确定巡检路线。火电企业通常将巡检路线设定为锅炉侧巡检路线、汽轮机侧巡检路线、电气侧巡检路线、电气外围侧巡检路线（如图 3-42 所示），其标准详见表 3-30 巡检路线参照样表。

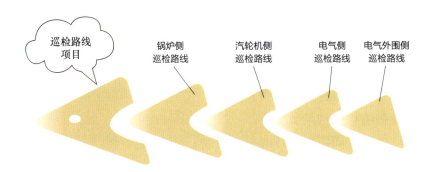

图 3-42　巡检路线项目

表 3-30　巡检路线参照样表

序号	巡检路线	巡检内容	选择参照标准
1	锅炉侧巡检路线	锅炉本体及所属风机、磨煤机、给煤机、油枪、喷燃器、吹灰器、空气预热器等辅机设备，以及连接的汽、水、煤、油管道和挡板、阀门等	（1）根据巡检任务选择巡检路线；（2）线路安全，设备无遗漏、无重叠
2	汽轮机侧巡检路线	汽轮机本体及所属凝结水泵、循环水泵、汽动给水泵、真空泵、工业水泵、润滑油泵等各辅机设备，以及所连接的汽、水、油管道和挡板、阀门、油箱等	
3	电气侧巡检路线	发电机及各附属系统、励磁系统、各出口母线及电压互感器、变压器、配电室、直流系统、UPS系统等	
4	电气外围巡检路线	主厂房外的各变压器室和配电室等	

2. 风险分析　　**防患于未然**

　　风险分析是对巡检过程中可能存在的危险因素进行预测和分析，以便在巡检时采取相应的防范措施，保证巡检过程的人身安全。风险分析不全面、不到位，会对人身和设备的安全带来隐患，在附录《违反规范化管理事故案例》的《巡回检查异常案例》中，列举的"巡检安全风险分析不到位，造成机组跳闸"就是其中一起典型例子。

　　巡回检查风险分析的要素如图 3-43 所示。分析时要根据巡检路线上所列设备、设施可能存在的危险点进行辨识，并针对集控室值班力量的影响、照明、高电压、跌落（坠落）、高处落物、高温、高压、转动设备、噪声、通信不畅、恶劣天气等要素逐一确定防范措施，其标准详见表 3-31 巡回检查风险分析要素参照样表。

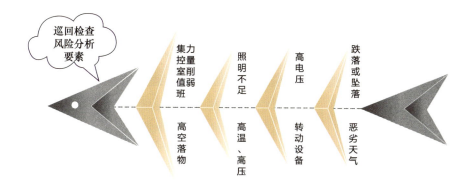

图 3-43　巡回检查风险分析要素

表 3-31　巡回检查风险分析要素参照样表

序号	风险要素	防范措施	防控参照标准
1	集控室值班力量削弱	携带通信设备，保持通信畅通	值长外出巡检必须指定专人接听调度电话，保持通信畅通
			单元长外出巡检必须汇报值长、指定机组长接听调度电话，保持通信畅通
			机组长外出巡检必须汇报单元长、保持集控室不少于两名值班员，保持通信畅通
			值班员外出巡检必须汇报机组长、保持集控室不少于两名值班员，保持通信畅通
			巡视员外出巡检必须汇报机组长、保持集控室不少于两名巡视员，保持通信畅通
2	高空落物	正确佩戴安全帽	调整帽衬尺寸，使其顶端与帽壳内顶之间保持 20 ~ 50mm 的空间
			系紧下颌带，调节好帽箍，以防安全帽脱落
			女工的长发必须盘在帽内
		不进入警戒区	行进中注意观察，远离高空作业区
			不得穿越起吊设置的临时围栏、警戒线等
3	照明不足	开启照明	开启该区域的照明
		携带手电	照明不足区域利用电量充足的手电照明

续表

序号	风险要素	防范措施	防控参照标准
4	高温高压	不要靠近	汽、水、燃油管道的法兰盘、阀门、安全阀、除氧器等处不得靠近
		不可长时间停留	站在汽包水位计、加热器水位计侧面检查
			高压加热器、锅炉给水母管、主蒸汽管道、高压主汽门等区域不可以长时间停留
5	高电压	保持安全距离	10kV 及以下设备不得少于 0.7m
			35kV 设备不得少于 1.0m
			110kV 设备不得少于 1.5m
			220kV 设备不得少于 3.0m
			500kV 设备不得少于 5.0m
		不得湿手或徒手触摸带电设备外壳	使用验电器、绝缘手套等绝缘工器具
6	转动设备	不得触碰机械设备转动部分或靠背轮	系好工作服袖口、衣袋口
			衣服及携带物不应有可能被绞住的部分
			衣服口袋内不要携带物品
			女工的长发盘在帽内
7	跌落或坠落	注意行走安全	检查中不行走，行走看脚下
			行走过程中注意脚下楼梯及平台，防止踏空或打滑
			行进中不使用通信设备
			不穿越临时设置的围栏及井、坑、孔、洞或沟道

续表

序号	风险要素	防范措施	防控参照标准
8	恶劣天气	防止人身伤害	暴雨天气： （1）不靠近支柱式绝缘子设备； （2）巡视室外高压设备时，穿绝缘靴，禁止打伞
			大雪天气： （1）穿防滑鞋，走线路内侧，不靠近临空边缘行走； （2）不得在铁质盖板、箅子上行走，以免摔倒
			冰冻天气： （1）穿防滑鞋，不得在冰面上行走； （2）远离高压线，防止落冰或断线伤人
			大风天气： （1）远离高大建筑或设施，防止高处物体吹落伤人； （2）检查线路时，沿线路上风侧前进，注意检查导线摆动情况，并选好退路； （3）不得靠近楼房行走，防止玻璃吹落伤人

巡回检查风险分析样表是巡回检查风险分析的重要依据，应全面列举出可能存在的风险要素、防范措施和防控标准。因各企业生产现场环境不同，样表中所列风险要素仅供参考，要根据企业生产现场情况做相应的修订。

3.准备工器具

巡回检查准备工器具样表详见表3-32巡回检查准备工器具参照样表，图3-44为巡回检查所携带的部分工器具。

图3-44 巡检工器具配置

表 3-32　巡回检查准备工器具参照样表

序号	工器具名称	使用参照标准
1	安全帽	进入现场必须正确佩戴
2	手电	进入现场必须携带
3	耳塞	噪声较大场所使用（磨煤机、励磁小室等）
4	护目镜	观察炉膛内火焰及受热面结焦时使用
5	绝缘靴	雨天巡检、潮湿场所使用
6	测振仪	采集设备振动数据
7	钥匙	进入各配电室或锅炉燃油小室、风机室外油站
8	听针	倾听、判断管道或转动设备动静部分碰磨等
9	测氢仪	检测机房内氢气浓度
10	测温仪	采集现场设备或设施温度
11	望远镜	远距离观察输电线路及其断路器、隔离开关触头等

（二）巡检执行

巡检时要对设备运行状况进行初步的分析和判断，对疑点问题和待跟踪的问题进行重点跟踪，为集控室值班人员的日常操作提供支持。巡回检查通则标准详见表 3-33 巡检通则参照样表。

巡回检查一般可分为正常巡回检查和重点巡回检查。

1. 正常巡回检查　　　　　　　　　　　　　　　　　　　　　常规巡检

正常巡回检查又称定时巡回检查，是巡视员按照规范的巡检时间、频次、路线和标准进行巡回检查。为保证集控室内有充足的值班力量，各巡视员外出巡回检查时要错时进行。

正常巡回检查标准详见表 3-34 正常巡回检查参照样表。

表 3-33　巡检通则参照样表

序号	巡检项目	巡检内容	检查参照标准
1	生产设施检查	照明	照明充足，否则排查照明不亮原因
		栏杆	完整，无缺损，无开裂，无腐蚀，焊接牢固
		盖板	各井、坑、孔、洞、沟道盖板无缺失、无破损，覆盖良好
		设备警戒线	完整，清晰，无缺损
		介质流向	名称正确，清晰，无缺损
		设备标牌	与设备名称对应，内容正确
			齐全，无缺失
			正规，标牌信息向外
		消防器材	各消防栓阀门关闭严密，不漏水
			各灭火器在有效期内
			各灭火器、消防带无缺失
		厂房门窗、地面、房顶、平台、楼梯	清洁、完整、无破损、无杂物
			无积水、积灰、积油、积粉等现象
2	转动设备检查	地脚螺栓	齐全、紧固
		电机接地线	齐全、紧固、无破损、无裂痕
		轴承振动最大允许值	转速 3000r/min，最大允许值 0.05mm
			转速 1500r/min，最大允许值 0.085mm
			转速 1000r/min，最大允许值 0.1mm
			转速 750r/min，最大允许值 0.12mm
		电机窜动值	<2mm
		轴承温度	滑动轴承温度 <80℃，滚动轴承温度 <100℃
		声音	无异常摩擦声

续表

序号	巡检项目	巡检内容	检查参照标准
2	转动设备检查	电机温升	A 级绝缘 <70K，B 级绝缘 <95K，E 级绝缘 <80K，F 级绝缘 <120K
		轴承油位	油位 1/2 ～ 2/3
			油质透明
			油位计清晰，未脏污
		电机气味	无焦糊味
		就地表计	指示正确，并与 DCS 画面参数显示一致
			无破损现象
		备用动力转子	转子静止，未倒转
		备用动力进口门	进口门在全开状态，与 DCS 画面显示的"红色"一致

表 3-34　正常巡回检查参照样表

序号	检查方法	巡检内容	检查参照标准
1	看	状态	核对就地设备状态正确（"运行""备用"）
		外观	检查照明、管道支吊架、井坑沟道盖板、设备保温、介质流向、色环标识、设备标志牌、安全警示标示牌等无缺损
			无"跑、冒、滴、漏"（油、汽、气、煤、灰、粉、渣、氨、氢等）等现象
			外观完整，设备见本色
			查看电气设备无放电、打火等现象
		表计	检查就地表计指示在规程规定的范围内（油位、水位、油温、水温、风温、压力、电流、流量等）
		检修情况	询问现场检修工作负责人是否办理工作票，并查看
			检查检修工作范围未超出工作票的检修范围

续表

序号	检查方法	巡检内容	检查参照标准
1	看	检修情况	隔离措施与工作票内容相同
			检查无违章作业
			检查无威胁到运行设备安全的装置或行为
2	听	声音	听无摩擦声或不明异声（转动设备及设备轴承、外壳、风道、烟道等部位）
			听现场设备及管道无汽、水、气泄漏声
			听各高压断路器、隔离开关无不正常放电声
			听加热器及热力管道无不正常撞击声
			听取检修人员对设备的检修进度介绍
3	嗅	气味	电气设备、接线端子等处无焦糊味
			脱硫氨区无漏氨气味
			汽轮机润滑油系统、锅炉炉前油系统、辅机润滑油系统等无油烟味
			生产现场（特别是电缆隧道、电缆夹层等区域）无烟气味或焦糊味
4	摸	振动	用手指背触摸轴承座、外壳等处，感受设备无明显振动
		温度	用手指背触摸轴承座、外壳等处，感受设备温度无异常
5	测	温度	测量电缆接头、隔离开关触头、母线等电气设备连接处温度，无过热现象
			测量关闭阀门的前后管道温度，判断无内漏
			测量转动设备轴承及外壳温度，在规定范围内
		振动	测量转动设备轴承及外壳振动，在规定范围内
备注	巡视人员		巡视员
	巡视频次要求		每 2h 检查一次

2. 重点巡回检查   **特定巡检**

重点巡回检查特指对带缺陷运行设备、无备用的设备、修后新投运设备及恶
劣天气环境下的检查（如图3-45），所检查的设备和检查项目比正常巡回检查有
更强的针对性和目的性，检查的频次也比正常巡回检查高。这就要求值长、单元
长、机组长、值班员、巡视员等岗位人员根据现场实际情况，进行重点巡回检查。
重点巡回检查标准详见表3-35重点巡回检查参照样表。

图 3-45   重点巡回检查的项目

表 3-35   重点巡回检查参照样表

序号	巡检项目	检查内容	检查参照标准
1	带缺陷 运行设备	参数	设备参数不超限、在规定范围内（振动、温度、压力、流量、电流、转速等）
		缺陷发展 趋势	判断缺陷的发展趋势（根据设备的外观、气味、声音、泄漏量以及电流、压力、温度、振动等参数）
			缺陷有扩大趋势，应及时汇报、联系检修人员消缺，并采取调整、遮挡、切换、停运、隔离、停电等必要措施
2	无备用 的设备	运行设备	检查设备参数在规定范围内（电流、温度、振动、压力、流量、转速等）
			倾听设备无异声
			设备外观无"跑、冒、滴、漏、渗"现象
			电机无过热、异味等现象
			设备冷却水、润滑油等正常，无断水断油现象

续表

序号	巡检项目	检查内容	检查参照标准
2	无备用的设备	检修设备	询问检修人员，掌握设备检修进度
			检查工作许可时安全措施齐全，未被破坏（所悬挂的警告牌、装设的接地线或临时围栏等）
			各项安全措施与工作票所列的措施一致
			无装置性违章及违章作业行为
			无威胁到运行设备安全的因素
3	修后新投运设备	设备运行中的检查	设备外观清洁见本色
			设备参数在规定范围内（电流、温度、振动、压力、流量、转速等）
			倾听设备声音无异常
			设备无"跑、冒、滴、漏、渗"现象
			电机无冒烟、过热、异味现象
4	恶劣天气检查	雨天检查	厂房各门窗关闭、无进雨现象
			厂房房顶、墙壁无漏雨现象
			集控室、电子间等无漏雨迹象
			厂房各通风口完整无漏雨现象
			厂房各地漏、天沟排水畅通无堵塞现象
			厂房各防洪板安装规范、齐全；防洪沙袋充足
			厂房外雨水井、污水井畅通，无溢水现象
			厂房外管沟畅通，不向厂房内倒灌水
			设备重要保护、控制测点及控制箱处无漏雨现象
			厂房外设备控制箱、端子箱等关闭严密、无渗漏
		大风天检查	对线路检查时，沿线路上风侧行进，注意检查导线摆动情况，无断线伤人的可能

续表

序号	巡检项目	检查内容	检查参照标准
4	恶劣天气检查	大风天检查	变压器上部引线，无剧烈摆动和松脱现象
			变压器顶盖、变压器冷却风扇、线路无杂物
		防冻检查	绝缘子上无可能造成闪络的冰柱
			观察套管及引线端子落雪后有无立即融化现象，判断套管及引线端子是否过热
			厂房暖气投运正常、无泄漏点
			厂房所有门、窗关闭严密
			露天各设备小室门窗关闭严密
			各管道保温完好、无破损
			各管道伴热投入正常
			各水位变送器、压力变送器、取样管道、给水流量变送器等电缆保温完好、伴热正常
			设备的润滑油温度在规定范围内；电加热投入正常
			各设备的压力、温度、水位等参数指示正确
			凉水塔水面无大块浮冰
			凉水塔四周无大面积结冰
备注	各岗位巡视频次要求		巡视员岗位每1h检查一次
			值班员岗位每班检查两次
			机组长、单元长、值长每班检查一次

附录《违反规范化管理事故案例》的《巡回检查异常案例》中，列举了一起恶劣天气时巡回检查没有发现安全隐患，导致机组跳闸事件的典型案例。

（三）缺陷响应   **处置缺陷**

缺陷响应是运行人员发现缺陷、录入缺陷、跟踪缺陷、配合消缺、消缺验收的过程。巡检人员是生产现场缺陷的第一发现人，巡检过程中发现的设备缺陷或异常如果不能及时处理，很有可能造成缺陷进一步扩大。附录《违反规范化管理事故案例》的《巡回检查异常案例》中，就列举了一起由于设备缺陷未及时发现，导致发电机内冷水丧失信号误发使机组跳闸的典型案例。

巡检过程中发现的缺陷，要按照第四章"缺陷管理单元"的要求和标准去执行。

（四）巡检结束

巡检结束后，要做好工器具存放、巡检汇报、巡检信息录入三项工作内容，思维导图如图 3-46 所示。

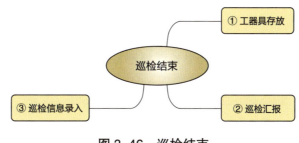

图 3-46　巡检结束

1. 工器具存放

定置存放

巡视人员巡检结束后应及时返回集控室，将所携带的工器具定置存放于相应的工器具橱内。若工器具丢失，应及时返回现场寻找；如果确认该工器具确已丢失或损坏，要在工器具登记簿上填写工器具缺损名称，汇报单元长和专业专工。专业专工根据统计的工器具缺损清单，将工器具补齐。

2. 巡检汇报

无论正常巡回检查还是重点巡回检查，巡视人员返回集控室后，必须向上一级岗位人员详细、准确汇报现场的检查情况。

汇报的目的有两个：一是使集控室人员全面了解现场设备运行状况、新发现的设备缺陷，以便于采取有针对性的应对措施；二是让机组长、单元长了解巡视人员已安全返回，便于后续的工作安排。

巡检汇报的项目通常为设备的运行或备用情况、生产设施的完好情况、新发现缺陷象征及发展趋势、遗留缺陷的发展趋势、现场检修工作的进度和所做安全措施情况、文明卫生、装置性违章等，如图 3-47 所示。

图 3-47　巡检汇报项目

各岗位巡检汇报标准详见表3-36~表3-39汇报巡检情况参照样表。

表 3-36　机组长汇报巡检情况参照样表

序号	汇报项目	汇报内容	汇报参照标准
1	新增一、二、三类缺陷	缺陷名称	汇报机组及设备全称
		缺陷象征	准确描述设备或部件损坏、失效、渗漏、卡涩、缺失、异声、异味、振动大、温度高、表计指示不准确等情况
		采取的措施	详细说明就地采取的遮挡或隔离、调整等措施
2	遗留缺陷	发展趋势	稳定使用"无明显变化""稳定"等词语
			发展使用"扩大""升高""增大""增加"等词语以及"持续""频繁""快速""逐渐"等修饰词语
			减轻使用"降低""减少"等词语
3	已开工的检修工作	检修进度	描述了解到的现场检修工作进度
			检修工作预计收工时间
		检修措施	汇报清楚许可时安全措施有无破坏（所悬挂的警告牌、装设的接地线或临时围栏等）
			检修工作有无威胁到运行设备的安全
4	工作疑问	需要确定的问题	遇到的暂时无法确定的隐蔽缺陷或隐患
			无法确定的设备参数变化、不明声音或气味、不明泄漏管道等问题

续表

序号	汇报项目	汇报内容	汇报参照标准
5	其他	其他需要汇报的事项	汇报清楚发现的装置性违章
			汇报现场发现的人员违章情况
备注		机组长向单元长汇报巡检情况	

表 3-37　单元长汇报巡检情况参照标样表

序号	汇报项目	汇报内容	汇报参照标准
1	新增一、二类缺陷	缺陷名称	汇报机组及设备全称
		缺陷象征	准确描述设备或部件损坏、失效、渗漏、卡涩、缺失、异声、异味、振动大、温度高、表计指示不准确等情况
		采取的措施	详细说明就地采取的遮挡或隔离、调整等措施
2	遗留缺陷	发展趋势	稳定使用"无明显变化""稳定"等词语
			发展使用"扩大""升高""增大""增加"等词语以及"持续""频繁""快速""逐渐"等修饰词语
			减轻使用"降低""减少"等词语
3	已开工的检修工作	检修进度	描述了解到的现场检修工作进度
			检修工作预计收工时间
		检修措施	汇报清楚许可时安全措施有无破坏（所悬挂的警告牌、装设的接地线或临时围栏等）
			检修工作有无威胁到运行设备的安全
4	工作疑问	需要确定的问题	遇到的暂时无法确定的隐蔽缺陷或隐患
			无法确定的设备参数变化、不明声音或气味、不明泄漏管道等问题
5	其他	其他需要汇报的事项	汇报清楚发现的装置性违章
			汇报现场发现的人员违章情况
备注		单元长向值长汇报巡检情况	

表 3-38　值班员汇报巡检情况参照样表

序号	汇报项目	汇报内容	汇报参照标准
1	设备的运行或备用情况	运行正常	设备就地声音、参数正常，无泄漏
		备用良好	设备冷却水、润滑油系统正常，各阀门状态正确
2	生产设施的完好情况	设施完好	各生产设施齐全、牢固
3	新增一、二、三类缺陷	缺陷名称	汇报机组及设备全称
		缺陷象征	准确描述设备或部件损坏、失效、渗漏、卡涩、缺失、异声、异味、振动大、温度高、表计指示不准确等情况
		采取的措施	详细说明就地采取的遮挡或隔离、调整等措施
4	遗留缺陷	发展趋势	稳定使用"无明显变化""稳定"等词语
			发展使用"扩大""升高""增大""增加"等词语以及"持续""频繁""快速""逐渐"等修饰词语
			减轻使用"降低""减少"等词语
5	已开工的检修工作	检修进度	描述了解到的现场检修工作进度
			检修工作预计收工时间
		检修措施	汇报清楚许可时安全措施有无破坏（所悬挂的警告牌、装设的接地线或临时围栏等）
			检修工作有无威胁到运行设备的安全
6	工作疑问	需要确定的问题	遇到的暂时无法确定的隐蔽缺陷或隐患
			无法确定的设备参数变化、不明声音或气味、不明泄漏管道等问题
7	文明卫生	不符合项	各设备、区域的文明卫生不符合项
			生产设施的缺损情况
8	安排的工作完成情况	采集的数据	安排采集的现场数据的具体数值
		设备状态	汇报清楚安排查看的阀门、动力等设备状态（开、关或运行、备用）

续表

序号	汇报项目	汇报内容	汇报参照标准
9	其他	其他需要汇报的事项	汇报清楚发现的装置性违章
			汇报现场发现的人员违章情况
备注			值班员向机组长汇报巡检情况

表 3-39　巡视员汇报巡检情况参照样表

序号	汇报项目	汇报内容	汇报参照标准
1	设备的运行或备用情况	运行正常	设备就地声音、参数正常，无泄漏
		备用良好	设备冷却水、润滑油系统正常，各阀门状态正确
2	生产设施的完好情况	设施完好	各生产设施齐全、牢固
3	新增一、二、三类缺陷	缺陷名称	汇报机组及设备全称
		缺陷象征	准确描述设备或部件损坏、失效、渗漏、卡涩、缺失、异声、异味、振动大、温度高、表计指示不准确等情况
		采取的措施	详细说明就地采取的遮挡或隔离、调整等措施
4	遗留缺陷	发展趋势	稳定使用"无明显变化""稳定"等词语
			发展使用"扩大""升高""增大""增加"等词语以及"持续""频繁""快速""逐渐"等修饰词语
			减轻使用"降低""减少"等词语
5	已开工的检修工作	检修进度	描述了解到的现场检修工作进度
			检修工作预计收工时间
		检修措施	汇报清楚许可时安全措施有无破坏（所悬挂的警告牌、装设的接地线或临时围栏等）
			检修工作有无威胁到运行设备的安全

续表

序号	汇报项目	汇报内容	汇报参照标准
6	工作疑问	需要确定的问题	遇到的暂时无法确定的隐蔽缺陷或隐患
			无法确定的设备参数变化、不明声音或气味、不明泄漏管道等问题
7	文明卫生	不符合项	各设备、区域的文明卫生不符合项
			生产设施的缺损情况
8	安排的工作完成情况	采集的数据	安排采集的现场数据的具体数值
		设备状态	汇报清楚安排查看的阀门、动力等设备状态（开、关或运行、备用）
9	其他	其他需要汇报的事项	汇报清楚发现的装置性违章
			汇报现场发现的人员违章情况
备注			巡视员向值班员、机组长汇报巡检情况

3. 巡检信息录入

巡视员将巡检过程中发现的缺陷，以及采集的磨煤机、引（送）风机、凝结水泵、循环水泵等设备的耗电表码，各给煤机的给煤量表码和其他需要采集的参数录入相应的管理系统。信息录入要求数据准确、描述清晰，便于巡检数据的跟踪、分析和缺陷资料的存档。数据录入标准详见本章第五节"值班日志单元"，缺陷录入标准详见第四章第一节"缺陷管理单元"。

第四节 运行操作单元

运行操作是运行人员根据工作计划和工作需要，按照行业技术标准、规范，对设备、系统进行调整或改变运行状态的活动。

运行操作的关键是调整精准、操作准确、监护到位、处理及时。避免运行人员误操作，安全、正确地完成操作任务是运行操作的核心。

一、运行操作分类

运行操作分为两种，一种是在 DCS 画面上的远程操作，另一种是在生产现场的就地操作。无论哪种操作，按照操作的计划性都可分为定期操作和随机操作两大类，思维导图如图 3-48 所示。

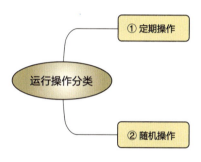

图 3-48　运行操作分类

1. 定期操作

定期操作是指对运行或备用设备进行计划性、周期性地启动、传动或试验，以检测运行或备用设备的健康水平。定期操作是"两票三制"的内容之一，是运行人员值班期间的一项主要工作。

2. 随机操作

随机操作是指除定期操作之外的所有运行操作。随机操作通常分为两类：

（1）根据机组实际运行工况采取的方式调整性操作。比如，根据机组负荷滚动曲线启动或停运磨煤机的操作，根据环境温度变化通过开大或关小现场阀门来调整汽轮机润滑油温度的操作、发电机内氢气压力低时的补氢操作等。

（2）根据机组运行需要所必须进行的临时性、突发性操作。比如，根据调度指令进行的线路停送电操作、紧急处理设备缺陷或异常的操作、消缺时的系统隔离操作等。

二、规范化运行操作流程

根据操作的工作步骤，将运行操作流程设计为"操作安排、操作准备、操作执行、操作完成"四部分，如图 3-49 所示。

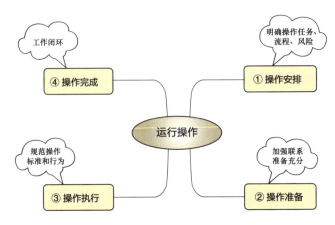

图 3-49　运行操作流程

（一）操作安排

操作安排是单元长（值长或机组长）根据工作需要指定操作人和监护人去完成某项操作任务，并交代清楚操作任务和操作危险点的过程。其目的主要有三个：

（1）让操作人和监护人明确操作任务；

（2）让操作人和监护人明确操作要求、操作步骤和相关操作规定；

（3）让操作人和监护人明确操作过程中存在的风险并做好安全预控。

操作安排环节通常分为确定操作任务、指派操作人员、交待注意事项三个步骤，如图 3-50 所示。

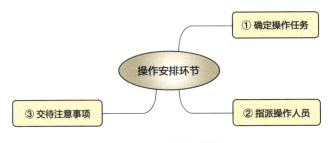

图 3-50　操作安排

当班单元长（值长或机组长）根据定期工作或随机工作确定一项操作任务后，要根据操作任务和班组人员的业务技能、身体状况和精神状态，安排具备操作资格、能够胜任操作任务的人员去操作，否则易引发安全事故。指派操作人员标准详见表 3-40 指派操作人员参照样表。

附录《违反规范化管理事故案例》的"运行操作异常案例"中，就列举了错误确定工作任务和指派的操作人员业务不熟练而导致不安全事件的典型案例。

表 3-40　指派操作人员参照样表

序号	操作人员	资格参照条件	通用条件
1	操作人	巡视员具有热机系统所有设备就地启停及检查、阀门开关调整、系统投停等操作资格	（1）安规、运行规程培训、考试合格； （2）确认人员精神状态较好； （3）没有其他正在执行或待执行的工作任务
		巡视员具有 400V、6kV（10kV）断路器、母线、变压器等设备的停、送电及倒闸操作资格	
		值班员及机组长、单元长具有集控室 DCS 画面设备及系统所有操作资格	
		值班员及机组长、单元长具有 400V、6kV（10kV）及以上断路器、母线、变压器、发电机等设备的停、送电及倒闸操作资格	
2	监护人	值班员具有机组定期工作、设备启停或切换、系统投停、隔离消压等热机操作的监护资格（风机启停、汽动给水泵启停、锅炉点熄火、汽轮机开停机等重大操作除外）	
		值班员具有 400V 和 6kV（10kV）动力设备、断路器、变压器、母线等设备停、送电及电气倒闸操作的监护资格（110kV 及以上母线停、送电，220kV 及以上变压器停、送电及发电机解并列等重大电气倒闸操作除外）	
		机组长、单元长及值长具有所有操作的监护资格	
		110kV 及以上母线停、送电，220kV 及以上变压器停、送电，发电机解并列实行双监护，第二监护人为单元长、值长或专业专工	

单元长（值长或机组长）要向监护人和操作人下发操作任务单或发布操作预告（详见表 3-41 发布操作预告参照样表）。同时，还要向监护人、操作人交代清楚所

要操作的主要设备、操作范围、操作步骤，以及人身安全防护和设备安全防护的措施。交代注意事项标准详见表 3-42 交代注意事项参照样表。

表 3-41　发布操作预告参照样表

序号	发令人	受令人	任务来源	确定任务	发布参照标准
1	值长	单元长或辅助运行岗位班长	厂内检修申请 涉网检修申请 调度命令	根据检修申请或调度命令涉及的设备名称、性质，确定改变该设备或系统的状态［隔离、切换、负荷转移、停用、停电、消压、恢复冷（热）备用、投入运行等］	（1）操作任务清晰、明确； （2）交代注意事项和危险点； （3）使用统一的调度术语和设备双重编号； （4）受令人要正确复诵操作预告指令
2	单元长	监护人操作人	值长发布的操作预告 预收工作票 批复的检修申请 其他岗位要求的配合操作 缺陷处理	根据涉及的设备名称、性质，确定改变××设备或系统的运行状态［隔离、切换、负荷转移、停用、停电、消压、恢复冷（热）备用、投入运行等］	
3	机组长	监护人操作人	单元长发布的操作预告 待开工工作票 定期工作 机组工况调整 缺陷处理	根据涉及的设备名称、性质，确定改变××设备或系统的运行状态［隔离、切换、负荷转移、停用、停电、消压、恢复冷（热）备用、投入运行等］	

表 3-42　交代注意事项参照样表

序号	注意事项		交代参照内容
1	操作前	填写操作票	操作人要正确填写操作票
		准备工器具	要佩戴耳塞（噪声区域操作如制粉系统、励磁小室等）
			电气操作要交代： （1）携带相应电压等级的验电器（如 400V、6kV、110kV、220kV、500kV 等）； （2）戴绝缘手套，防止触电
			装（拆）的接地线要与操作票、登记簿记录的编号一致
			使用安全带（1.5m 及以上高度操作，且无其他防护）
			穿隔热服、戴头盔（隔离现场泄漏的介质）
			使用正压式呼吸器（操作环境有毒性气体）
		操作要点	交代操作设备、操作范围、操作步骤、操作注意事项等
2	操作中	人身安全防护	正确穿着工作服、扣紧各纽扣，防止衣服被转动设备绞入
			要站在阀门或水位计侧面（操作热力系统阀门或压力容器、水位计冲洗）
			要站在转动设备的轴向且靠近事故按钮的位置（转动设备启动）
			操作过程中禁止跨越临时围栏、井、坑、孔、洞
		设备安全防护	禁止私自使用防误闭锁解锁钥匙，需要使用时必须经值长批准
			转动设备异声、振动、冒烟、异味等异常，要手按事故按钮将设备停运
			操作时要核对操作设备的名称、编号、位置及状态与操作任务一致
			要注意监视设备参数变化（电流、压力、流量、水位、温度、振动等）
			操作结束后要清点工器具，防止工器具或其他异物进入设备

（二）操作准备

操作准备通常包括操作联系、风险分析、填写操作票和准备工器具四项内容，操作准备思维导图如图 3-51 所示。

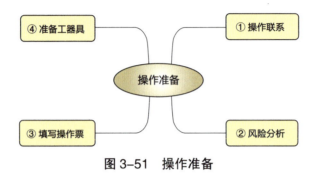

图 3-51　操作准备

1. 操作联系

根据岗位职责和管辖设备的不同，本着"岗位对等"的联系原则：

（1）值长通常对有可能造成机组降出力或被迫停运以及涉及公用系统的重大操作，与相关联的运行值班岗位、检修部门业务主管和部门主任联系，向运行部门主任和企业副总工程师及以上领导汇报。

（2）单元长通常对机组有安全风险的重大操作，与相关联的检修部门班长联系，向运行部门专业专工汇报。

（3）机组长通常对机组需要检修部门配合的操作，与相关联的检修部门班长联系，向值班单元长汇报。

操作联系的标准详见表 3-43 操作联系参照样表。

表 3-43　操作联系参照样表

序号	联系人	联系事由	被联系人	联系参照标准
1	值长	可能造成机组降出力或非停的操作	生产副厂长、总工程师、副总工程师	及时、清晰、准确汇报操作的必要性、存在风险和操作要点，并留有汇报痕迹
			生技部主任、生技部专业主管、运行部主任、安监部主任、检修公司经理、检修部门主任	通知到现场指挥协调、提供技术指导，并留有联系痕迹

续表

序号	联系人	联系事由	被联系人	联系参照标准
1	值长	涉及多个系统、多个部门的操作（比如脱硫系统、脱硝系统、压缩空气系统、工业水系统、辅助蒸汽系统、锅炉燃油系统、输煤系统、供热系统、厂用电系统等）	与本操作相关联的辅助运行班长	通知其注意监视设备状态，调整相关参数，并留有联系痕迹（电流、压力、流量等）
2	单元长	有可能造成机组降出力或非停的操作（比如汽动给水泵隔离消压、单侧风机停运、凝汽器半边隔离、热力管道堵漏、设备保护调节回路检修等）	相关检修部门技术专工或班长	通知到现场提供技术支持，协助、配合操作，并留有联系痕迹
		涉及多个系统、多个部门的操作（比如脱硫系统、脱硝系统、压缩空气系统、工业水系统、辅助蒸汽系统、锅炉燃油系统、输煤系统、供热系统、厂用电系统等）	与本操作相关联的运行岗位	通知注意监视设备状态，调整相关参数，并留有联系痕迹（电流、压力、流量等）
3	机组长	机组进行的定期工作、设备启停或设备切换、系统投停、动力设备停送电、隔离消压等操作	单元长	汇报所要操作的设备名称及操作内容，并留有汇报痕迹
		重要试验以及需要检修人员配合的操作（比如汽轮机油泵、电动给水泵油泵低油压联锁试验、汽轮机危急保安器动作试验、主跳闸电磁阀动作试验、真空严密性试验、设备保护调节回路检修等）	相关检修部门班长	通知到现场提供技术支持，协助、配合操作，并留有联系痕迹

2. 风险分析　　　　　　　　　　　　　　　　　　　　　　**查风险**

监护人、操作人接到操作任务后，根据操作任务及单元长（值长或机组长）交代的安全注意事项，从操作范围、操作环境、所操作设备的状态，以及操作可能引起的参数波动、保护误动作等方面进行风险分析，做到"六个明白"：

一是，明白操作目的，即本操作要操作哪个设备或系统，要达到什么目的。

二是，明白操作条件，即本操作对设备的特性、工作条件、运行方式等的要求。

三是，明白操作风险，即进行风险分析，了解风险到底来自何处。

四是，明白操作相关的经验教训。

五是，明白操作过程。

六是，明白操作需要哪些人员的参与、指导或配合。

风险分析要全面、细致，确保不遗漏任何细小环节，否则极有可能给操作带来风险。附录《违反规范化管理事故案例》的"运行操作异常案例"中，某企业运行人员在执行定期工作时，就因风险分析不深入、不细致，造成机组因真空低跳闸。风险分析的标准详见表 3-44 风险分析参照样表。

表 3-44　风险分析参照样表

序号	分析项目	风险内容	分析参照内容	防范措施
1	操作任务	操作设备名称	走错间隔	要操作设备的隶属机组、系统	明确位置、设备、系统
		操作目的	混淆操作目的，发生状态改变错误	明确本次操作要达到的目的（"启、停设备，投、停系统，停、送电，隔离、消压、调整、装设安全措施、拆除安全措施、恢复热备用、恢复冷备用"等）	明确操作目的
2	操作条件	操作环境	造成人身伤害	与本次操作相关的设备、系统是否带电	操作时保持安全距离，并使用绝缘靴、绝缘手套、绝缘垫、验电器等工器具
				与本次操作相关的设备、系统是否存有压力、温度的介质	操作要缓慢，站在阀门或水位计侧面，必要时穿隔热服
				是否属于高处作业	高处作业使用安全带

续表

序号	分析项目		风险内容	分析参照内容	防范措施
2	操作条件	操作环境	造成人身伤害	操作空间是否密闭	密闭空间加强通风并有人监护
				照明是否充足	照明不充足时携带手电
				有无泄漏点	要遮挡,需要时穿隔热服
		设备状态	造成设备伤害	被操作设备、系统联锁保护是否全部投入	要熟知被操作设备、系统的参数保护限制
				设备是否在停运状态	停运设备
				设备是否具备投运条件	检查达到投运条件
3	操作风险	不安全因素	造成人身伤害	是否存在泄漏、烫伤、坠落、触电等风险问题	根据风险选择相应的安全工器具
			造成设备伤害	是否存在可能引起设备自动调节失灵、保护误动作,引起参数波动、机组降出力、设备或机组跳闸	必要时请示总工程师解除相关自动装置、保护,做好参数监视
4	经验反馈	以前出现的不安全问题	再次出现	曾经出现不安全问题的原因、象征及处理	掌握防范措施
5	操作过程	操作步骤	跳项、漏项、并项	依据操作原则,制订操作步骤	正确填写操作票;规范操作行为,逐条执行
		设备参数	参数异常	操作中设备的状态、参数的变化及原因(电流、压力、流量、水位、温度、振动等)	要观察参数变化,分析变化原因

续表

序号	分析项目		风险内容	分析参照内容	防范措施
6	需要到位人员	提供指导或配合	相关专业知识欠缺	是否需要专业技术人员进行技术指导或监护	分析全面，需要技术支持时联系到人
				需要哪些检修人员配合，强制哪些热工测点、解除设备或主机哪种保护	分析全面，需要技术支持时联系到人

3. 填写操作票

两个及以上操作步骤且必须按顺序操作才能保证安全的操作任务，必须使用操作票，禁止无票作业。

操作票必须由操作人本人填写。操作人在了解清楚操作任务后，认真核对设备实际运行方式，通过分析危险点、查对模拟系统图或接线图，逐项填写操作任务、危险点、操作项目等内容，填写标准详见第四章第三节"操作票单元"。

4. 准备工器具

操作前要根据操作任务的类型和工作环境、工作负荷、电压等级等，正确选用钥匙、开关把手、阀门钩、绝缘靴、绝缘手套、验电器、接地线、安全带、万用表、绝缘电阻表、防毒面具、正压式呼吸器等工器具（如图3-52所示），严禁超铭牌、超额定值使用。

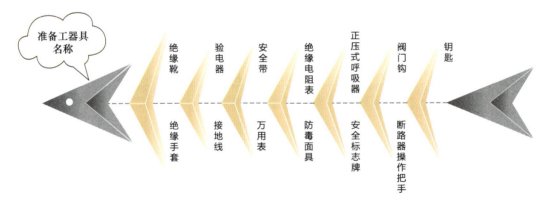

图3-52　准备工器具的名称

各工器具的使用条件、使用前的检查方法及合格标准详见表3-45准备工器具参照样表。

表 3-45 准备工器具参照样表

序号	工器具名称	使用条件	使用前检查合格参照标准
1	绝缘靴	雷雨天气进行户外变电设备操作	外观无破损，绝缘层不外露，靴底无裂纹，靴底防滑齿清晰未磨平
		接地网电阻不合格时进行户外变电设备操作	
		进入电缆沟工作	
		高压设备发生接地故障，进入室内故障点4m以内、室外故障点8m以内范围操作	
2	绝缘手套	高压验电操作	用"卷曲试验"检查无漏气：从手套袖口处打开，再合口，慢慢向上卷动至手套内充满气体
		测量电动机绝缘	
		测量电缆绝缘	
		电动机运转时，在转子电阻回路上进行操作	
		装拆高压熔断器操作	
		装拆接地线操作	
		用绝缘棒拉合隔离开关或经传动机构拉合断路器和隔离开关	
		高压设备发生接地时，进入室内故障点4m以内、室外故障点8m以内范围的人员接触设备的外壳和构架时	
3	验电器	检测400V及以上电气设备是否带有运行电压的操作	核对工作电压与被测设备电压等级相同
			按下试验按钮声光报警正常
4	接地线	将已经停电的设备临时短路接地的操作	要用的接地线导线、线卡连接部位完整，无破损，且有编号牌
			所使用的接地线必须与使用地点的电压等级相符

续表

序号	工器具名称	使用条件	使用前检查合格参照标准
5	安全带	离地面 1.5m 以上的地点操作	佩戴前应进行外观检查。检查带体未磨损，铆钉坚固未有脱落或损伤，缝线无开裂；腰带与背带组合连接螺栓坚固，腰带卡环已卡死，围杆带金属钩处于锁闭状态
6	万用表	测量直流电流、直流电压、交流电流、交流电压、电阻和音频电平的操作	在没有被测电量时，先进行"机械调零"，使万用表指针指在零电压或零电流的位置上
7	绝缘电阻表	测量电路、电机绕组、电缆、电气设备等绝缘电阻的操作	核对工作电压与被测设备电压相同
			将表线与接线柱连接牢固，将两连接线开路摇动手柄、指针应指在"∞"（无穷大）处；把两连线头瞬间短接一下，指针应指在 0 处
8	防毒面具	在 SF_6 高压电器泄漏或有分解产物氢氟酸、二氧化硫、低氟化物等有毒、有害物质环境中操作	将面罩和滤毒罐连接好，戴好面具后，用手或橡皮塞堵上滤毒罐进气孔，深吸气，没有空气进入
9	正压式呼吸器	在有毒或有害气体环境、含烟尘等有害物质及缺氧等环境中操作时	（1）腰带插头灵活、伸缩自如（气瓶阀门和背托朝下，利用过肩式或交叉穿衣式背上呼吸器，插入腰带插头，将腰带一侧的伸缩带向后拉紧扣牢）；

续表

序号	工器具名称	使用条件	使用前检查合格参照标准
9	正压式呼吸器	在有毒或有害气体环境、含烟尘等有害物质及缺氧等环境中操作时	（2）吸气检查面罩密封是否良好（撑开面罩头网，由下向上将面罩戴在头上，调整面罩位置；用手按住面罩进气口吸气，否则再收紧面罩紧固带，或重新戴面罩）； （3）接合紧密，无漏气现象（打开气瓶开关及供给阀，将供气阀接口与面罩接口吻合，然后握住面罩吸气根部，左手把供气阀向里按，当听到"咔嚓"声即安装完毕）；吸气和呼气都应舒畅，无不适感觉
10	安全标志牌	根据布置安全措施的需要，全关热力阀门后，在阀门手轮上悬挂"禁止操作有人工作"标志牌	检查标示牌外观无变形，字迹清晰，悬挂绳牢固
		根据布置安全措施的需要，设备停电后，在电气断路器、隔离开关把手上悬挂"禁止合闸有人工作"标志牌	
11	阀门钩	现场热力系统阀门进行开、关或调整开度的操作	检查外观无弯曲变形、开裂等现象
12	断路器操作把手	将现场电气断路器小车拉至试验、检修位置或推至工作位置的操作	外观检查无弯曲变形、开裂现象
			核对操作把手型号与所要操作的断路器小车类型一致
13	钥匙	进入配电室进行各类停送电或隔离开关操作，以及进行事故处理时使用	核对钥匙名称与配电室名称或设备名称及编号一致

（三）操作执行

执行操作时，严格遵守操作纪律，做到"六不操作"：

（1）没有操作票或工作任务单不操作；

（2）操作票或任务单不合格不操作；

（3）任务不清、疑问不明不操作；

（4）未进行预想不操作；

（5）未预演不操作；

（6）未核对不操作。

操作过程中，要严格执行下列制度和要求：

1. 操作票制度

操作票制度是"两票三制"中重要的安全操作制度，操作人和监护人根据操作票的内容，按顺序逐条执行，并对所操作的设备进行检查确认。操作票制度的内容和标准详见第四章第三节"操作票单元"。

2. 监护制度

安全屏障

凡是需要填写操作票的操作，必须执行监护制度。监护制度是运行操作过程中必须执行的组织措施，制度明确监护人是操作任务的具体负责人、监督者、核对者，必须自始至终对每项操作任务、每个操作步骤及操作人员的举动进行审核和确认。

监护人主要职责是：

（1）对操作票的正确性负责；

（2）对操作的安全性负责；

（3）对发布和执行的操作指令正确性负责；

（4）对工作行为的规范性、严肃性负责。

3. 设备定期试验、切换制度

定期试验、切换制度的目的是检验设备或装置功能正常、及早发现设备功能异常，保持设备或装置处于良好备用状态。运行人员必须按运行规程中定期试验、切换项目规定的内容及要求进行设备定期试验、切换工作。

操作时根据进行的风险分析，执行好操作票制度和监护制度。如果发现问题或缺陷要认真分析，及时通知检修人员处理；设备存在缺陷不具备定期工作条件时，待缺陷处理完毕后，应将定期工作补做。因故未能执行的定期工作，应在值班记录内记录原因，并向专业专工汇报；待制约条件消除后，及时补做该项定期工作。

4. 重大操作到位制度 **技术支持**

重大操作到位制度是现场遇有重大操作、维护及重大险情时，相关领导、管理和技术人员必须到现场指导的管理制度。这项制度为了将现场重大操作的安全风险降至最低而设置的。

例如现场汽动给水泵隔离消压、单侧风机停运、凝汽器半边隔离、热力管道堵漏、机组启停、变压器及母线停送电、倒闸操作等重大操作，就需要相关技术人员和部门负责人到现场提供技术支持，配合运行人员进行操作。

在重大操作时，如果相关技术人员没有到现场配合运行人员操作，会给操作带来隐患。附录《违反规范化管理事故案例》的"运行操作异常案例"中，就列举了一起典型案例——某电厂 2 号机高压主汽门活动试验未经值长批准，也未联系部门主任或专工到场指挥；在做高压主汽门定期活动试验时，对主汽门行程开关不能正常动作带来的风险性认识不足，最终导致锅炉 MFT。

5. 接地线管理制度

接地线是用来防止检修设备突然来电而带电，消除临近感应电压或放尽已断开电源的电气设备上剩余电荷必不可少的安全工具。接地线管理制度明确规定了运行人员装拆接地线的使用与维护行为，对保护检修工作人员的人身安全具有重要作用。

防止带接地线（接地刀闸）合断路器（隔离开关）、防止带电装设（合）接地线（接地刀闸）是电力系统"五防"的主要内容。出现带接地线（接地刀闸）合断路器（隔离开关）、带电装设（合）接地线（接地刀闸）操作，是电气操作中严重的误操作，会造成人身伤亡和设备损害事故。

装接地线前必须验电，先装设接地端，再装设导体端；拆除接地线的顺序与装设相反。就地装设或拆除的接地线编号必须与接地线登记簿、操作票记录的编号、值班记录所记录的编号一致。

要将接地线（接地刀闸）管理纳入交接班管理中，运行值班日志中要详细、准确记录清楚当班装设或拆除的接地线或拉合接地刀闸的名称、编号和位置；当班工作中装拆的接地线或拉合的接地刀闸要及时登记并做好值班记录；接地线要定置摆放且编号对应，当出现破损或标牌缺失，应及时汇报专业专工。

● 知识词典 ●

电力系统五防：①防止误分、合断路器；②防止带负荷分、合隔离开关；③防止带接地线（接地刀闸）合断路器（隔离开关）；④防止带电装设（合）接地线（接地刀闸）；⑤防止误入带电间隔。

---

6. 防误闭锁钥匙管理制度

防误闭锁钥匙管理是利用电子编码、电子钥匙等设备，结合操作中的关键步骤加入防误闭锁逻辑，以防止误操作的发生。当防误闭锁装置故障，确实需要防误闭锁解锁钥匙解除闭锁装置时，必须履行审批、复核手续，方可进行解锁操作。若不履行核对、审批规定而盲目擅自解锁，极有可能引发事故，比如附录《违反规范化管理事故案例》的"运行操作案例"中，某电厂就曾因擅自解除闭锁，带电合接地刀闸导致母线停电事故。

7. "四核对"规定和设备保护投停规定

"四核对"即操作前要注意核对设备名称、编号、位置与操作任务一致，可以有效避免走错间隔、操作错设备，杜绝误操作的发生。附录《违反规范化管理事故案例》的"运行操作案例"中，就列举了一起运行人员操作时未执行"四核对"，操作失误造成机组跳闸的典型案例。

运行和备用中的设备，其保护及自动装置应全部投入，禁止将无保护的设备投入运行或恢复备用。若因设备检修或保护装置故障需要紧急退出某保护时，必须履行保护投停审批手续，由值长向总工程师申请，待批准后方可停用该保护，但两种及以上主保护不得同时停用。

8. 按操作任务要求使用操作票或工作任务单、停送电联系单

执行工作任务单。对于不需要使用操作票的操作任务，由值班负责人向操作人下发工作任务单。此类操作任务的操作步骤不超过两个，而且没有严格的先后顺序。

工作任务单有明确的操作任务和具体的操作要求，同时还有相应的风险分析和注意事项，可以避免口头安排工作任务造成的疏漏和责任不清。工作任务样单如表3-46所示。

表 3-46　工作任务单

机组编号		下发人（值班负责人）	
工作任务			
风险点			
工作要求	操作步骤		实际执行
下发时间	年　月　日　时　分		
执行结果			
操作人		汇报完毕时间	年　月　日　时　分
监护人			
备注			

执行停（送）电联系单。停（送）电联系单是对于不具备停、送电操作资格的部门、班组或需要对单一开关的设备停送电操作时，委托具备操作资格的运行人员协助操作的书面凭证。

为保证联系单的唯一性和可追溯，停（送）电联系单具有统一的编号和停（送）电申请人、停（送）电设备名称、停（送）电理由、申请停（送）电时间、申请停（送）电值班负责人、负责停（送）电值班负责人、停（送）电措施执行人、通知已停（送）电时间等内容。申请停（送）电值班负责人、负责停（送）电值班负责人、停（送）电措施执行人要准确如实填写停（送）电联系单的内容，对停（送）电联系单及其执行的正确性负责。停、送电联系样单如表 3-47 和表 3-48所示。

表 3-47　停电联系单

电厂（公司）停电申请单			
			编号：
工作票号		停电申请人	
停电设备名称、编号（包括应拉开的断路器、隔离开关和保险等）			
停电理由			
申请停电时间		年　月　日　时　分	
申请停电值班负责人		年　月　日　时　分	
负责停电值班负责人		年　月　日　时　分	
停电措施执行人		停电完毕时间	年　月　日　时　分
已通知停电申请人		年　月　日　时　分	

表 3-48　送电联系单

电厂（公司）送电申请单			
			编号：
工作票号		送电申请人	
送电设备名称、编号			
送电理由			
申请送电时间		年　月　日　时　分	
申请送电值班负责人		年　月　日　时　分	
负责送电值班负责人		年　月　日　时　分	
送电措施执行人		送电完毕时间	年　月　日　时　分
已通知送电申请人		年　月　日　时　分	

操作执行标准详见表 3-49 操作执行参照样表。

表 3-49　操作执行参照样表

序号	操作执行相关要求		执行参照标准
1	监护人要求		监护人自始至终在现场监护，不能离开操作现场
			在监护过程中监护人严禁动手操作
			监护人不能做与本操作无关的事情
			在整个操作过程中不得更换监护人
	操作人要求		监护人未下令，操作人严禁操作
			操作人不能做与本操作无关的事情
	操作人要求		在整个操作过程中不得更换操作人
	"四核对"规定		核对所操作设备的名称、编号、位置及状态与操作任务一致
	操作暂停要求		操作过程中发现相关设备或系统不具备操作条件，立即停止操作
			发现操作票或任务单有错误，应立即停止操作
			操作过程中出现异常现象，必须立即停止操作。根据现象分析、确定设备或系统的运行状况后，再决定是否继续操作，禁止盲目操作、强行操作
2	规章制度要求	操作票制度	发令人向监护人、操作人发布操作命令，监护人全文复诵操作命令并得到发令人"对、执行"的命令后，监护人在操作票第一页填写操作开始日期和时间，方可进行操作
			监护人与操作人一起逐项、逐条执行操作票的危险点分析、操作项目，执行标准详见第四章第三节"操作票单元"
		停（送）电联系单制度	停（送）电申请人要准确填写所要停（送）电设备的双重名称、停（送）电原因、申请停（送）电时间
			申请停（送）电值班负责人审批后，将停（送）电联系单发至具备相应停（送）电操作资格的部门、班组
			负责停（送）电值班负责人接到停（送）电联系单并检查确认无误后，指派停（送）电措施执行人准备相应的停（送）电操作票

序号	操作执行相关要求		执行参照标准
2	规章制度要求	停（送）电联系单制度	停（送）电措施执行人根据操作票的内容进行操作
			停(送)电操作完毕后，停(送)电措施执行人要在停(送)电申请单相应栏内签字并填写执行时间
			负责停（送）电值班负责人通知申请停（送）电值班负责人，并填写通知时间
			若因故不能进行停（送）电操作时，负责停（送）电值班负责人要及时通知申请停（送）电值班负责人，并说明原因
		接地线管理制度	严禁用缠绕的方法装设接地线
			要先装设接地端，验电证确无电压后立即装设导体端，并注意人体不得碰触接地线，以防止感应电触电；拆除接地线的顺序与装设相反
			就地装设或拆除的接地线编号必须与接地线登记簿及操作票记录的编号一致
			拆除的接地线必须按照编号定置放置在工具橱内，编号牌向外
			工作票办理终结签名手续后，要立即拆除该工作所装设的接地线，并在工作票上详细记录所拆除接地线的编号和组数；不能以设备是否恢复备用作为拆除接地线的依据，更不能等待送电操作时再拆除。若其他工作需要保留接地线，可以待该项工作结束后再拆除，但必须在工作票和值班记录中注明未拆除接地线的组数、编号和地点
		设备定期试验切换制度	试验结果与上次有较大差异应分析原因，将情况汇报专业管理人员，联系有关部门人员检查、处理
			发生设备缺陷及异常要按照规程及相关措施进行处理
			特殊情况试验、切换项目不能如期进行，必须经分管专工同意。应做好值班记录，注明原因，待制约条件消除后，及时补做该定期工作
			操作结束后，要根据现场实际情况将被试设备及系统恢复到原状态

续表

序号	操作执行相关要求		执行参照标准	
2	规章制度要求	防误闭锁钥匙管理制度	不得擅自解除防误闭锁钥匙	
			要经总工程师批准，并经值长复核同意后，在现场值班负责人监护下开启防误闭锁解锁钥匙封条，取出防误闭锁解锁钥匙进行解锁操作	
			防误闭锁解锁钥匙使用后应及时封存	
		重大操作到位制度	人员在接到值长指令后，白天15min、晚上30min内到达指定地点指导或协助、配合操作（生产副厂长、总工程师、副总工程师以及生技部主任、生技部专业主管、运行部主任、安监部主任、检修公司经理、检修部门主任等人员）	
		工作任务单规定	再次向发令人确认操作任务无误后方可执行	
			操作人根据任务单所列的操作步骤逐项执行	
			通知监盘人员注意监视所操作设备参数变化趋势（温度、压力、流量、振动、电流等）	
		保护投停规定	保护投（停）申请人要准确填写所要投（停）设备保护名称、投（停）原因、申请投（停）时间	
			值长审批后，将保护投（停）申请单报至总工程师批准	
			总工程师批准后，值长将保护投（停）申请单发至操作人	
			操作人接到保护投（停）申请单并检查确认无误后，对该保护进行投（停）操作	继电保护及自动装置停用保护的顺序为先退出保护出口连接片、再停用保护直流电源
				继电保护及自动装置保护退出连接片时，应断开明显，防止因振动、误碰等原因使连接片误接通
				继电保护及自动装置投入保护的顺序为先投入直流电源，后投入出口连接片

续表

序号	操作执行相关要求		执行参照标准
2	规章制度要求	保护投停规定	操作人接到保护投（停）申请单并检查确认无误后，对该保护进行投（停）操作	继电保护及自动装置保护出口连接片投入前，必须先检查保护无动作出口信号等异常情况，再用万用表测量该出口连接片两端无异极性电压，然后投入保护出口连接片
			保护投（停）完毕后，操作人要在保护投（停）申请单相应栏内签字并填写执行时间	
			值长通知保护投（停）申请人该保护确已投（停）完毕	

（四）操作完成

操作完成是操作人和监护人将操作情况向发令人详细汇报并进行工作封闭维护的过程，包括操作汇报、工器具存放、信息录入三项工作。

操作完成思维导图如图3-53所示。

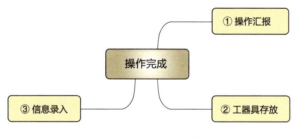

图3-53　操作完成

1. 操作汇报

操作结束后，监护人要向发令人汇报，让发令人及时掌握操作过程中和操作后设备状态和运行方式等情况。如果操作命令是逐级下发的，在复核所操作设备、系统参数和运行方式变化无误后，单元长要向值长、值长要向上级调度员逐级汇报。

汇报内容（如图3-54所示）：

（1）操作已结束；

（2）操作后设备状态或参数变化情况；

（3）操作过程中遇到的缺陷和处理情况。

监护人向发令人汇报标准详见表3-50监护人向发令人汇报参照样表，单元长、值长汇报标准详见表3-51单元长向值长汇报参照样表和表3-52值长向调度员汇报参照样表。

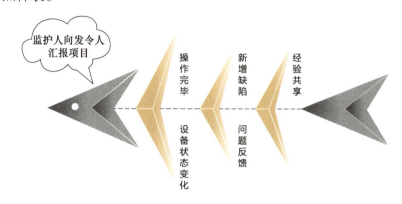

图 3-54　监护人向发令人汇报的项目

表 3-50　监护人向发令人汇报参照样表

序号	汇报内容	汇报参照标准
1	操作完毕	向发令人明确汇报本次操作已结束
		汇报操作结束时间
2	设备状态变化	明确汇报所操作设备、系统的当前状态（"运行""备用"或"检修"）
		汇报清楚所装设或拆除接地线的组数、编号及装拆地点
		汇报清楚所拉开或合上接地刀闸的数量、名称及编号
3	新增缺陷	汇报清楚操作过程中发现缺陷的名称，汇报时使用正规的设备名称
		准确汇报缺陷的象征（损坏、失效、渗漏、卡涩、缺失、异声、异味、振动大、温度高、表计指示不准确等）
		全面汇报在就地采取的处理措施（遮挡或开关阀门进行隔离、调整等）
4	问题反馈	详细汇报操作过程中遇到的设备问题（暂时无法确定的隐蔽缺陷或隐患、不明信号变化、生产设施缺损、文明卫生不符合项等）
		详细汇报操作过程中遇到的装置性违章、人员违章等问题
5	经验共享	对所操作设备不明白的问题要汇报清楚、弄明白（结构、原理、二次回路、灯光信号等）
		操作过程中的操作技巧和经验与发令人及班组成员分享
备注		监护人（值班员、机组长）向发令人（单元长）汇报

表 3-51 单元长向值长汇报参照样表

序号	汇报内容	汇报参照标准
1	操作完毕	明确汇报本次操作已结束
		汇报操作结束时间
2	设备状态变化	明确汇报所操作设备、系统的当前状态（"运行""备用"或"检修"）
		汇报清楚所装设或拆除接地线的组数、编号及装拆地点
		汇报清楚所拉开或合上接地刀闸的数量、名称及编号
3	新增缺陷	汇报清楚操作过程中发现一、二类缺陷的名称，汇报时使用正规的设备名称
		准确汇报一、二类缺陷的象征（损坏、失效、泄漏、卡涩、缺失、异声、异味、振动大、温度高、表计指示不准确等）
		全面汇报在就地采取的处理措施（遮挡或开关阀门进行隔离、调整等）
4	问题反馈	详细汇报操作过程中遇到的设备问题（暂时无法确定的隐蔽缺陷或隐患、不明信号变化等）
		详细汇报操作过程中遇到的装置性违章、人员违章等问题

表 3-52 值长向调度员汇报参照样表

序号	汇报内容	汇报参照标准
1	操作完毕	明确汇报操作任务已完成
		汇报操作结束时间
2	设备状态变化	明确汇报所操作设备、系统的当前状态（"运行""备用"或"检修"）
		汇报清楚所装设或拆除接地线的组数、编号及装拆地点
		汇报清楚所拉开或合上接地刀闸的数量、名称及编号
3	问题反馈	详细汇报操作过程中遇到的设备问题（暂时无法确定的隐蔽缺陷或隐患、不明信号变化等）

2. 工器具存放

定置

操作结束后，操作人要将携带的工器具定置存放在工具橱的相应位置。存放时，要注意核对工器具数量，除装设在工作地点的接地线外，若与操作前准备的其他工器具不相符，要及时查找。如果遗忘在工作现场或所操作的设备上，要立即取回，防止下次人员操作或设备状态发生改变时对人员或设备造成伤害；若操作过程造成工器具损坏，要及时向单元长及专工汇报。从现场拆除、取回的接地线，要按照接地线上的编号放置在接地线工具橱相应的编号位置处，并且编号牌向外，做到编号与存放位置一致。

3. 信息录入 **准确**

将操作信息录入到相关值班日志中，为后续操作提供数据支持和参照，同时方便运行人员和专业管理人员全面分析设备运行性能。

操作汇报完毕，操作人、监护人要将操作过程中设备状态、参数变化和遇到的问题，如实录入相应系统。需要录入的信息通常包括接地线（接地刀闸）登记、设备绝缘值登记、定期工作维护、操作票或任务单维护、停送电联系单回填，以及操作中发现的缺陷和需要采集的设备参数等。

第五节 值班日志单元

值班日志是值班记录（记事）和运行日志（数据报表）的总称，是运行工作的"写实日记"。运行人员按照时间先后顺序将值班期间设备运行方式变化、完成的操作、发生的缺陷及异常、生产数据等所有生产信息，用规范的语言文字记录下来，使工作流程完整再现、工作内容清晰可见，为运行人员在交接班期间传递生产信息、值班期间熟悉设备运行状态提供依据。

一、值班日志功能 **总结、痕迹**

值班日志具备两大基本功能：一是现场生产信息的"总结报告"，二是运行人员完成工作任务的"证据"。

生产信息的"总结报告"是指值班日志不仅全面记录了现场各类生产信息和数

据，还对发生异常的初步原因、检修后设备缺陷是否消除、设备定期试验是否合格、设备试转是否合格等有明确的结论，通过查阅值班日志，可以帮助各级人员全面了解设备的运行状况。

运行人员完成工作任务的"证据"是指值班日志留下了运行人员为保证机组安全、经济、环保运行，所进行的监盘调整、巡回检查、运行操作、工作票办理、操作票执行、异常处理等工作的"痕迹"，是明确责任的依据。

二、值班日志基本要求

值班日志的基本要求是真实、详细、准确。

真实。值班日志应真实反映值班期间的工作情况、工作细节和设备运行状态变化，各生产信息必须与机组、设备实际运行情况相符合。不能为逃避责任或其他原因而瞒记、漏记、少记，甚至弄虚作假、篡改或伪造。

详细。值班日志为设备台账整理、数据挖掘、运行分析提供详细资料，记录要详细全面。要将事件的经过、象征、采取的措施、参数变化、发展趋势、状态变化、原因分析等描述详细；前后对应、有因有果，形成闭环。

准确。值班日志要使用统一的标准格式和规范的书面用语；语句通顺，清晰明了；记录内容与现场实际相符；让人看得清楚、明白。

三、值班日志内容

值班日志的内容包括值班记录（记事）和运行日志（数据报表）两项内容。值班日志思维导图如图 3-55 所示。

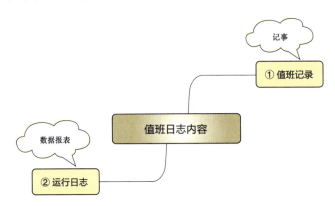

图 3-55　值班日志内容

（一）值班记录 **工作痕迹**

集控运行值班记录一般分为值长值班记录、单元长值班记录、机组长值班记录，分别由值长、单元长、机组长负责记录。记录内容通常包括：①运行方式；②设备缺陷；③调度指令；④涉网检修申请；⑤机组启停；⑥异常事故；⑦设备启停；⑧工作票；⑨定期工作；⑩保护投停等。值班记录内容思维导图如图 3-56 所示。

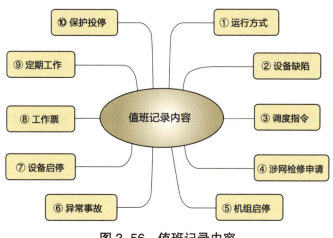

图 3-56　值班记录内容

1. 运行方式

机组各系统、设备的运行方式一般指运行、检修、备用三种状态。将主要设备、系统的运行方式填写在值班记录相应的运行方式栏内，可防止因设备运行方式不清楚而不能及时发现异常，或异常发生后不能根据系统、设备的运行方式做出正确的判断，导致异常扩大。

2. 设备缺陷

值班记录中准确记录机组发生的设备缺陷及其象征、发展趋势和采取的措施，可以使各级生产人员正确分析缺陷发生的原因，制订有针对性地消除方案。

3. 调度指令

调度指令是上级调度机构值班调度员向企业值长，以及值长向值班负责人（单元长或班长、机组长）发布的生产指令。客观、准确地记录调度指令的内容、指令发布人、指令执行情况，有利于运行人员正确执行生产指令，并且在执行指令过程中可以随时与发令人进行沟通汇报，也为操作任务的责任划分提供追溯依据。

4. 涉网检修申请

凡属调度管辖设备的检修、试验工作，值长要向上级调度员提报书面检修申请。值班记录中要记录清楚检修申请的工作任务、要求以及审批的工期、执行情况，方便运行及检修人员查阅该检修申请的流转进程。

5. 机组启停

值班记录中要准确记录机组启停各阶段的起止时间、主要参数、启停操作、存在的缺陷及其处理等内容。这样可以建立详细、准确的机组启停台账，还可以根据记录的机组启停时长、设备启停时机以及机组各项节能指标、环保指标，来评价运行人员机组启停过程的工作质量。

6. 异常事故

值班记录中准确记录机组发生的异常事故及其象征、处理经过、初步原因分析，可以使各级生产人员正确分析异常事故发生的原因，编制类似异常工况的防范和处理措施。

7. 设备启停

准确记录各项启停操作的操作任务、操作前后设备状态及参数变化情况，利于运行人员掌握系统设备的方式变化、运行状况、出现的缺陷以及处理情况，也为建立设备运行台账提供真实资料。

8. 工作票

准确记录工作票执行过程中的预收、许可、延期、押票、工作终结等节点内容，利于运行人员了解缺陷处理进度、采取的安全措施及缺陷的处理情况。

9. 定期工作

值班记录中准确记录机组各项定期工作执行结论、设备及参数的变化以及执行中遇到的问题和采取的措施，利于运行人员掌握设备方式变化。同时，若定期工作因故未执行，可以查阅值班记录所记录的原因，待制约条件消除后，及时补做该定期工作。

10. 投停保护

为防止误投停、漏投停保护或保护投停过程中造成保护误动作，值班记录要准确记录所投停保护的名称及原因，使运行人员重点监视、检查刚投入或退出保护的设备运行情况。

（二）运行日志

运行日志是现场运行人员定期采集的各类数据报表的统称，主要包括值长报送的数据报表、监盘人员抄录的数据报表、巡检及操作时采集的数据报表三类。运行日志思维导图如图3-57所示。

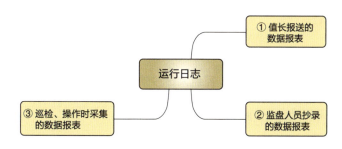

图3-57　运行日志内容

1. 值长报送的数据报表

值长负责的数据报表通常包括全厂主要生产情况、全厂主要生产数据、上级调度机构日报、上级公司生产日报等（如图3-58所示），这些报表涉及企业的上网电量、线路负荷、供热量、煤炭库存等重要数据，可以使各级技术人员快速掌握企业整体的生产情况，为调度部门及企业的决策和经济利润兑现提供依据。

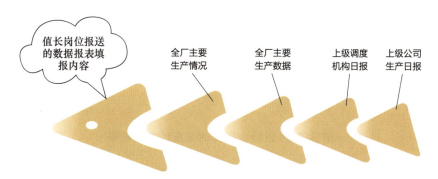

图3-58　值长岗位数据报表填报内容

2. 监盘人员抄录的数据报表

监盘人员接盘前要抄录机组经济指标运行日志、发电机温度运行日志、机组运行日志、机组SCR区脱硝运行记录表等表纸（如图3-59所示），以对比分析参数变化趋势、提前发现设备隐患，也为机组经济分析和异常分析提供第一手资料。

图 3-59　监盘人员抄录的数据报表

3. 巡检、操作时采集的数据报表

为正确计算企业厂用电率、煤耗等重要经济指标，做好设备经济运行分析，为设备台账提供数据支持，运行人员巡回检查和完成某一项操作后，要将采集的相关数据（如发电机电量表码、各台给煤机的给煤量表码以及磨煤机、凝结水泵、风机、循环水泵等主要动力设备的耗电表码和设备绝缘值、避雷器动作值等）正确录入相应的表格或系统内，如图 3-60 所示。

图 3-60　巡检、操作时采集的数据报表

四、值班日志审阅

值班日志是各级领导及管理人员了解现场生产信息的重要资料，要对值班日志进行认真审阅。

（一）审阅目的

审阅值班日志目的通常包括以下几个方面：

（1）检查值班日志的正确性；

（2）及时了解现场生产信息，掌握设备运行情况；

（3）根据各生产信息和数据，分析设备运行状况，制定设备消缺、维护方案；

（4）防止交接班交接的数据、信息出现疏漏或错误，影响信息传递质量。

（二）审阅原则

审阅值班日志要遵循以下原则：

（1）"谁记录（填报）谁负责"原则。记录（填报）者是值班日志的第一责任人，要核对记录（填报）内容的真实性、正确性、准确性。

（2）"逐级审阅"原则。逐级审阅是指上一级岗位人员（包括运行专业专工、运行部门主任、副总工程师、总工程师、生产副厂长等各级管理人员）有权审阅运行人员的值班日志。审阅时将发现的问题填写到审阅意见中，并通知责任人整改，以保证运行值班日志的准确和规范。

五、值班日志规范与标准

（一）值班记录规范与标准

由于各岗位管辖设备范围不同，值长、单元长、机组长所记录的生产信息各有侧重。值长岗位需要重点记录的设备清单详见表3-53值长岗位需要重点记录设备参照样表，主要包括：

（1）汽轮机、锅炉、发电机、变压器等主机；

（2）400V及以上母线、低压厂用变压器、线路；

（3）6kV及以上高压断路器及其机械设备；

（4）企业的供水、供气、供油、输煤、除灰、供热等公用系统；

（5）管辖设备配置的主保护、涉网输配电设备的主保护及其自动装置等。

值长值班记录通常记录所辖设备的三种情况：

（1）造成机组降出力或参数大幅波动；

（2）威胁机组安全运行甚至造成非停的400V及以上主要设备、公用系统设备故障跳闸或退出备用；

（3）因参数长时间超限，影响主机设备安全、环保安全、经济安全。

表 3-53 值长岗位需要重点记录设备参照样表

序号	记录项目		记录内容
1	设备	主要设备	锅炉本体、汽包、空气预热器、引风机、送风机、一次风机、磨煤机、空压机、火检风机、吹灰器、油罐、供油泵、电除尘、除渣设备、捞渣机、浆液循环泵、稀释风机、氨罐、输煤皮带、碎煤机等
			汽轮机本体、给水泵汽轮机本体、汽动给水泵、电动给水泵、循环水泵、真空泵、凝结水泵、凝汽器、高（低）压加热器、前置泵、主机和给水泵汽轮机的油泵、工业水泵、消防水泵、EHG 油泵、除氧器等
			发电机本体、高压备用变压器、主变压器、高压厂用变压器、励磁变压器、励磁调节器、400V 及以上母线、低压厂用变压器、6kV 及以上高压断路器、线路等
		主要系统	电气主接线一次系统、厂用电系统、蓄电池直流系统、励磁系统、燃油系统、化学水处理系统、制粉系统、除灰系统、主蒸汽系统、再热蒸汽系统、凝结水系统、主给水系统、水源供水系统、工业水系统、循环水系统、消防水系统、厂用汽系统、压缩空气系统、输煤系统、脱硫系统、脱硝系统等
			企业的远动装置及专用变送器、电力系统稳定器（PSS）、调速系统、自动发电控制装置（AGC）、自动电压控制装置（AVC）等调节控制系统
2	保护	发电机	差动保护、定子接地保护、失磁保护、负序过流保护、过激磁保护、过电压保护、逆功率保护、转子接地保护等
		变压器	绕组温度高保护、气体保护、差动保护、过流保护、高压侧接地保护、中性点零序过流保护、油温高保护等
		线路	距离保护、方向保护、失灵保护、三相不一致保护
		锅炉 MFT 保护	引风机全停保护、送风机全停保护、失去一次风（一次风机全停或一次风压低）保护、炉膛压力高保护、炉膛压力低保护、汽包水位高保护、汽包水位低保护、给水流量低保护、临界火焰失去保护、锅炉总风量低保护、全燃料失去保护、全火焰失去保护、汽轮机跳闸（机跳炉）保护等
		动力设备保护	润滑油压低保护、轴承温度高保护、轴承振动高保护、水位低保护、电机接地保护、电机过流保护等

续表

序号	记录项目		记录内容
2	保护	汽轮机跳闸保护	低压缸排汽温度高保护、润滑油压低保护、主蒸汽温度低保护、凝汽器真空低保护、轴承振动高保护、发电机主保护动作（电跳机）保护、锅炉 MFT（炉跳机）保护、超速保护、差胀超限保护、EHG 油压力低保护、安全油压力低保护等

具体来讲，值长岗位值班记录的项目如图 3-61 所示，记录标准详见表 3-54 值长岗位值班记录参照样表。

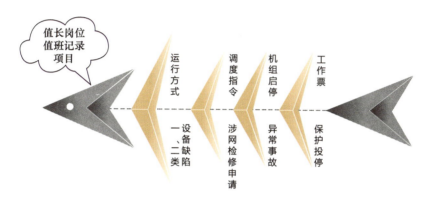

图 3-61   值长岗位值班记录项目

表 3-54   值长岗位值班记录参照样表

序号	记录项目	记录内容	记录参照标准
1	运行方式	设备运行状态	在 DCS 画面中状态显示为"红色"
		设备备用状态	在 DCS 画面中状态显示为"绿色"
		设备检修状态	在 DCS 画面中状态显示为"灰色"
2	一、二类设备缺陷	缺陷设备名称	与缺陷管理系统中录入的一致
		缺陷象征	与缺陷管理系统中录入的一致
		发展趋势	使用表示缺陷趋势稳定的词语（"无明显变化""稳定"等）
			使用表示缺陷趋势发展的词语（"扩大""升高""增大""增加"等词语以及"持续""快速""逐渐"等修饰语）
		采取的措施	对缺陷采取的措施与实际措施一致（切换、遮挡、隔离、调整、停电、停汽、停气、停水、消压等）

续表

序号	记录项目	记录内容	记录参照标准
3	调度指令	指令内容	与接受指令时所做的书面记录或电话录音一致
		人员姓名	指令发布人与接受指令时所做的书面记录或电话录音一致
			听取汇报调度员姓名与值班调度员一致
		时间	开始时间与执行该命令的操作票开始时间一致
			操作结束时间与执行该命令的操作票执行完毕时间一致
		设备状态变化	操作前后设备状态变化与执行该命令的操作票上的设备状态一致（检修、运行、备用）
4	涉网检修申请	检修工作内容	与厂网互动平台上向调度员提报的检修申请的内容一致
		检修申请时间	计划工期与厂网互动平台上向调度员提报的计划工期一致
			批准工期与厂网互动平台上调度员批准的工期一致
			开工时间与厂网互动平台上该检修申请开工时间一致
			收工时间与厂网互动平台上该检修申请的收工时间一致
		调度员姓名	与厂网互动平台上该检修申请调度员签名一致
		设备状态	执行该检修申请后设备状态变化与执行该工作任务的操作票上的状态或发布的调度指令一致
5	机组启停	重要节点时间	工作节点时间与该操作票记录的时间一致（锅炉点火、汽轮机冲转、发变组并列、厂用电切换、锅炉全停油、发变组解列、锅炉熄火等）
		缺陷及处理情况	参照本表 2 "一、二类设备缺陷" 部分执行
6	异常事故	发生时间	与异常事故发生时间一致
		象征	报警信息与异常事故发生时的声光报警信号、DCS 报警信息一致

续表

序号	记录项目	记录内容	记录参照标准
6	异常事故	象征	设备参数与异常事故发生时一致（电流、温度、压力、流量、振动、转速等）
			设备状态与异常事故时 DCS 画面设备的状态一致（运行状态为红色，设备跳闸状态为灰色）
			就地设备状态与异常事故时设备出现的现象一致（异声、异味、振动、泄漏、冒烟等）
		初步原因分析	初步判断异常发生的原因［设备或部件损坏、失效、渗漏、卡涩、异声、振动、缺少润滑脂（油、水），保护装置误报警、误跳闸等］
		处理经过	异常时处理过程与实际相同（转移负荷、紧急停运、切换、遮挡、隔离、调整、停电、消压、工作票办理等）
7	工作票	检修工作内容	检修设备、检修范围等与相应工作票一致
		主要安全措施	安全措施与相应工作票所列安全措施一致（隔离、调整、停电、消压等）
		工作时限	批准完成时间与相应工作票批准完成时间一致
			实际开工时间与相应工作票实际开工时间一致
			收工时间与相应工作票收工时间一致
			延期时间与相应工作票延期时间一致
		设备试转情况	试转结论与实际试转结论一致
			试转参数与试转过程中采集的参数一致
		检修交代	交代内容与检修人员书面交代的内容及现场实际情况一致（设备异动及改造情况、运行注意事项、缺陷是否消除等）
8	保护投停	保护名称	与相应保护投停申请单的名称一致
		投停原因	与相应保护投停申请单的原因一致
		投停时间	与相应保护投停申请单填写的时间一致
		批准人	与相应保护投停申请单的批准人一致

单元长岗位需要重点记录的设备清单详见表 3-55 单元长岗位需要重点记录设备参照样表，主要包括：

（1）汽轮机、锅炉、发电机、变压器等主机；

（2）400V 及以上母线、低压厂用变压器；

（3）400V 及以上断路器及其机械设备；

（4）所辖机组供水、供气、供油、输煤、除灰、供热等公用系统；

（5）管辖设备系统配置的主保护、联锁保护及其自动装置等。

表 3-55　单元长岗位需要重点记录设备参照样表

序号	记录项目		记录内容
1	设备	主要设备	锅炉本体、汽包、空气预热器、引风机、送风机、一次风机、磨煤机、给煤机、空压机、火检风机、吹灰器、油罐、供油泵、稀释风机等
			汽轮机本体、给水泵汽轮机本体、汽动给水泵、电动给水泵、循环水泵、真空泵、凝结水泵、凝汽器、高（低）压加热器、前置泵、主机和给水泵汽轮机的油泵、工业水泵、消防水泵、EHG 油泵、除氧器、轴加风机等
			发电机本体、高压备用变压器、主变压器、高压厂用变压器、励磁变压器、励磁调节器、400V 及以上母线、低压厂用变压器、6kV 及以上高压断路器等
		主要系统	电气主接线一次系统、厂用电系统、蓄电池直流系统、励磁系统、燃油系统、制粉系统、主蒸汽系统、再热蒸汽系统、凝结水系统、主给水系统、工业水系统、循环水系统、消防水系统、厂用汽系统、压缩空气系统、脱硫系统、脱硝系统等
2	保护	发电机	差动保护、定子接地保护、失磁保护、负序过流保护、过激磁保护、过电压保护、逆功率保护、转子接地保护、断路器失灵保护等
		变压器	绕组温度高保护、瓦斯保护、差动保护、过流保护、高压侧接地保护、中性点零序过流保护、油温高保护等
		锅炉 MFT 保护	引风机全停保护、送风机全停保护、失去一次风（一次风机全停或一次风压低）保护、炉膛压力高保护、炉膛压力低保护、汽包水位高保护、汽包水位低保护、给水流量低保护、临界火焰失去保护、锅炉总风量低保护、全燃料失去保护、全火焰失去保护、汽轮机跳闸（机跳炉）保护等

续表

序号	记录项目		记录内容
2	保护	动力设备保护	润滑油压低保护、轴承温度高保护、轴承振动高保护、水位低保护、电机接地保护、电机过流保护等
		汽轮机跳闸保护	低压缸排汽温度高保护、润滑油压低保护、主蒸汽温度低保护、凝汽器真空低保护、轴承振动高保护、发电机主保护动作（电跳机）保护、锅炉 MFT（炉跳机）保护、超速保护、差胀超限保护、EHG 油压力低保护、安全油压力低保护等
		设备、系统其他联锁保护	锅炉点火系统跳闸保护、高低压加热器水位保护、除氧器水位及压力保护等

单元长的值班记录通常记录所辖设备的四种情况：

（1）造成机组降出力或参数大幅波动；

（2）威胁机组安全运行甚至造成非停的设备及公用系统设备故障跳闸或退出备用；

（3）影响主机设备安全、环保安全、经济安全的参数变化；

（4）管辖范围内其他设备系统跳闸或退出备用，并未造成机组降出力或参数大幅波动。

具体讲，单元长岗位值班记录的项目如图 3-62 所示，记录标准详见表 3-56 单元长岗位值班记录参照样表。

图 3-62　单元长岗位值班记录项目

表 3-56　单元长岗位值班记录参照样表

序号	记录项目	记录内容	记录参照标准
1	运行方式	设备状态	运行设备在 DCS 画面中状态显示为"红色"
			备用设备在 DCS 画面中状态显示为"绿色"
			检修设备在 DCS 画面中状态显示为"灰色"
		主要参数	与实际参数一致
2	一、二类设备缺陷	缺陷设备名称	与缺陷管理系统中录入的一致
		缺陷象征	与缺陷管理系统中录入的一致
		发展趋势	使用表示缺陷趋势稳定的词语（"无明显变化""稳定"等）
			使用表示缺陷趋势发展的词语（"扩大""升高""增大""增加"等词语以及"持续""快速""逐渐"等修饰语）
		采取的措施	对缺陷采取的措施与实际措施一致（切换、遮挡、隔离、调整、停电、停汽、停气、停水、消压等）
		发现时间	与缺陷管理系统中录入的缺陷发现时间一致
3	机组启停	重要节点参数	与实际参数数值一致（①汽轮机冲转时主蒸汽温度、主蒸汽压力、再热蒸汽温度、再热蒸汽压力、主蒸汽流量、凝汽器真空以及汽水中 Fe、Na^+、SiO_2、Cu 含量；②冲转过程中汽轮机各轴承最高振动值、润滑油温、轴承温度等；③发变组解列后转子惰走时间、盘车电机电流、转子偏心度等）
		重要节点时间	工作节点时间与该操作票记录的时间一致（锅炉点火、发变组恢复备用、汽轮机冲转、发变组并列、厂用电切换、锅炉全停油、发变组解列、锅炉熄火等）
		缺陷及处理情况	参照本表 2 "一、二类设备缺陷"部分执行
4	异常事故	发生时间	与异常事故发生时间一致
		象征	报警信息与异常事故发生时的声光报警信号、DCS 报警信息一致

续表

序号	记录项目	记录内容	记录参照标准
4	异常事故	象征	设备参数与异常事故发生时一致（电流、温度、压力、流量、振动、转速等）
			设备状态与异常事故时 DCS 画面设备的状态一致（运行状态为红色，设备跳闸状态为灰色）
			就地设备状态与异常事故时设备出现的现象一致（异声、异味、振动、泄漏、冒烟等）
		初步原因分析	初步判断异常发生的原因［设备或部件损坏、失效、渗漏、卡涩、异声、振动、缺少润滑脂（油、水），保护装置误报警、误跳闸等］
		处理经过	异常时处理过程与实际相同（转移负荷、紧急停运、切换、遮挡、隔离、调整、停电、消压、工作票办理等）
5	设备启停	设备名称	与相应操作票（或工作单）上的名称一致
		启停时间	与相应操作票（或工作单）上的时间一致
6	工作票	检修工作内容	检修设备、检修范围等与相应工作票一致
		主要安全措施	安全措施与相应工作票所列安全措施一致（隔离、调整、停电、消压等）
		工作时限	批准完成时间与相应工作票批准完成时间一致
			实际开工时间与相应工作票实际开工时间一致
			收工时间与相应工作票收工时间一致
			延期时间与相应工作票延期时间一致
		设备试转情况	试转结论与实际试转结论一致
			试转参数与试转过程中采集的参数一致
		检修交代	交代内容与检修人员书面交代的内容及现场实际情况一致（设备异动及改造情况、运行注意事项、缺陷是否消除等）

续表

序号	记录项目	记录内容	记录参照标准
7	保护投停	保护名称	与相应保护投停申请单的名称一致
		投停原因	与相应保护投停申请单的原因一致
		投停时间	与相应保护投停申请单填写的时间一致
		批准人	与相应保护投停申请单的批准人一致

机组长岗位需要重点记录的设备清单详见表 3-57 机组长岗位需要重点记录设备参照样表，主要包括：

（1）汽轮机、锅炉、发电机、变压器等主机；

（2）400V 及以上母线、低压厂用变压器；

（3）400V 及以上断路器及其机械设备；

（4）所辖设备系统配置的主保护、联锁保护及其自动装置等。

表 3-57 机组长岗位需要重点记录设备样表

序号	记录项目		记录内容
1	设备	主要系统	锅炉本体、汽包、空气预热器、引风机、送风机、一次风机、磨煤机、给煤机、油枪、空压机、火检风机、吹灰器、油罐、供油泵、稀释风机等
			汽轮机本体、给水泵汽轮机本体、汽动给水泵、电动给水泵、循环水泵、真空泵、凝结水泵、凝汽器、高（低）压加热器、前置泵、主机和给水泵汽轮机的油泵、工业水泵、消防水泵、EHG 油泵、除氧器、轴加风机等
			发电机本体、高压备用变压器、主变压器、高压厂用变压器、励磁变压器、励磁调节器、400V 及以上母线、低压厂用变压器、6kV 及以上高压断路器等
			电气主接线一次系统、厂用电系统、蓄电池直流系统、励磁系统、燃油系统、制粉系统、主蒸汽系统、再热蒸汽系统、凝结水系统、主给水系统、工业水系统、循环水系统、消防水系统、厂用汽系统、脱硫系统、脱硝系统等

续表

序号	记录项目		记录内容
2	保护	发电机	差动保护、定子接地保护、失磁保护、负序过流保护、过激磁保护、过电压保护、逆功率保护、转子接地保护、断路器失灵保护等
		变压器	绕组温度高保护、瓦斯保护、差动保护、过流保护、高压侧接地保护、中性点零序过流保护、油温高保护等。
		锅炉MFT保护	引风机全停保护、送风机全停保护、失去一次风（一次风机全停或一次风压低）保护、炉膛压力高保护、炉膛压力低保护、汽包水位高保护、汽包水位低保护、给水流量低保护、临界火焰失去保护、锅炉总风量低保护、全燃料失去保护、全火焰失去保护、汽轮机跳闸（机跳炉）保护等
		动力设备保护	润滑油压低保护、轴承温度高保护、轴承振动高保护、水位低保护、电机接地保护、电机过流保护等
		汽轮机跳闸保护	低压缸排汽温度高保护、润滑油压低保护、主蒸汽温度低保护、凝汽器真空低保护、轴承振动高保护、发电机主保护动作（电跳机）保护、锅炉MFT（炉跳机）保护、超速保护、差胀超限保护、EHG油压力低保护、安全油压力低保护等
		设备、系统其他联锁保护	锅炉点火系统跳闸保护、高低压加热器水位保护、除氧器水位及压力保护等

机组长的值班记录通常记录所辖设备的三种情况：

（1）本机组所有设备、系统跳闸或退出备用；

（2）因设备、调整原因造成的机组参数超限，影响运行监视调整或系统被迫切除自动调节的异常；

（3）本机组所有的操作、消缺情况。

具体讲，机组长岗位值班记录的项目如图3-63所示，记录标准详见表3-58机组长岗位值班记录参照样表。

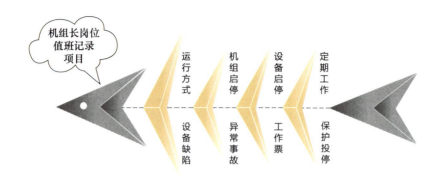

图 3-63　机组长岗位值班记录项目

表 3-58　机组长岗位值班记录参照样表

序号	记录项目	记录内容	记录参照标准
1	运行方式	设备状态	运行设备在 DCS 画面中状态显示为"红色"
			备用设备在 DCS 画面中状态显示为"绿色"
			检修设备在 DCS 画面中状态显示为"灰色"
		主要参数	与实际参数一致
2	设备缺陷	缺陷设备名称	与缺陷管理系统中录入的一致
		缺陷象征	与缺陷管理系统中录入的一致
		发展趋势	使用表示缺陷趋势稳定的词语("无明显变化""稳定"等)
			使用表示缺陷趋势发展的词语("扩大""升高""增大""增加"等词语以及"持续""快速""逐渐"等修饰语)
		采取的措施	对缺陷采取的措施与实际措施一致(切换、遮挡、隔离、调整、停电、停汽、停气、停水、消压等)
		发现时间	与缺陷管理系统中录入的缺陷发现时间一致
		发现人	与缺陷管理系统中该缺陷的录入人一致
3	机组启停	重要节点参数	与实际参数数值一致(①汽轮机冲转时主蒸汽温度、主蒸汽压力、再热蒸汽温度、再热蒸汽压力、主蒸汽流量、凝汽器真空以及汽水中 Fe、Na^+、SiO_2、Cu 含量;②冲转过程中汽轮机各轴承最高振动值、润滑油温、轴承温度等;③发变组解列后转子惰走时间、盘车电机电流、转子偏心度等)

续表

序号	记录项目	记录内容	记录参照标准
3	机组启停	重要节点时间	工作节点时间与该操作票记录的时间一致（锅炉点火、发变组恢复备用、汽轮机冲转、发变组并列、厂用电切换、锅炉全停油、发变组解列、锅炉熄火等）
		缺陷及处理情况	参照本表2"设备缺陷"部分执行
4	异常事故	发生时间	与异常事故发生时间一致
		象征	报警信息与异常事故发生时的声光报警信号、DCS报警信息一致
			设备参数与异常事故发生时一致（电流、温度、压力、流量、振动、转速等）
			设备状态与异常事故时DCS画面设备的状态一致（运行状态为红色，设备跳闸状态为灰色）
			就地设备状态与异常事故时设备出现的现象一致（异声、异味、振动、泄漏、冒烟等）
		初步原因分析	初步判断异常发生的原因〔设备或部件损坏、失效、渗漏、卡涩、异声、振动、缺少润滑脂（油、水），保护装置误报警、误跳闸等〕
		处理经过	异常时处理过程与实际相同（转移负荷、紧急停运、切换、遮挡、隔离、调整、停电、消压、工作票办理等）
5	设备启停	设备名称	与相应操作票（或工作单）上的名称一致
		启停时间	与相应操作票（或工作单）上的时间一致
		发生的缺陷	参照本表2"设备缺陷"部分执行
		参数变化	设备启停前后相关参数与DCS画面上各参数一致（电流、温度、压力、流量、振动等）
6	工作票	检修工作内容	检修设备、检修范围等与相应工作票一致
		主要安全措施	安全措施与相应工作票所列安全措施一致（隔离、调整、停电、消压等）

续表

序号	记录项目	记录内容	记录参照标准
6	工作票	工作时限	批准完成时间与相应工作票批准完成时间一致
			实际开工时间与相应工作票实际开工时间一致
			收工时间与相应工作票收工时间一致
			延期时间与相应工作票延期时间一致
		设备试转情况	试转结论与实际试转结论一致
			试转参数与试转过程中采集的参数一致
		检修交代	交代内容与检修人员书面交代的内容及现场实际情况一致（设备异动及改造情况、运行注意事项、缺陷是否消除等）
7	定期工作	内容	与相应操作票（或工作单）上定期工作内容一致
		时间	与相应操作票（或工作单）上定期工作执行时间一致
		设备参数	执行前后设备及相关系统参数与相应定期工作专项记录上的参数一致（电流、温度、压力、流量、振动等）
		结论	要有"合格""正常"或是"不合格""不正常"等结论
		遇到的问题及采取的措施	发生的缺陷参照本表 2"设备缺陷"部分执行
			发生的异常参照本表 4"异常事故"部分执行
			未执行的定期工作要记录未执行原因及批准人姓名（专工及以上管理人员）
8	保护投停	保护名称	与相应保护投停申请单的名称一致
		投停原因	与相应保护投停申请单的原因一致
		投停时间	与相应保护投停申请单填写的时间一致
		批准人	与相应保护投停申请单的批准人一致

根据值班日志的基本要求，值长、单元长、机组长岗位在做值班记录时必须做到：

（1）按时间先后顺序记录各项生产事件；

（2）所有岗位记录对同一事件的描述要一致，不能出现相互矛盾的情况；

（3）手工填写的值班记录，字迹应清楚、整洁无错别字，并使用仿宋体；

（4）文字描述应准确、清楚，不得出现词义不准确、句法不固定、层次不分明、逻辑顺序颠倒等容易引起歧义的词句，造成理解错误或偏差。

值班记录的规范用语和标准详见表3-59值班记录用语规范参照样表。

表 3-59　值班记录用语规范参照样表

序号	记录内容		记录参照要求
1	改变设备状态动词	电气设备	投停设备保护要用"投入、停用"
			操作断路器、隔离开关要用"拉开、合上"
			操作熔断器要使用"装上、取下"
			接地刀闸要使用"合上、拉开"
			接地线要使用"装设、拆除"
		热机设备	转动辅助设备要使用"启动、停用"
			保护投停要使用"投入、解除"
			阀门要使用"开启、关闭"
2	计量单位		机组容量（有功功率）要使用"瓦（W）、千瓦（kW）、万千瓦（万kW）、兆瓦（MW）"
			变压器容量（视在功率）要使用"伏安（V·A）、千伏安（kV·A）、万伏安（万V·A）、兆伏安（MV·A）"
			调相机容量（无功功率）要使用"乏（var）、千乏（kvar）、万乏（万var）、兆乏（Mvar）"
			发、供电量要使用"kW·h（kW·h）、千kW·h（千kW·h）、兆kW·h（兆kW·h）"
			发热量要使用"焦（J）、千焦（kJ）、兆焦（MJ）"
			电压等级要使用"伏（V）、千伏（kV）、万伏（万V）、兆伏（MV）"
			线路长度要使用"万千米（万km），千米、公里（km），米（m），厘米（cm），毫米（mm）"；其中"m"不能写成"M"，"mm"不能写成"m/m"，也不能用"尺""英尺""公分"
			质量要使用"万吨（万t），吨（t），千克、公斤（kg），毫克（mg）"；"t"不能写成"T"，也不能用"斤"
			振动值使用"微米（μm）"

续表

序号	记录内容	记录参照要求
2	计量单位	体积、容积要使用"立方米（m^3）、立方厘米（cm^3）、立方毫米（mm^3）、升（L）、毫升（mL）"
		物质量使用"摩[尔]（mol）"，不能用"克当量""克分子"
		水、蒸汽流量要使用"吨每小时（t/h）"
		频率要使用"赫（Hz）、千赫（kHz）、兆赫（MHz）"
		转速要使用"转每分（r/min）"
		压力要使用"帕[斯卡]（Pa）、千帕（kPa）、兆帕（MPa）"

（二）运行日志的规范与标准

运行日志的填报要及时、准确、规范，各岗位在填报运行日志时必须做到：

（1）各生产数据必须与机组、设备实际运行情况相符合；

（2）数据必须正确无误，严禁弄虚作假，不得伪造或篡改数据；

（3）填报的各数据要完整无遗漏；

（4）应按规定时间采集、录入、报送各类生产数据，不得将不同时段数据集中填报；

（5）对自动采集的数据要认真核对，确保采集数据和计算结果的正确性；

（6）纸质运行日志填报的数据要整洁、规范，签名使用仿宋字体。

各岗位填报的运行日志标准详见表3-60~表3-62各岗位报送的数据报表填报参照样表。

表3-60　值长报送的数据报表填报参照样表

序号	填报项目	填报内容	填报参照标准
1	全厂主要生产情况	生产信息	（1）对照值班记录的内容，逐条录入主要生产情况；（2）填报准确，无遗漏，无错别字，无引起歧义的词句
2	全厂主要生产数据	日发电量、综合厂用电率、补水量等数据	（1）逐项录入填报数据与统计各数据；（2）数据正确，录入齐全，无遗漏
3	上级调度机构日报	全厂上网电量及各出线上网电量等数据	
4	上级公司生产日报	全厂发电量、厂用电率、煤耗、供热量等数据	

表 3-61　监盘人员抄录的数据报表填报参照样表

序号	填报项目	填报内容	填报参照标准
1	发电机温度运行日志	发电机定子线棒温度、发电机定子冷却水出口温度、氢气温度、定子铁芯温度、转子线圈温度等数据	（1）逐项填写各数据，齐全、无遗漏； （2）数据填报正确，与DCS画面各数据一致； （3）报表填写清晰、整洁，数据字体规范； （4）填报人使用仿宋体签名
2	机组运行日志	有功负荷、无功负荷、主（再热）蒸汽参数、汽轮机轴向位移、差胀、主机轴承振动、温度、凝汽器真空、循环水温度、抽汽温度压力等参数	
3	机组经济指标运行日志	全厂发电量、上网电量、厂用电量、补水量等数据	（1）逐项填报各数据，齐全、无遗漏； （2）数据填报正确，与抄录的数据一致； （3）报表填写清晰、整洁，数据字体规范； （4）填报人使用仿宋体签名
4	机组SCR区脱硝运行记录表	脱硝效率、反应器入口参数（NO_x、烟气温度、烟气流量）、反应器出口NO_x、反应器差压、还原剂流量、稀释比等数据	

表 3-62　巡检、操作时采集的数据报表填报参照样表

序号	填报项目	填报内容	填报参照标准
1	发电机电量表码	发电机有功负荷、无功负荷、峰段电量、平段电量、谷段电量等表码	（1）逐项填报各数据，齐全、无遗漏； （2）数据填报正确，与抄录的数据一致； （3）报表填写清晰、整洁，数据字体规范； （4）填报人使用仿宋体签名
2	给煤量表码	各台给煤机累计给煤量表码	
3	动力设备耗电表码	各台风机、磨煤机、凝结水泵、循环水泵、电动给水泵、真空泵、低压厂用变压器等耗电表码	
4	其他采集的数据	设备绝缘值、避雷器动作值、发电机碳刷电流和温度以及动力设备的温度、振动等参数	

第六节 运行调度单元

电力系统是由发电、输电、变电、配电、用电等环节组成的电能生产与消费系统，它是一个密不可分、相互依存、互相制约的整体。为协调、平衡电力生产各单位及用户之间的关系，需要统一的调度指挥系统来维持电网的正常调整与经济运行。这一调度指挥系统被称为电力调度管理系统。

根据电力系统的规模，调度指挥系统多是分层次建立、按级别调度、逐级控制的管理模式，各层次间既有明确责任分工，又能统一的指挥、协调，以确保系统控制的反应快速、调整灵活、各方平衡、系统稳定。如图3-64所示。

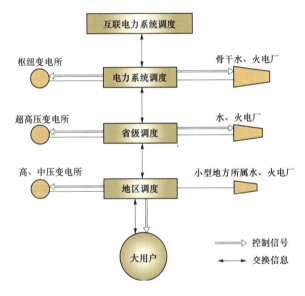

图3-64　电力调度系统分级管理示意图

火电企业调度指挥系统是由运行调度管理的职能部门负责，通常由值长代表生产副厂长在现场值班、行使生产调度指挥权，负责正确执行电网调度机构的统一调度，科学、合理地组织企业生产。值长在调度关系上受省调调度员和地调调度员的指挥和调度。

● **知识拓展** ●

电网调度分级管理

我国电网按《电力法》和《电网调度管理条例》的规定实行统一调度、分级管理、分层控制。根据电网的电压等级、系统结构和火电企业容量大小或按地区分级管理，共设五级调度机构，即国家调度机构（简称国调），跨省、自治区、直辖市调度机构（简称网调），省、自治区、直辖市级调度机构（简称省调），省辖市级调度机构（简称地调），县级调度机构（简称县调）。

电力生产调度机构既是生产运行单位，又是职能管理机构，在电力系统运行管理中行使调度权。各级调度机构在调度业务工作中是上下级关系，下级调度机构必须服从上级调度机构的调度，地调调度员、火电企业值长、变电站运行人员，在调度关系上受省调调度员的指挥和调度。

一、运行调度任务 **统筹、协调**

（1）根据电网调度机构的调度指令和设备检修计划，合理安排机组及系统运行方式，保持机组及电网的安全、稳定运行，以确保向电网连续供应质量合格的电能。

（2）根据日发电计划，合理进行节能环保调度，保证机组按技术出力运行，确保全厂效益最大化。

（3）根据调度机构批准的检修工期，科学调度设备的检修工作，确保设备按期复役。

（4）事故情况下，及时正确地组织、指挥事故处理，最大限度地缩小事故范围，降低事故对电网的影响及给企业自身带来的损失。

二、运行调度作用

运行调度的作用是：组织、指挥、控制、协调。如图 3-65 运行调度的作用思维导图所示：

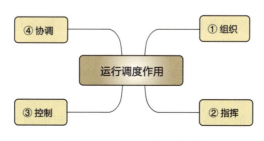

图 3-65 运行调度作用

组织。运行调度管理使企业把电力生产活动中各专业、各系统、各设备、各岗位和各部门有机组织起来，明确各层次间的责任分工，按照确定的生产计划科学合理地组织生产。

指挥。在电力生产经营活动中实行统一的调度指挥，可以随时收集生产信息、掌握生产情况，与相关部门进行有效沟通，使各级人员在工作中协调配合、发挥合力，及时有效地处理各种问题，共同完成电力生产经营目标，从而避免出现多头指挥、指令重复或冲突的情况。

控制。运行调度采取逐级控制的管理模式，对生产经营活动中偏离既定目标和标准的情况，从整个生产链条上查找原因。各岗位根据存在的问题快速联动，采取积极措施加以调整和纠正，以确保各方平衡、系统稳定，保证生产经营目标的实现。

协调。运行调度的有机协调，可以避免工作不顺畅、生产信息不清楚、工作进度不同步及部门间工作不协调等问题，从而保持生产各环节的动态平衡，维持电网的正常调整与经济运行。

三、运行调度基本要求

运行调度的基本要求是：正确、快速、科学。如图 3-66 运行调度的基本要求思维导图所示：

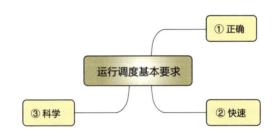

图 3-66 运行调度基本要求

正确。一方面，值长在行使调度指挥权时，必须对安排的工作和发布的调度指令的正确性和必要性负责。另一方面，受令人必须正确无误地执行调度指令，保证操作时间、设备修后恢复备用或投入运行的时间与指令无偏差，做到操作步骤、操作设备及设备状态无差错。

快速。电能不能储存，设备缺陷及异常随时可能扩大，这就要求相关人员快速执行调度指令。除明显违反调度规程或危及人身、设备安全的调度指令外，包括值长在内的受令人，必须立即无条件执行发令人发布的调度指令或工作安排，不能以任何借口延缓执行、"打折走样"执行甚至不执行调度指令。

科学。科学调度有三层意思：　　　　　　**安全、环保、节能**

（1）要把安全放在首位。无论是运行方式的调整、优化，还是现场消缺的组织，以及调度指令的执行等，都必须在保证人身、设备和电网安全的前提下进行。

（2）要注重环保调度。要把环保设施等同于主设备、环保安全等同于主机安全来调度，将环保调度渗透到每个运行岗位之中，贯穿于整个运行调度过程之中。

（3）要兼顾节能调度。要注意机组、设备的优化调整，合理分配各机组发电计划和 AGC 投入模式；科学审批检修申请的开工时间和消缺时间，将影响机组出力的消缺工作尽量安排在电网低谷进行，实现设备利用小时数最大化、全厂经济效益最大化。

四、规范化运行调度内容

值长既要对企业内部各级生产人员进行生产调度指挥、科学合理地组织生产，保证生产链条安全有序、经济环保运转；又要负责正确执行电网调度机构的调度指令，及时进行业务联系汇报，保障企业发、变、输电系统的稳定运行。

规范化运行调度单元的主要内容设计为"涉网调度"和"厂内调度"两部分，如图 3-67 运行调度单元思维导图所示。

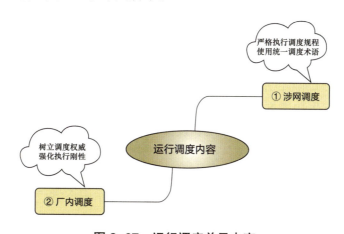

图 3-67　运行调度单元内容

（一）涉网调度

涉网调度是值长与调度机构调度员进行业务联系，并接受调度指令的行为。值长在经过培训、考试，并取得调度机构颁发的调度运行值班合格证书后，方可上岗进行电力调度业务联系。业务联系时一般通过运行调度值班电话系统进行，如图 3-68 所示。

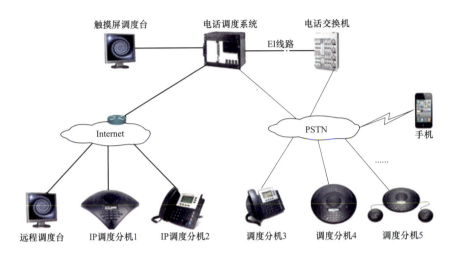

图 3-68 运行调度值班电话系统

凡属调度机构管辖设备的工作，值长必须向值班调度员进行请示、汇报。调度机构管辖设备内容如表 3-63 所示。

遇到下列情况之一时，值长必须与值班调度员进行联系与汇报：

（1）重要发供电设备损坏或遭受较大的破坏、盗窃时；

（2）发生人身伤亡或对重要用户停电时；

（3）220kV 及以上变压器、线路非计划停运或故障跳闸时；

（4）220kV 及以上任一段母线故障跳闸时；

（5）电网损失负荷（包括机组事故甩负荷、安全自动装置动作切负荷和限电）时；

（6）发电机发生功率振荡和异步振荡时；

（7）调度管辖范围内发生误调度、误操作事故时；

（8）预报有灾害性天气或天气突然变化；

（9）接班后 1h 内进行"接班后汇报"；

（10）所提报的检修申请准备开工或所接受的操作指令完成后汇报；

（11）机组负荷因故偏离计划曲线时；

（12）电力系统稳定器（PSS）、调速系统、自动发电控制装置（AGC）、自动电压控制装置（AVC）等调节控制系统因故临时投退时；

（13）继电保护装置和自动装置的定值变更时；

（14）涉网保护投退时；

（15）其他临时性需要汇报的事项。

表 3-63 调度机构管辖设备参照样表

序号	调度机构	管辖设备	
1	省调管辖设备	发电机组	单机容量 50MW 及以上的发电机组
		变压器、母线及配套设施	发电企业的 500kV 变压器、母线
			单元接线的 220kV 升压变压器
			接有 600MW 及以上单机的 220kV 母线
			接有机组容量 600MW 及以上的重要 220kV 母线及其配套的无功补偿设备等
		线路	500kV 线路、跨地区（供电区）的 220kV 线路
		自动装置	管辖设备配置的继电保护、安全自动装置以及有关的自动化、通信设备
		涉网保护	发变组差动保护、失磁保护、过激磁保护、失步保护、断路器失灵保护以及输电线路的距离保护、方向保护、失灵保护、三相不一致保护等
		调节控制系统	电力系统稳定器（PSS）、调速系统、自动发电控制装置（AGC）、自动电压控制装置（AVC）等
		远动装置	企业的远动装置及专用变送器、机组 AGC 及 DCS 接口设备等
2	地调管辖设备	发、输、变电设备	地区电网内非省调管辖的主要发电、输电、变电设备
			地调管辖的设备操作时，对省调管辖范围内的发电、输电、变电设备或对系统运行方式有较大影响的，列为省调许可设备

　　在与值班调度员进行工作联系汇报时，必须严肃调度纪律，严格执行调度规程。当值长因故离开值班室时，应指定具有调度联系资格的专人（一般为单元长）负责调度联系，并事先报告调度员。值长与调度员联系汇报的标准详见表 3-64 值长向调度员联系与汇报参照样表。

表 3-64　值长向调度员联系与汇报参照样表

序号	汇报内容	汇报时机	联系汇报参照标准及要求
1	生产事故	发生人身伤亡或对重要用户停电时	（1）要使用具备录音功能的专用调度电话，并报出企业名和姓名，使用统一的调度术语。 （2）向值班调度员汇报时必须冠以"汇报"二字。 （3）接受调度员的指令应全文复诵、且语前必须冠以"重复指令"四个字，待调度员确认值长复诵正确，说"对，执行"后，方可生效执行。 （4）读取数字发音要统一，1读"幺"、2读"两"、7读"拐"、0读"洞"。 （5）接受指令或者在执行调度指令过程中，认为调度指令不正确，应立即向发布指令的调度员汇报，由发令的调度员决定指令的执行与否，如发令的调度员坚持，值长原则上必须执行；但如执行该指令将危及人身或设备、电网安全时，值长应拒绝执行，同时将理由汇报调度员及本企业分管运行调度的主任等领导。 （6）紧急情况下接到更高一级调度指令时，应立即执行，且必须将执行情况分别汇报指令发布人和上级调度员。 （7）接到企业领导的指令且涉及到调度员权限时，须经调度员同意方可执行，紧急情况和事故处理除外，但事后应迅速向调度员汇报。 （8）事故处理中要准确、及时向值班调度员汇报断路器跳闸、设备停运、保护或自动装置动作，频率、电压、有功功率、无功功率变化等情况，并迅速正确执行调度员的指令
		发生危及人身和设备安全情况，按企业内部运行规程规定紧急改变调度机构管辖设备的状态后，要立即汇报	
2	调度事故	调度管辖范围内发生误调度、误操作事故时	
3	天气灾害	预报有灾害性天气或天气突然变化	
		水淹厂房事故发生时	
4	接班汇报	接班后 1h 内，按照第三章"第一节交接班单元"中的"接班后汇报"的标准汇报本厂运行情况	
5	检修申请	所提报的检修申请准备开工或所接受的操作指令完成后，按照第三章"运行操作单元"中的"操作完成后汇报"的标准进行汇报	

　　未经值班调度员许可，任何单位和个人不得擅自改变调度机构管辖设备的状态。凡属于调度机构管辖设备的操作、调整、检修、试验、消缺等，都必须按照要求提报相关的书面检修申请，然后根据调度员的指令进行处理。值长向调度员提报检修申请的填写要求、时间要求和工期要求详见表 3-65 值长向调度员提报检修申请参照样表。

　　设备的检修、维护工作必须在调度机构批准的工期范围内完成。在检修、维护工作结束及工作票终结后，值长应及时向调度员报竣工，根据调度指令将设备投入运行或备用。

表 3-65　值长向调度员提报检修申请参照样表

序号	项目	内容	参照标准
1	检修申请填写	检修设备名称	所填写检修工作的对象，是一个相对独立、明确的设备（如线路、主变压器、断路器间隔）
		检修原因	详细、准确、如实填写
		计划检修时间	根据企业提报的检修计划确定
		计划检修工期	根据企业提报的检修计划确定
		停电范围	要填写本次检修工作要求停电的所有设备： （1）二次设备、保护通道随相应的一次设备名称填报； （2）对在实际运行中不能独立停电检修的设备（如隔离开关），按需要停电的主设备名称填报
		检修项目	（1）标准项目要填写测试修理、技术监督及修前和修后试验等； （2）非标项目要填写消缺、技改、节能、反措等
		机组最高（低）出力	要填写机组在检修开工后所维持的最高和最低负荷
		机组降出力数额及原因	要填写因检修而造成的机组发电实际出力与计划出力的差值以及具体的原因分析
		对电网的要求	填写送电时是否需要电网核相、保护测方向等

续表

序号	项目	内容	参照标准
2	提报时间要求	降出力申请	可以随时向上级调度员提报降出力申请,在设备允许的情况下要提前6h提出申请
		非灵活调度发电机组计划申请	应在每月15日前将下月的"非灵活调度发电机组计划申请"报省调
			在计划开工前2天,企业责任部门提报书面的正式申请,由值长向省调传送
		机组大、小修检修申请	每月15日前将次月的机组大、小修检修计划报省调
			每年10月15日前,要向省调提报次年的企业机组检修预安排申请,11月15日前接收确认省调下发的次年度检修计划
			机组检修计划开工前2天提报书面的正式检修申请,由值长向省调提报
			机组检修后发变组做试验,应提前向省调申请,工作结束前一天12时前要向省调汇报
		设备检修申请	要在开工前3个工作日向省调提出申请(网调调度设备、网调管理设备计划性检修)
			开工前2个工作日提出申请;节日检修(含节后第一个工作日)应在节前3个工作日提出申请(省调管辖设备、省调许可设备计划性检修)
			设备临修、消缺可随时向上级调度员申请,在设备允许的情况下应提前6h提出申请
			利用低谷时间消缺或在8h内完成的检修工作,与批准的检修工期相配合的检修(但不得超出已批准的计划检修时间)可由有关部门领导向值长提出申请,经分管调度的运行部门主任、副总工程师、总工程师或生产副厂长批准后报请上级调度员批准,批准后即可执行
3	工期要求	电机检修	检修时间从设备断开、调度机构调度员下达开工令时开始,到设备重新投入运行达计划出力并报竣工或转入备用时为止

续表

序号	项目	内容	参照标准
3	工期要求	电机检修	设备投入运行所进行的一切操作、试验、试运行时间，均要计算在检修时间内
		发变电设备检修	检修时间从设备断开并接地，调度机构值班调度员下达开工令时开始；到值班调度员得到"××设备检修工作结束，检修人员所装设的接地线全部拆除，人员已撤离现场，现在可以送电"的汇报为止
			电气设备延期申请要在批准竣工时间前 3h 提出
			机炉设备延期申请要在批准工期未过半时提出
		机组检修	机组启动前必须征得值班调度员的同意
			机组检修后启动，必须在并列后 24h 以内报竣工；如在此期间内因故停机，则时间重新计算

● 知识词典 ●

1.AGC（Automation Generator Control）：自动发电控制装置，电力系统频率和有功功率自动控制系统的简称，是电网调度机构直接通过机组DCS控制系统实现自动增、减机组目标负荷指令的一种基本功能。电网常用AGC控制模式为计划曲线跟踪模式（SCHEO）和等可调容量比模式（PROPR）。

（1）**计划曲线跟踪模式（SCHEO），简称O模式**，该模式下机组的基本功率由计划曲线确定、负荷调整幅度不大，不承担区域功率控制偏差（ACE）调节量，只按照计划曲线运行。

（2）**等可调容量比模式（PROPR），简称R模式**，该模式下机组的基本功率按相同可调容量比例分配，无条件承担区域功率控制偏差（ACE）调节量，负荷调整幅度较大。

2.AVC（Automatic Voltage Control）：是自动调节发电机无功，保证母线电压合格的自动电压控制装置。

（二）厂内调度

值长根据上级调度员的指令或机组安全、经济环保运行的需要，向企业各岗位发布生产指令，指挥、协调、安排各部门及各岗位协同组织电力生产；各部门、各运行岗位在值长的统一指挥、调度下完成生产任务。值长发布操作指令及各岗位接受指令标准详见表3-66值长发布与接受指令参照样表。

表 3-66　值长发布与接受指令参照样表

发布人	接受人	发布与接受指令要求	参照标准
值长	单元长及各班长	值长有权直接调度与生产有关的部门及人员，任何部门和个人不得无故拖延或拒绝执行值长的调度指令	（1）在下达和接受操作指令时，双方必须互报姓名，使用普通话和统一的调度、操作术语，并严格执行发令、复诵、汇报、记录等规定；（2）受令人全文复诵且语前必须冠以"重复指令"四字，待值长确认受令人复诵正确，说"对，执行"后，方可生效执行；（3）指令执行完毕，受令人要立即向值长汇报
		值长要对安排的工作、发布指令的正确性和必要性负责	
		值长向单元长及各辅助运行班长发布指令，由单元长、班长传达给值班人员执行，必要时值长也可直接向值班人员发布指令	
		受令人认为值长发布的调度指令不正确，应立即向值长报告，由值长决定指令的执行与否，如值长坚持，受令人原则上必须执行；但如执行该指令将危急人身及设备或电网安全时，应拒绝执行，同时将理由汇报值长和本部门领导	
		紧急情况下，若单元长或班长接到更高一级调度指令时，应立即执行，且必须将执行情况分别汇报指令发布人和值长	

在机组启停等重大操作及事故、异常情况下，值长还应向生产副厂长、总工程师、副总工程师等有关领导汇报，并及时通知运行部、安监部、生技部、节能环保部、检修部门等部门负责人和专业专工到现场指导或协助现场操作、事故处理。在接到值长指令后，各专业技术人员、检修部门负责人、后勤服务人员及车辆等必须在规定时间内（工作时间内15min、工作时间外30min）到达指定地点，并签名。

值长管辖设备清单详见本章第五节"值班日志单元"。凡属于值长管辖设备的工作，出现下列情况之一时，相关部门、岗位必须向值长进行请示、汇报：

（1）发供电设备遭受破坏、盗窃时；

（2）发生人身伤亡时；

（3）设备发生一、二类缺陷时；

（4）值长管辖范围内发生误调度、误操作事故时；

（5）当发生危及人身和设备安全的情况时；

（6）值长管辖设备发生非计划停运或故障跳闸时；

（7）各单元长及辅助运行班长在接班后15min内进行接班后汇报；

（8）预报有灾害性天气或天气突然变化时；

（9）所提报的检修申请准备开工或所接受的操作指令完成后汇报；

（10）机组负荷因故偏离计划曲线时；

（11）电力系统稳定器（PSS）、调速系统、自动发电控制装置（AGC）、自动电压控制装置（AVC）等调节控制系统因故临时投、退时；

（12）管辖设备配置的热工保护、继电保护、安全自动装置投退时；

（13）管辖设备或系统的启停或投退操作时汇报；

（14）其他临时性需要汇报的事项。

各部门、各岗位在与值长进行工作联系汇报时，必须严肃调度纪律，严格执行调度规程。与值长进行工作联系汇报的标准详见表3-67向值长汇报参照样表。

表 3-67　向值长汇报参照样表

序号	项目	汇报时机	汇报参照标准
1	接班汇报	接班后15min内	按照第三章"交接班单元"中"接班汇报"的标准，向值长汇报接班时的设备系统运行方式、存在的主要缺陷及设备检修情况，并听取值长的工作安排
2	检修申请汇报	所提报的检修申请准备开工时	汇报即将开工的检修工作，并获得批准
		所接受的操作指令完成后	按照第三章"运行操作单元"中的"操作完成后汇报"的标准进行汇报
3	设备或系统状态改变汇报	设备启动（停运）前	汇报设备即将启动（停运），并获得批准
		系统投运（退出）前	汇报系统即将投运（退出），并获得批准
		设备启动（停运）后	按照第三章第四节"运行操作单元"中的"操作完成后汇报"的标准进行汇报
		系统投运（退出）后	
4	危急情况汇报	危及人身安全时	立即汇报时间、地点、设备、状况、原因、采取的措施等
		危及设备安全时	

序号	项目	汇报时机	汇报参照标准
4	危急情况汇报	水淹厂房事故发生时	汇报涉水区域、影响范围、危及的设备、采取的控制措施、发展趋势等情况
		其他危急情况发生时	立即汇报时间、地点、情况、原因、采取的措施、影响范围等

未经值长许可，任何部门和个人不得擅自改变值长管辖设备的状态。凡属于值长管辖设备的操作、调整、检修、试验、消缺等，都必须按照要求提报相关的书面申请，然后根据值长的指令进行处理。向值长提报检修申请的标准按照第四章"缺陷处理单元"的"表4-3 配合消缺参照样表"中的相关内容执行，值长审批检修申请的标准详见表3-68 值长审批检修申请参照样表。

表 3-68 值长审批检修申请参照样表

序号	审批项目	审批参照标准
1	必要性审查	审查检修工作的必要性和对机组或设备的影响
		审查检修项目和检修时间是否与其他检修项目存在冲突
2	批准申请	尽量审批在夜间电网低谷时开工
		根据设备运行方式和缺陷紧急程度，必要时征得运行部门主任、副总工程师、总工程师、生产副厂长等有关领导同意后，批准该检修申请
		尽量压缩设备消缺时间，缩短检修工期
3	申请过程管控	批准工期以设备退出运行或破坏备用时开始，到设备重新投入正常运行或转入备用为止
		设备投入运行或备用所进行的一切操作、试验、试运行的时间均计算在检修时间内
		设备检修或试验工作因故不能如期完成，工作负责人应提前向值长提报检修申请；值长再次审批后，办理工作票延期手续
		检修工作结束后，根据机组实际运行工况，值长决定该设备是投入运行还是转入备用

第四章
运行规范化管理支撑单元

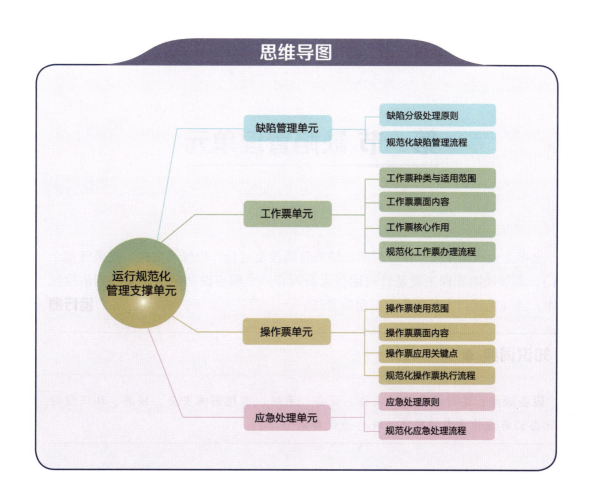

本章重点阐述火电企业运行规范化管理中缺陷管理、工作票、操作票、应急处理四个支撑单元的具体内容及其内在关系（如图4-1思维导图所示），以及各支撑单元的工作职责与岗位之间如何精准对接。

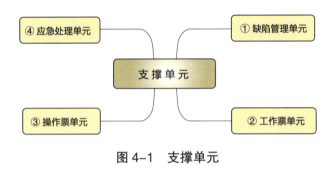

图 4-1 支撑单元

第一节 缺陷管理单元

火电企业缺陷主要指*设备缺陷*，缺陷管理涉及运行、检修、生技、安监等多个部门。本节缺陷管理主要是针对运行人员而言的，重点说明缺陷从发现到消除过程中，应规范运行人员的行为与明确责任。　　　　　　　　　　　　　**运行侧**

● 知识词典 ●

设备缺陷：运行或备用的设施、设备、系统，出现影响安全、经济、环保运行或状态偏离设计要求的现象，统称为设备缺陷。

一、缺陷分级处理原则

（一）缺陷分级

为了便于管理，将不同的缺陷进行分级。根据设备的重要性和严重程度，通常将缺陷分为一类、二类、三类缺陷（也有企业称 A 类、B 类、C 类缺陷）。

1. 一类缺陷

危及人身或设备安全、随时可能出现重大安全事故、可能导致机组出力受限，必须采取安全措施或安排临时性事故检修进行处理的缺陷。主要包括：

（1）危及人身安全的缺陷。

（2）导致主机跳闸或降出力的缺陷。

（3）导致辅机跳闸而引发机组降出力的缺陷。

（4）汽轮机本体、锅炉本体、发电机本体、主变压器、高压厂用变压器、高压备用变压器等主设备出现的必须停机或停主设备的缺陷；与主设备相关联的辅助系统缺陷，但必须停用主设备或停机处理。

2. 二类缺陷

必须通过申请降负荷、退出主机主要保护或变更公用系统运行方式，解列公用系统才能消除的缺陷。主要包括：

（1）导致主要辅机跳闸但不会使机组降出力的缺陷；

（2）严重影响经济性、文明卫生的缺陷；

（3）一般辅机（一类缺陷所列主要辅机以外的设备）不备用的缺陷。

3. 三类缺陷

经过一定的调整或检修就可消除的缺陷，非生产系统停电、停汽、停水就能消除的缺陷，以及生产建筑物渗漏雨及门窗附件不完整等生产设施的缺陷。

（二）缺陷处理原则

（1）当发现一类缺陷危及人身、设备安全时，应立即就地紧急处理，消除对人身、设备的危害，并汇报值班负责人。值班负责人根据情况立即联系检修部门处理，并向本单位有关领导及上级调度员汇报。

（2）当发现二类缺陷时，应立即汇报值班负责人，并根据指令处理；值班负责人联系检修部门处理并向本单位有关领导汇报。

（3）当发现三类缺陷时，应尽快核查缺陷原因，能处理的缺陷尽力处理，不能处理的汇报值班负责人、联系检修部门尽快安排消除。

（4）根据现场缺陷的性质、紧急程度，要克服人员、设备运行方式等困难，积极为检修人员创造消缺条件，不可延误消缺时机而造成缺陷扩大。附录《违反规范化管理事故案例》的"缺陷管理异常案例"中，列举了一起因消缺不及时引发机组跳闸的案例。

（5）要将消缺情况纳入交接班管理，并将跟踪缺陷作为巡回检查的内容之一，密切关注缺陷发展情况、消缺进度，做好设备试转、恢复备用或重新投入运行的准备。

二、规范化缺陷管理流程

缺陷管理要规范从缺陷发现到消缺验收的全过程，将规范化缺陷管理单元流程设计为"发现缺陷、录入缺陷、跟踪缺陷、配合消缺、消缺验收"五部分。如图4-2 缺陷管理单元思维导图所示。

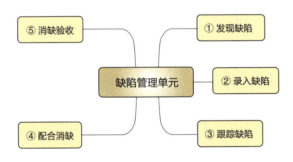

图4-2　缺陷管理单元流程

（一）发现缺陷

1. 确定缺陷

运行人员在监盘、巡检过程中，发现设施设备出现以下情况之一时，则可认为该设备或设施出现了缺陷：　　　　　　　　　　　　　　　　　　**界定**

（1）设备或部件的损坏造成设备被迫停止运行或安全性、可靠性降低；

（2）设备或系统的部件失效，造成渗漏（包括汽、水、气、煤、灰、油、风、烟等）；

（3）设备或系统的部件失效，造成运行参数长期偏离正常值、接近报警值或越限报警；

（4）设备或系统的状态指示、信号指示、参数指示与实际不一致；

（5）由于设备本身或保护装置引起的误报警、误跳闸或不报警、保护拒动，控制系统联锁失去、误启动或拒启动；

（6）对设备进行定期试验时发现卡涩、动作值偏离整定值；

（7）对设备进行检验性试验时，发现反应设备整体或局部状态的性能指标超标，或有非正常急剧变化；

（8）设备或部件的操作性能下降，动作迟缓甚至操作不动；

（9）设备或部件运转时出现声响异常、振动增大和温度升高等现象；

（10）设备或部件出现异味、冒烟或着火；

（11）设备、设施出现缺失、变形、断裂、脱落、腐蚀等现象。

2. 临时处理

设备或设施出现缺陷后，运行人员要判断缺陷对设备的影响、对周围环境的影响、对机组稳定运行的影响等，并根据需要采取处理措施，消除或降低对人身及设备的影响。

（1）若热力管道发生工质泄漏，要在做好自身安全防护的同时，进行必要的遮挡或隔离，防止泄漏的工质喷淋到附近设备或重要测点上，引发设备保护误动作；要在泄漏区域设置临时防护围栏、警示牌，提醒现场工作人员不得靠近或进入泄漏区域，防止泄漏量突然增大危及人身安全。

（2）若水箱水位、设备润滑油位偏低，要立即进行补水或补油工作；若设备冷却水、润滑油流量不足，要及时调整冷却水、润滑油阀门开度，确保流量充足。

（3）若现场发现火灾，应立即了解燃烧物、火势情况、影响范围等，并拨打火警电话，同时联系集控室值班人员尽快停运或切换相关运行设备。利用现场消防设施进行灭火，对火灾可能影响到的油系统、氢气系统、设备保温等，要采取隔离措施。

（4）现场发现运行设备有严重异声、电机冒烟或着火等现象时，应立即按下现场事故按钮紧急停运异常设备，并汇报值班负责人。

（5）监盘人员要将带缺陷运行的设备参数做成实时曲线连续监视，必要时进行负荷转移或紧急停运，以缩小缺陷影响范围。

3. 联系汇报

对缺陷采取必要的临时处理后，单元长、值长要根据设备缺陷分级处理原则联系责任部门处理，并向有关领导汇报。联系汇报要遵循"岗位对等"原则，即值长联系消缺责任检修部门主任，向运行部门主任和企业副总工程师及以上领导汇报；单元长联系消缺责任检修部门班长，向运行部门专业专工汇报。联系汇报时要将缺陷的名称、象征、发展趋势等描述清楚，联系汇报标准详见表4-1联系汇报参照样表。

表 4-1　联系汇报参照样表

联系汇报人	内容	联系汇报参照标准
单元长	新增缺陷名称	（1）明确告知对方发生缺陷的名称及所在机组； （2）要使用正规的设备名称
	新增缺陷的象征	明确告知缺陷象征（设备或部件损坏、失效、渗漏、卡涩、缺失、异声、异味、振动大、温度高、表计指示不准确等）
	新增缺陷严重程度	明确告知缺陷对机组或设备、人身安全的影响
值长	新增一、二类缺陷名称	（1）明确告知对方发生缺陷的名称及所在机组； （2）要使用正规的设备名称
	新增一、二类缺陷象征	明确告知缺陷象征（设备或部件损坏、失效、渗漏、卡涩、缺失、异声、异味、振动大、温度高、表计指示不准确等）
	新增一、二类缺陷采取的措施	准确描述已采取的措施（监视、检查、调整、遮挡、切换、隔离、停电等）
	新增缺陷严重程度	明确告知缺陷对机组、电网、设备、人身安全的影响

（二）录入缺陷

发现缺陷后，运行人员要通过填写设备消缺单或登录缺陷管理软件系统，录入该缺陷。这样，检修人员就可以及时、快捷、直观地了解缺陷内容，确认缺陷发生地点、部位和危急程度，对消缺工作量做出客观评估，并做好人员、备品、备件的准备。同时，录入的缺陷信息还可作为设备可靠性档案资料，以备日后查询。

在录入缺陷时，要做到以下几点：

（1）缺陷发现人本人录入缺陷。

（2）缺陷录入前要查询该缺陷是否存在，不得重复录入。

（3）发现设备缺陷后，应在 2h 内录入该缺陷。

（4）缺陷录入要言简意赅、描述准确、无歧义。应将缺陷的名称、设备名称及部位、缺陷的类别、缺陷设备的地点、缺陷的象征、发现时间、发现人、值班负责人等信息填写清楚。

（5）缺陷发现人对缺陷的象征描述、分级不明确时，由单元长、机组长负责确认、把关缺陷信息录入的正确性。

缺陷录入的标准详见表 4-2 缺陷录入参照样表。

表 4-2　缺陷录入参照样表

序号	录入项目	录入内容	录入参照标准
1	设备设施信息	机组	正确录入缺陷设备、设施所属机组
		设备（设施）名称	使用规范的设备（设施）全称
		缺陷部位	缺陷部位描述准确，避免引起歧义
2	缺陷象征	外观	根据缺陷内容选项，录入设备或设施出现的泄漏、松动、断裂、变形、位移、振动、晃动、冒烟、冒火花、脱落、破碎、腐蚀、缺失、摩擦等象征
		指示	根据缺陷内容选项，录入表计失灵、DCS 画面设备状态错误，温度、压力、流量、电流、电压等指示偏离运行参数，自动装置信号报警等象征
		声音	根据缺陷内容选项，录入泄漏声、摩擦声、撞击声、电气设备放电声、信号报警声等象征
		气味	根据缺陷内容选项，录入现场烟气味、焦糊味、油烟味、氨气味等象征
		状态	根据缺陷内容选项，录入设备、设施或自动装置跳闸、拒动、误动、卡涩、程序异常、通信异常等象征

（三）跟踪缺陷

1. 跟踪缺陷发展趋势

（1）要将设备缺陷列为重点巡回检查内容，按照第三章"巡回检查单元"中"重点巡回检查"的标准进行检查，并增加巡检频次。

（2）监盘人员接盘前，要按照第三章"监盘单元"中"异常工况的事故预想"的标准，以发生缺陷的设备为预想对象，预想可能出现的事故象征、可能导致的后果、可能影响的范围、需要采取的监视和调整措施等。

（3）在监盘过程中，要按照第三章"监盘单元"中"重点参数"的监视标准对设备参数进行重点监视，将发生缺陷设备的温度、振动、电流、转速、流量等参数做成曲线连续监视。

（4）若缺陷有扩大趋势，应采取遮挡、转移负荷、停运或隔离等措施，尽最大可能控制缺陷的发展趋势、缩小缺陷的影响范围，并督促检修人员尽快消缺。

2. 跟踪消缺过程　　　　　　　　　　　　　　　　　　**了解进展**

（1）消缺过程中，要跟踪现场检修进度。根据消缺进度提前编制和学习安全技术措施、填写操作票，待消缺完毕后第一时间恢复设备备用或运行。

（2）要注意消缺检修现场是否威胁到运行设备的安全；工作许可时所悬挂的警告牌、装设的接地线或临时围栏等安全设施是否被破坏，是否齐全、完备，确保检修人员人身安全。

（四）配合消缺

检修人员在消除缺陷过程中，需要运行人员配合的事项通常包括：制定消缺方案、提报检修申请、办理工作许可、检修期间的操作、缺陷延期等。如图4-3配合消缺所示。

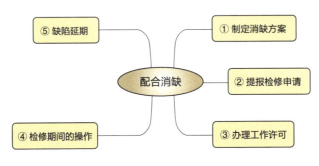

图4-3　配合消缺

风险性较高的重大缺陷消除，要制定安全、技术、组织措施。责任检修部门根据制定的消缺方案向值长提报检修申请；值长根据管辖设备的职权批复该申请或向调度机构提报该申请。检修申请批复后，运行人员尽快布置检修所需要的安全措施、办理开工手续。

如果检修设备所在系统存在余汽、余水、余压等影响消缺或需要扩大检修范围时，运行人员要尽快查明原因并予以消除，必要时可扩大、增加所做安全措施，确保检修人员的人身安全。

消缺时限因故需要延期时，缺陷责任部门要根据企业的延期时限规定和延期审批手续办理缺陷延期手续。消缺结束后，根据检修工作需要，配合设备试转等操作。

配合消缺标准详见表 4-3 配合消缺参照样表。

表 4-3　配合消缺参照样表

序号	项目	内容	参照标准
1	制定消缺方案	威胁机组安全运行的一类缺陷	值长立即向生产副厂长或总工程师请示申请停机处理
		对因设备系统无法隔离、但不直接影响机组安全经济运行的一类缺陷	（1）由运行专业专工会同消缺责任部门、生技部、安监部等部门，在 24h 内制定保证人身安全、防止缺陷扩大及设备损坏的运行措施和设备防护措施，经生产副厂长或总工程师审批后，以正式文件的形式下发执行； （2）将其列入最近一次停机检修计划，等待停机处理
		可能引起参数波动、机组降出力、自动调节失灵、保护误动作、设备或机组跳闸的二类缺陷	（1）由消缺部门通过值长向省调提报降出力申请或消缺申请； （2）运行专业专工会同消缺责任部门、生技部、安监部等部门，制定保证人身安全、设备安全的消缺操作措施和组织措施，经生产副厂长或总工程师审批后，停用辅机或辅助系统进行消缺
		因设备系统无法隔离，但对机组安全、经济、环保运行没有明显影响的二类缺陷	由设备消缺部门提出延缓处理"等待停机"申请，并将其列入最近一次停机检修计划

续表

序号	项目	内容	参照标准
1	制定消缺方案	属省调、地调管辖的继电保护及自动装置停用检修、试验或修改定值	由设备消缺部门通过值长向省调、地调提报检修申请，同意后方可停用消缺
		主保护停用检修	值长请示总工程师批准后，由值长下令停用该保护检修
		设备系统可以切换隔离的三类缺陷	运行人员主动切换、隔离设备，配合检修部门进行消缺
		缺陷本身对机组安全经济环保运行、文明生产影响不明显，且设备系统暂时不能切换隔离	由消缺部门提出延缓处理申请，办理延缓处理手续
2	提报检修申请	属调度机构管理的设备检修	（1）分管设备检修的部门负责人提出书面检修申请； （2）经分管生产调度副主任及以上领导批准后，由值长向调度员提报申请； （3）提报标准按照第三章"运行调度单元"中"涉网调度"的标准执行
		值长管辖的设备中，凡影响机组出力及停运后影响备用的主、辅设备检修	（1）由检修负责人提报、检修部门主任审批后，向值长提报检修申请； （2）检修申请要详细填写检修设备名称、检修原因、计划检修时间、计划检修工期、对机组负荷的要求等内容； （3）值长根据设备运行方式和缺陷的紧急程度，必要时征求运行部门主任、副总工程师、总工程师、生产副厂长等有关领导同意后，批准该检修申请
3	办理工作许可	时间要求	（1）设备检修申请批复后，具备开工条件的缺陷，检修部门应在1h内向运行人员提交工作票； （2）运行人员要在接到工作票后15min内开始办理工作许可手续，并在当班完成工作票的办理（详细标准参见第四章工作票单元）

续表

序号	项目	内容	参照标准
3	办理工作许可	运行操作 布置安全措施	运行人员要通过执行操作票、停送电联系单、工作任务单、保护投停申请单等，来完成设备或系统的启停、隔离、负荷转移、停用、停电、消压、装设接地线或合接地刀闸等操作（详细标准参加第三章运行操作单元）
4	检修期间的操作	增设安全措施	设备系统存在余汽、余水、余烟、余压，影响检修工作： （1）根据现场系统，认真分析可能的原因； （2）排查阀门，确保检修设备或系统被彻底隔离，尽快消压至零
			要根据新的检修范围，扩大、增加所做的安全措施（停用、停电、消压、合接地刀闸、装设接地线等）
		设备试转 （详细标准参见第四章工作票单元）	试转前要拆除所做的所有安全措施
			（1）按照第三章"巡回检查单元"中"修后新投运设备检查"标准进行巡回检查； （2）按照第三章"监盘单元"中"重点参数"的监视标准对设备参数进行重点监视
			（1）保持设备运行或转为备用状态（设备试转合格）； （2）按照本表3的要求，重新布置安全措施，办理工作许可手续（设备试转不合格）
5	缺陷延期	延期时限	（1）一、二类缺陷消缺时限为24h，三类缺陷消缺时限为48h； （2）因故需要延期时，检修部门应提前2h提出申请，经运行部门、生技部、副总工程师批准后生效

（五）消缺验收　　　　　　　　　　　　　　　　　　　　**"质检"**

设备消缺完成后，要对修复后设备的功能进行鉴定或确认，这一过程就是消缺验收，包括*外观验收*和*功能性验收*两个层面。外观验收是进行功能性验收的前提和必要条件，若设备外观验收不合格，则不得进行功能性验收。

当外观验收和功能性验收全部合格后，方可封闭缺陷单。若有一项不合格，运行人员都要在缺陷单上填写"验收不合格"意见，督促检修人员继续消缺。

● **知识词典** ●

外观验收：指现场检查设备标牌、栏杆、介质流向、警戒线、电机转向、管道保温、仪表、电机接地线等完好正确，设备或系统的各孔、门关闭严密，地脚螺栓、连接螺栓、靠背轮连接牢固，照明充足，设备清洁及其周围无杂物等。

功能性验收：是通过投运系统或启动设备、特定工况下的试验等形式，对检修设备工作性能是否恢复正常的验收。

消缺验收思维导图如图4-4所示，验收标准详见表4-4消缺验收参照样表。

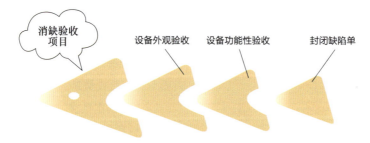

图4-4　消缺验收项目

表4-4　消缺验收参照样表

序号	验收项目	验收内容	验收参照标准
1	设备外观验收	附件完整	管道保温完整、无破损
			仪表齐全，指示正确
			电机接地线可靠接地，无破损
			各孔、门关闭严密
			地脚螺栓、连接螺栓、靠背轮、支吊架等连接牢固
			栏杆焊接牢固，无开裂、缺损现象

续表

序号	验收项目	验收内容	验收参照标准
1	设备外观验收	标识齐全正确	设备标牌齐全、无缺失,标牌信息与设备名称对应、内容正确
			设备警戒线完整、清晰,无缺损
			介质流向标识完好、清晰、无损坏,名称及流向正确
			电机转向齐全、正确
		文明卫生	临时设施、脚手架等已拆除
			设备及其周围无杂物,地面清洁无污染
			设备外观清洁见本色、无脏污
			周围照明充足
2	设备功能性验收	外观	就地核实、确认设备或设施缺陷象征确已消除(泄漏、松动、断裂、变形、晃动、冒烟、冒火花、脱落、破碎、腐蚀、缺失、表计失灵等)
		指示	DCS 画面核实、确认设备缺陷象征确已消失(状态指示错误,温度、压力、流量、电流等指示偏离运行参数,自动装置信号报警等)
		声音	就地核实、确认设备或设施的异声确已消失(泄漏声、摩擦声、撞击声、电气设备放电声、信号报警声等)
		气味	就地确认设备气味确已消失(烟气味、焦糊味、油烟味、氨气味等)
		状态	DCS 画面或就地调试、采集数据,验证缺陷已消除(自动装置跳闸、拒动、误动、卡涩、程序异常、通信异常及设备振动大、温度高等现象)
		试验	各联锁、保护及事故按钮试验动作准确、可靠,声光报警、DCS 画面状态显示正常
3	封闭缺陷单	时限要求	运行人员要在 6h 内验收、封闭申请验收的缺陷单
		填写验收意见	设备外观验收和设备功能性验收均合格后,验收人在缺陷单验收意见栏内填写"验收合格"意见,并签名

第二节 工作票单元

工作票是在设备检修作业时，落实安全技术措施、组织措施及有关人员安全责任，进行检修作业的书面依据。

一、工作票种类与适用范围

无论是在电气设备还是在热机设备上进行安装、检修、维护或试验等工作，都必须使用工作票；工作中需要动火时，还要使用动火工作票。

目前，常用的工作票一般包括：电气第一种工作票、电气第二种工作票、热力机械第一种工作票、热力机械第二种工作票、热控工作票、一级动火工作票、二级动火工作票等。工作票类型和适用范围分别如图4-5和表4-5所示。

图 4-5　工作票类型

表 4-5　工作票适用范围参照样表

序号	工作票类型	适用范围
1	电气第一种工作票	（1）高压设备上工作需要全部停电或部分停电； （2）高压室内的二次接线和照明等回路上的工作，需要将高压设备停电或做安全措施； （3）其他工作需要将高压设备停电或需要做安全措施； （4）400V等级的低压设备检修或试验，需要运行做安全措施； （5）电气设备的主保护检修

续表

序号	工作票类型	适用范围
2	电气第二种工作票	（1）带电作业和在带电设备外壳上的工作； （2）控制盘和低压配电盘、配电箱、电源干线上的工作； （3）二次接线回路上的工作，无须将高压设备停电； （4）转动中的发电机、励磁回路或高压电动机转子电阻回路上的工作； （5）非当值值班人员用绝缘棒和电压互感器定相或用钳形电流表测量高压回路的电流； （6）更换生产区域及生产相关区域照明灯泡的工作； （7）在变电站、变压器区域内进行动土、植（拔）草、粉刷墙壁、屋顶修缮、搭脚手架等工作，或在配电间进行粉刷墙壁、整修地面、搭脚手架等工作，不需要将高压设备停电或不需要做安全措施
3	热力机械第一种工作票	（1）需要将生产设备、系统停止运行或退出备用，由运行值班人员按《电业安全工作规程》的规定采取断开电源、隔断与运行设备联系的热力系统，对检修设备进行消压、吹扫等任何一项安全措施的检修工作； （2）需要运行人员在运行方式、操作调整上采取保障人身、设备安全措施的工作
4	热力机械第二种工作票	（1）不需将生产设备系统停止运行或退出备用，不需运行值班人员采取断开电源、隔断与运行设备联系的热力系统； （2）不需运行值班人员在运行方式、操作调整上采取措施的； （3）在设备系统外壳上的维护工作，但不触及设备的转动或移动部分； （4）在锅炉、汽轮机、化水、脱硫、除灰、输煤等生产区域内进行粉刷墙壁、屋顶修缮、整修地面、保洁、搭脚手架、保温、防腐等工作
5	热控工作票	在汽轮发电机组的热控电源、通信、测量、监视、调节、保护、联锁等系统及设备上的工作
6	一级动火工作票	在一级动火区内需要动火作业时
7	二级动火工作票	在二级动火区内工作需要动火作业时

● 知识词典 ●

一级动火区：指火灾危险性很大、发生火灾时后果严重的防火重点部位，主要包括燃料油罐区（防火堤内）、燃油泵房、卸油房、污油池、卸油池，汽轮机油系统，变压器、蓄电池室、电缆间、电缆沟、电缆隧道、电缆竖井及电缆支架上有可能引燃电缆的动火作业区域，锅炉制粉系统以及锅炉的粉仓内、粉仓上方明火作业有可能造成粉尘爆炸、细粉分离器等区域，氢气系统5m范围内及制氢站内部、脱硫系统吸收塔、氨区及液氨设备系统，易燃易爆物品存放场所。

二级动火区：指一级动火区以外的所有防火重点部位及禁止明火区，主要包括油管道支架及其支架上的其他管道，氢系统管道及氢冷发电机上需要办理一级动火票以外、周围30m以内的区域，有可能造成火花飞溅落至易燃易爆物体（包括电缆）附近的动火区域，控制室、调度室、档案室、计算机室、通信机房及各种电子间，燃料输煤系统、锅炉燃油系统和燃油管道，氢气系统5~10m范围内，油库内除燃料油罐区（防火堤内）、燃油泵房、卸油房、污油池、卸油池以外的其他区域，其他控制室、主变压器储油箱、电缆托架、配电室。

二、工作票票面内容

尽管工作票的种类较多，但票面内容相似，都含有工作票编号、"工作地点和内容"栏、"工作时限"栏、"危险点及危险点分析"栏、"安全措施"栏、"人员签字"栏、"工作变更"栏等几项内容，如图4-6思维导图所示。

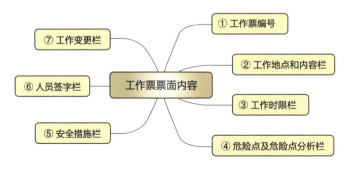

图4-6　工作票票面内容

1. 工作票编号　　　　　　　　　　　　　　　　　　　　　　**唯一**

不同的工作票系统具有不同的编号原则，但每一张工作票的编号必须是唯一的。

编号通常按年月份以及工作票的顺序进行编排，便于存档留存、有序统计。

2."工作地点和内容"栏

"工作地点和内容"栏里需要准确填写检修工作的地点和检修设备名称、检修范围、检修要求等，避免运行人员错误操作设备、检修人员修错设备。

3."工作时限"栏

"工作时限"栏内需要准确、如实填写工作计划期限、工作批准完成时间以及工作实际开工时间、收工时间。

工作计划期限是检修人员根据工作任务需要、工作准备情况所预计、请求的设备检修期限。运行人员根据工作计划期限和现场设备运行的需要，来批准工作完成时间，并尽快按照要求布置好现场的安全措施，填写实际开工时间。工作结束后，办理工作终结手续时应如实填写工作终结时间，此时意味着被检修设备已交给运行人员管理，不允许再对该设备进行任何的检修操作。

4."危险点及危险点分析"栏

危险点是指事故的易发点、多发点，设备隐患的所在点和人员失误的潜在点等。"危险点及危险点分析"栏内需要填写检修工作中可能出现的危险因素，比如触电、烫伤、物体打击、机械伤害、跌落、坠落、窒息、中毒等，并对各危险点发生条件、可能产生的后果进行分析，制订相应的防范措施。

5."安全措施"栏

"安全措施"栏需要填写检修人员采取的安全措施、运行人员采取的安全措施，以及运行人员需要补充的安全措施三部分内容。检修人员和运行人员逐条布置完各项安全措施后，要在"安全措施"栏内逐条打勾确认、留痕。

6."人员签字"栏

"人员签字"栏是工作票签发人、工作负责人、值班负责人、工作许可人、值长签字留痕的地方。在工作票办理的每个节点进行签字确认，以审核该项检修工作是否必要和可能、确认各项安全措施布置无误。签字即意味着责任，必须对工作票的正确性和工作的安全性负责。

7."工作变更"栏

根据现场检修任务的需要，可能会出现工作负责人变更、工作班成员变更、工作任务扩大或转移等情况。工作负责人、工作许可人要在"工作变更"栏内办理许可或登记手续，以保证现场工作的连续性和安全措施的完备性、正确性。

三、工作票核心作用

工作票的核心作用是电力生产现场、设备、系统上进行检修、维护、安装、改造、调试、试验等工作的书面约定和书面凭证，思维导图如图 4-7 所示。

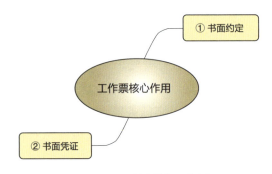

图 4-7　工作票核心作用

（一）书面约定

书面约定是指运行人员和检修人员通过工作票实现的安全责任约定、工作任务约定、安全措施约定和工作时间约定，如图 4-8 思维导图所示。

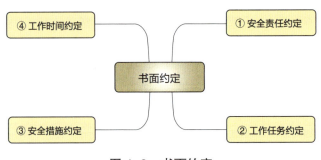

图 4-8　书面约定

1. 安全责任约定

安全责任约定是指在办理工作票时，运行及检修相关人员必须明确各自的安全责任。运行人员需要承担的责任包括以下几个方面：

（1）对工作票票面的正确性负责。

（2）对工作任务的必要性、有无检修任务冲突、运行条件是否允许、有无可能造成人身伤害或设备损坏负责。

（3）对工作票签发人、工作负责人、工作班成员是否具备相应资格负责。

（4）对工作地点的工作情况，有无相互冲突的检修工作，工作内容填写是否详细、清楚，设备名称和设备编号是否正确等负责。

（5）对安全措施是否合理、完善负责。

（6）对计划工作期限是否合理和可行负责。

（7）对能否安全开工负责。

（8）对于工作负责人变更、工作班成员变化时，需要审查接替人员是否具备相应资格，并负责办理变更手续。

（9）需要增加检修工作任务时，负责办理扩大工作任务手续；若新增工作任务的检修期限超出工作票批准期限，或需要变更、增加安全措施时，负责办理重新签发的工作票。

（10）工作任务若不能在批准工期内完成，工作负责人提出延期申请时，负责办理工作票延期手续。

（11）检修工作终结时，负责恢复运行所做的各项安全措施。

（12）负责设备试转；试转合格后，将设备投入运行或恢复备用状态，并办理工作终结手续。

（13）设备试转不合格时，应停止设备运行，负责重新布置安全措施。

（14）检修工作全部完结后，负责办理工作票终结。

工作票检修相关人员工作责任参照样表见表4-6，工作票运行相关人员安全责任参照样表见表4-7。

表4-6　工作票检修相关人员工作责任参照样表

序号	人员	人员描述	工作责任
1	工作票签发人	批准检修任务并签发工作票的检修部门或班组负责人	（1）审核工作的必要性、安全性； （2）检查安全措施是否正确完备； （3）审核所派工作负责人和工作班人员是否适当和充足
2	工作负责人	该项检修任务现场安全的第一责任人，参与检修工作人员的组长	（1）负责安全、正确组织现场检修工作； （2）检查工作票所列安全措施是否正确完备； （3）检查工作许可人所做的安全措施是否符合现场实际条件； （4）在工作前向工作班成员交代清楚安全注意事项

表 4-7　工作票运行相关人员安全责任参照样表

序号	人员	安全责任	任职条件
1	值班负责人	（1）接受工作票； （2）审查工作的必要性； （3）审查工作票所列工作负责人、工作票签发人是否具备资格； （4）审查工作内容是否填写详细、清楚，设备名称和设备编号是否正确，工作地点是否明确； （5）审查计划工作时间是否超过批准的检修时间； （6）审查工作票所列安全措施、注意事项是否正确完备； （7）根据批准权限，批准工作结束时间和工作延期时间	运行班组第一责任人（单元长或机组长）
2	值长	（1）审查工作的必要性； （2）审查工作票所列安全措施、注意事项是否正确完备； （3）根据批准权限，批准工作结束时间和工作延期时间	当值值长
3	工作许可人	（1）审查工作票所列安全措施、注意事项是否正确完备，是否符合现场条件，必要时予以补充； （2）对工作票所列内容有疑问，必须向工作票签发人询问清楚，必要时应要求其作详细补充； （3）检查检修设备与运行设备是否已隔断，热力设备系统工作中是否有突然来汽（气）、来水、来油、来料（煤、粉、灰、渣等）、爆破等危险，电气工作中停电设备是否有突然来电的危险，机械转动设备停转检修中是否有突然转动的危险； （4）对工作负责人正确说明哪些设备有压力、高温和爆炸的危险，哪些设备带电，哪些设备不能触碰，工作场所是否有对人体造成职业伤害的因素等； （5）会同工作负责人到现场共同确认工作票所有安全措施已正确执行，具体确认检修设备系统的实际隔离措施，向工作负责人现场证明设备系统已确无水压、汽（气）压（含真空）、油压、电压等； （6）根据批准权限，批准工作结束时间和工作延期时间	经过企业培训、考试合格后行文下发的、负责办理工作票许可及终结手续的运行人员，一般由单元长、机组长、值班员岗位担任

2. 工作任务约定

工作任务约定是指运行、检修双方对工作票所要进行的检修任务，必须达成一致意见，并明确将要检修的设备名称、检修地点、检修范围，一经确定不得擅自更改。

3. 安全措施约定

安全措施约定是指检修、运行双方需要讨论并确定各自所要布置的安全措施。所列安全措施必须完备，布置时无遗漏，确保检修人员人身安全和设备安全。

4. 工作时间约定

工作时间约定是指双方讨论后一致认同的检修工作完成时间。在约定时间内，检修工作应当结束，以保证设备或系统及时投入运行或恢复备用。

（二）书面凭证   留痕

工作票可以作为书面的审批凭证、安全凭证和检修凭证，思维导图如图 4-9 所示。

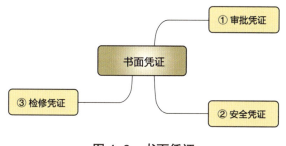

图 4-9　书面凭证

1. 审批凭证

工作票签发、接收、许可、延期、工作变更、押票、终结等环节签字确认，是各级人员层层审批的凭证，便于操作责任的划分和留痕追溯。

2. 安全凭证

检修人员和运行人员每执行、布置完一项安全措施后，要在工作票对应的"已执行"栏内打"√"，以留下安全措施逐项布置到位的凭证，确保检修工作过程中的人身安全和设备安全。

3. 检修凭证

工作票所列的工作任务及工作票的执行流程本身就是检修、运行双方通力配合完成一项检修任务的凭证，可以为设备检修台账提供原始资料。

四、规范化工作票办理流程

根据工作票办理过程中的先后顺序和重要节点，以及运行人员所需要承担的责任，规范化工作票办理流程设计为"接票、布置安全措施、开工许可、工作终结"四个环节。工作票流程思维导图如图4-10所示。

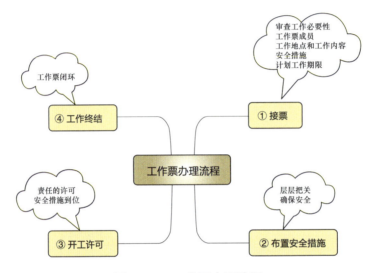

图4-10　工作票办理流程

（一）接票

接票是运行值班负责人认真审查检修人员提交的工作票，对合格的工作票予以签收的过程。思维导图如图4-11所示。

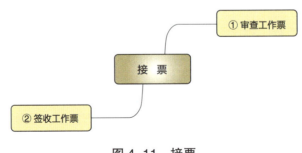

图4-11　接票

1. 审查工作票

审查工作票的目的在于确保签收合格、正确的工作票。

值班负责人接到工作票后，要审查工作的必要性、票面文字，以及工作票所列的工作人员、工作地点和工作内容、安全措施、计划工作期限等，如图4-12所示。

图 4-12　工作票审查项目

审查时，如对工作票所列的内容和措施存有疑问，要及时与工作负责人沟通。

审查工作票的标准详见表4-8审查工作票参照样表。若工作票有下列情况之一则视为不合格：

（1）工作票的工作内容与其他检修计划存在冲突或现场运行方式不允许；

（2）工作票的签发人或工作负责人不具备资格；

（3）工作地点或设备名称、编号错误；

（4）工作计划期限超出批准的检修申请工期；

（5）工作票所列安全措施不完备或不符合现场条件；

（6）将要检修的设备与运行设备未能完全隔离；

（7）工作票文字描述有歧义或有错误等。

不合格的工作票要退回工作票签发人处重新签发，运行值班负责人不得签收，运行许可人不准办理许可手续。

2. 签收工作票

值班负责人审查工作票无误后，根据批准权限在工作票上填写批准的工作结束日期、时间，并签名；对于有可能造成机组降出力或危及机组安全的主要辅机设备的检修工作及公用系统的检修工作，值班负责人还要将工作票提交给值长进行审批。

值长审查工作的必要性及工作票所列安全措施、注意事项是否正确完备，然后批准工作结束日期、时间，并签名。

表 4-8　审查工作票参照样表

序号	审查项目	审查内容	审查参照标准
1	工作必要性	热机、电气工作	工作内容与其他检修计划不存在冲突（查阅预收的工作票或批准的检修申请）
			现场情况允许检修（电网指令、机组负荷、设备系统运行方式或机组停运后的设备状态等）
			工作票所列的检修范围与检修任务一致，未超出检修任务的要求
			检修申请已被批准
			该设备异动工作已填报设备异动申请单并被批准（检修工作涉及设备升级改造或整体更换）
		动火工作	现场具备动火条件
			动火票符合动火等级
			（1）一级动火工作票已获企业安监部负责人、保卫部负责人审核通过，并获生产副厂长或总工程师批准；
			（2）二级动火工作票已获企业安监人员、消防管理人员审核，并获动火部门负责人或技术负责人批准
2	工作票成员	工作票签发人	经安全规程、制度培训并考试合格，由企业生产副厂长批准，以正式文件书面公布的部门主任、副主任、专业工程师或正、副班长担任
			（1）部门主任、副主任、专业工程师签发该部门所辖设备、系统的检修工作； （2）正、副班长签发本班组所辖设备、系统的检修工作，且与其他班组检修工作无关
			（1）一级动火工作票签发人是由申请动火部门具备一级动火工作票签发资格的部门负责人或技术负责人担任； （2）二级动火工作票是由申请动火班组具备二级动火工作票签发人资格的正、副班长签发
		工作负责人	经安全规程、制度培训并考试合格，由本企业生产副厂长批准，并以正式文件书面公布的人员担任

续表

序号	审查项目	审查内容	审查参照标准
2	工作票成员	工作负责人	工作票签发人未兼任该项工作的工作负责人
			该工作负责人只持有本张工作票、负责一份工作票所列的工作任务
			工作票上已填写每个工作班的工作负责人姓名和共计人数，并已注明其中1人为总工作负责人，同时填入工作负责人栏（多个工作班同时工作）
		工作班成员	工作票成员不超过10人的单一工作班检修工作，已填写除工作负责人之外的所有成员姓名
			工作票成员超过10人的单一工作班检修工作，填写10人姓名后，要写上"等，共计×人。"共计人数应包括工作负责人
3	工作地点和内容	热机工作	一台机组的一组热力设备或一个管路系统检修工作，能全部有效采取隔离、消压、防水、降温等安全措施时，可以使用一份工作票
		动火工作	填写的动火地点及设备名称、动火工作内容与相关的工作票内容、地点一致
		电气工作	（1）检修设备属于同一电压、位于同一楼层、同时停送电，且不会触及带电导体，允许在几个电气连接部分共用一张工作票； （2）在几个电气连接部分上依次进行不停电的同一类型工作，可以使用一份工作票； （3）一个电气连接部分或一个配电装置全部停电，所有不同地点的工作，可以使用一份工作票，但要详细填明主要工作内容
			（1）工作地点需要全部停电的情况，要填写"全部停电"字样； （2）工作地点不需要停电的，要填写"不停电"字样； （3）工作地点部分停电的，要具体写出"保留的带电部分"有哪些，保留带电部分已写明停电设备上、下、左、右第一个相邻带电间隔和设备的名称、编号

续表

序号	审查项目	审查内容	审查参照标准
4	安全措施	检修自理的安全措施	在工作票"本工作存在的危险点"栏内要注明"坠落风险",并在"经危险点分析需检修自理的安全措施和注意事项"栏内体现"设置临时硬质围栏"的内容（需要打开井、坑、孔、洞、沟盖板、格栅板和割除栏杆、楼梯、平台、钢梁等固定安全设施的工作）
			要在"经危险点分析需检修自理的安全措施和注意事项"栏内已填写"搭设脚手架"的内容（需要搭设脚手架的工作）
		运行采取的安全措施	电气工作： （1）要明确写出工作需要拉开的全部断路器、隔离开关和熔断器、控制开关； （2）要明确写出应装设接地线的确切地点和应合的接地刀闸名称； （3）明确写出"禁止合闸　有人工作""在此工作"安全标志牌应悬挂的地点、部位； （4）要明确写出工作地点保留带电部分名称（部分停电工作）
			热机工作： （1）要明确写出应关闭或开启的阀门名称（隔离与运行设备相联系的热力系统或对检修设备消压、吹扫）； （2）要明确写出"禁止操作　有人工作"安全标志牌应悬挂的地点、部位； （3）要明确写出应加锁的阀门名称； （4）要明确写出需要运行人员在运行方式、操作调整上采取的措施； （5）要明确写出需要停电的电动阀门、电动机名称； （6）要明确写出停电设备需要悬挂"禁止合闸　有人工作"安全标志牌的地点、部位
		补充的安全措施	运行无补充措施，要在该栏中填写"无补充"字样；若有补充： （1）要写明停电设备上、下、左、右第一个相邻带电间隔和设备的名称、编号（补充的工作地点保留带电部分）；

续表

序号	审查项目	审查内容	审查参照标准
4	安全措施	补充的安全措施	（2）要填写因运行方式和设备缺陷需要扩大隔离范围的措施； （3）要填写需要采取的保障检修现场人身安全和设备安全的其他运行措施
			"需要检修人员补充的安全措施"后要标注"检修自理"字样，并加括号
5	计划工作期限	确定工期	检修工期未超出检修申请批复时间
			（1）要根据现场设备的实际健康状况、运行方式来审查设备检修期限（没有提报检修申请）； （2）在不影响其他设备运行的前提下，按提报工期审定
			一级动火票工期不超过24h，二级动火票工期不超过120h，且没有超过所属工作票工期
6	票面文字	术语	正确使用标准术语和设备双重编号
		名称	工作票所列各设备、系统名称及编号正确
		文字	（1）工作票字迹清楚，修改处不超过两处； （2）设备名称、设备编号、接地线位置、连接片、插头、操作动词、人员姓名、日期和时间等内容不准修改

（二）布置安全措施

布置安全措施环节分为工作许可人审查工作票和操作人布置安全措施两项内容，如图4-13所示。

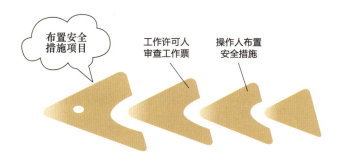

图4-13　布置安全措施的项目

值班负责人审查、签收工作票后，要安排工作许可人再次审查工作票的正确性和安全性。在确认安全措施正确完备、符合现场实际后，工作许可人方可在签字栏内签字受理该工作票。

工作许可人受理工作票后，要按照第三章第四节"运行操作单元"中的"操作安排"标准，安排具有操作资格的运行人员去布置、执行安全措施，并交代注意事项。操作人逐项布置工作票所列的安全措施，将影响检修工作安全的高温、高压、高电压等工作环境转变为检修工作所需状态，如图4-14所示。布置安全措施的标准详见表4-9布置安全措施参照样表。

图4-14　现场布置的安全措施

表4-9　布置安全措施参照样表

序号	项目	内容	参照标准
1	工作许可人审查工作票	安全措施	所列安全措施齐全、完备，能使检修设备与运行设备完全隔离
		检修环境	检修工作环境安全、可靠，没有突然来汽（气）、来水、来油、来料（煤、粉、灰、渣等）、爆破等危险；没有突然来电的危险
		转动设备	机械转动设备确已要求停转、停电，没有突然转动的危险
		设备名称	所列各设备、系统名称及编号正确

续表

序号	项目	内容	参照标准
2	操作人布置安全措施	持工作票按顺序逐项布置安全措施	使用操作票、工作任务单、停送电联系单、保护投停申请单等，严格执行操作票制度、监护制度、"四核对"，认真布置每一项安全措施（按照第三章第四节"运行操作单元"中"操作安排"、"操作执行"的标准执行）
			（1）要在一经合闸即可送电到工作地点的断路器和隔离开关的操作把手上，悬挂"禁止合闸　有人工作"标示牌（需要断开电源时）； （2）要在线路断路器和隔离开关的操作把手上悬挂"禁止合闸　线路有人工作"标示牌（线路上有人工作）； （3）设置的遮（围）栏要包围停电设备，在道路边留有出入口，并设"从此进出"标示牌，在遮（围）栏上面向里悬挂适当数量的"止步　高压危险"标示牌，在遮（围）栏内设"在此工作"标示牌（室内一次设备上小面积停电检修工作）； （4）设置的遮（围）栏应包围带电设备，不能留有出入口，在遮（围）栏上面向外悬挂适当数量的"止步　高压危险"标示牌（大面积停电检修工作）； （5）要装设"在此工作"标示牌，并在检修屏（盘）两侧设备的前后屏（盘）悬挂红布幔，红布幔应有"运行"标示（室内二次设备上工作）； （6）在一经操作即可送介质到工作地点且危及人身或设备安全的阀门、风门、挡板上加锁，并挂"禁止操作　有人工作"标示牌； （7）要测定动火部位氢气含量不超过0.4%、空气中可燃性气体含量浓度不超过0.15%（动火工作）
			每执行、布置完一项安全措施，并核对正确后，要在工作票对应的"已执行"栏内打"√"
			操作人布置、执行完所列全部安全措施后，向值班负责人汇报安全措施执行情况（按照第三章第四节"运行操作单元"中"操作完成后汇报"的标准汇报）

（三）开工许可　　　　　　　　　　　　　　　　　共同确认

开工许可通常包括安全措施确认、工作票开工两项内容，如图4-15思维导图所示。

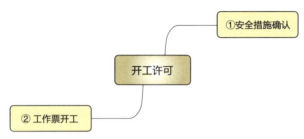

图4-15　开工许可

安全措施布置结束后，工作许可人要会同工作负责人到现场共同确认安全措施。这是核对安全措施是否安全、布置到位的有效方法，否则有可能引发人身伤害或设备损坏事故。例如，附录《违反规范化管理事故案例》的"工作票异常案例"中，就列举了一起某厂因工作票开工前运行、检修人员未共同确认安全措施就开工，给水泵出口逆止门检修隔离不彻底造成人员烫伤的案例。

验收无误后，工作负责人和工作许可人在工作票签字确认，检修工作即可正式开工；若需办理动火工作票时，动火工作票应在检修工作票开工后或随工作票同时开工。

开工许可标准详见表4-10开工许可参照样表。

表4-10　开工许可参照样表

序号	项目	内容	参照标准
1	安全措施现场确认	运行采取的措施	工作许可人手持工作票向工作负责人详细交代相关设备状态（哪些设备有压力、高温和有爆炸危险，哪些设备带电，哪些设备不能触碰）
			向工作负责人现场证明将要检修的设备系统已确无水压、汽（气）压（含真空）、油压、电压等
		检修自理的措施	逐项检查检修自理的安全措施布置齐全，不影响运行设备的操作和巡回检查
			动火工作还要检查确认： （1）消防监护人要检查配备的消防设施以及采取的消防措施符合消防要求； （2）可燃气体或粉尘浓度测定合格（含氢量不超过0.4%；可燃气体浓度不超过0.15%）

续表

序号	项目	内容	参照标准
2	工作票开工	签字开工	工作许可人在工作票上填写开工日期、实时时间并签名确认
			工作负责人在工作票上签名确认
			消防监护人在动火工作票上签名确认

检修工作开工后，根据工作需要有可能出现工作变更或工作延期的情况。工作变更或工作延期都要履行许可手续，其标准详见表 4-11 工作变更、工作延期许可参照样表。

表 4-11　工作变更、工作延期许可参照样表

序号	项目	内容	参照标准
1	工作变更	工作负责人变更	工作票签发人将变更的详细情况通知工作许可人，在纸质或电子工作票"工作负责人变更"栏内填写离去和变更后新的工作负责人姓名、变更日期及时间，工作票签发人、工作许可人均要签名确认
			一份工作票的工作负责人只能变更一次，再次变更要重新签发、许可工作票
		工作任务扩大	工作负责人在工作票上增填工作地点和工作内容，工作负责人、工作许可人均要签名确认（新增工作任务的检修期限在工作票批准期限内，且不需要变更或增加安全措施）
			要签发新的工作票，并履行新的工作开工许可手续（新增工作任务的检修期限需要超出工作票批准期限，或需要变更、增加安全措施）
2	工作延期	时限要求	（1）工期为一天之内的工作需延期，要在批准工作结束时间前两小时办理延期手续； （2）工期超过一天的工作需延期，要在批准工作结束时间前一天办理延期手续
			（1）工作许可人要在延期时间栏内填写批准的新工作结束时间； （2）对于需值长审查的工作票延期，工作许可人请示值长同意后填写延期时间，然后提交值长审批签字
			一份工作票延期手续只能办理一次，如需再次延期，应重新签发工作票，并注明原因，履行新的工作开工许可手续

（四）工作终结

工作终结通常包括押票试运、检修交代、工作终结和工作票终结四项内容，如图4-16所示，其标准详见表4-12工作终结参照样表。

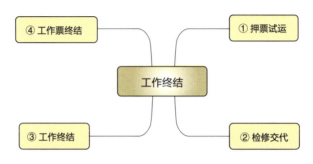

图4-16　工作终结

表4-12　工作终结参照样表

序号	项目	内容	参照标准
1	押票试运	押票手续	工作负责人将工作票交还给值班负责人或工作许可人
			（1）值班负责人检查确认所有相关工作已完成； （2）若仍有相关工作未完成，通知检修人员将与申请试转设备相关联的所有工作票全部押回
			工作许可人在工作票上填写工作票押回日期和时间，工作许可人和工作负责人双方签名确认
			恢复工作许可时所做的"检修自理的安全措施"和"运行采取的安全措施"
		环境验收	就地确认检修人员已全部撤出检修现场
			工作许可时所做的全部安全措施确已恢复
			动火执行人、消防监护人、动火工作负责人和工作许可人检查现场确无残留火种
		外观验收	按照第四章"缺陷管理单元"中"设备外观验收"的标准，进行设备外观验收

续表

序号	项目	内容	参照标准
1	押票试运	试转前检查	设备各联锁、保护及事故按钮试验动作准确、可靠，声光报警、DCS画面状态显示正常
			现场设备及其周围环境清洁，杂物清理干净，外观完整，连接牢靠，转动部分的安全罩已装复
			设备或系统的各门、孔关闭严密
			地脚螺栓、连接螺栓完整、牢固
			设备表计投运，与设备有关的测量、保护装置投入正常
			设备轴承润滑油油质、油位、油温，设备的冷却水、密封水等符合要求、投入正常
			设备周围照明充足
		启动注意事项	要站在转动设备的事故按钮旁，不能站在设备的径向位置
		功能性验收	按照第四章"缺陷管理单元"中"设备功能性验收"的标准，进行设备功能性验收
		设备试运后仍需继续检修	工作许可人要按工作票要求重新布置"需运行必须采取的安全措施"和补充安全措施
			工作负责人重新布置"需检修自理的安全措施"和补充安全措施
			重新履行工作许可手续，工作许可人在工作票上填写再次许可开工日期和时间，工作许可人和工作负责人双方签名
2	检修交代	填写内容要求	检修交代要填写： （1）检修工作的设备名称、范围； （2）检修设备变更、异动及技术改造情况； （3）设备缺陷的消除情况、未消除缺陷的原因及采取的措施； （4）运行人员应注意的事项
			填写内容要准确、详细、明白，与检修实际情况一致；不得出现容易引起歧义的词句（词义不明确、层次不分明、逻辑顺序颠倒等）

续表

序号	项目	内容	参照标准
2	检修交代	填写人要求	（1）通常由工作负责人填写； （2）由检修部门班组长或以上人员填写，经生技部专业专工或以上人员审核后，方可提交给值班负责人（主要辅机的辅助设备因故未能消除缺陷）； （3）由检修部门专工或以上人员填写，经生技部专业专工或以上人员审核、副总工程师批准后，方可提交给值班负责人（存在影响机组安全运行或出力的缺陷）； （4）由检修部门专工或以上人员填写，经生技部专业专工或以上人员审核后，方可提交给值班负责人（设备变更、技改或新增设备）
3	工作终结	终结手续	（1）动火执行人、消防监护人、动火工作负责人和工作许可人在动火工作票上准确填写动火工作结束时间并签名确认； （2）值班负责人在纸质动火工作票上加盖"已执行"章，动火工作终结 （1）工作许可人、工作负责人在工作票上准确填写终结时间，双方签名确认； （2）工作许可人在终结时间上加盖"已执行"章，检修工作结束
4	工作票终结	拆除安全设施	运行人员拆除所做的所有安全措施，包括工作票要求装设的接地线或接地刀闸，以及遮栏、安全标示牌、围栏等，设备状态复原 值班负责人要在工作票终结栏内填写接地线、接地刀闸原装设的组数、已拆除的组数和保留的组数，并在该栏注明所拆除接地线或接地刀闸的编号、保留接地线或接地刀闸的原因及编号（其他检修工作需要保留部分安全措施）

1. 押票试运

押票试运是检修工作结束后，工作负责人将工作票交还工作许可人，办理押票手续，进行设备试运的过程。

设备试运项目一般包括：

（1）对于不能直接判断检修设备性能及检修质量是否达到要求的，工作终结前必须进行试运（行）；

（2）所有泵、风机、电机、断路器、电动（气动）阀门（挡板）等设备大修或解体检修后必须进行试运；

（3）所有保护、联锁回路检修后，必须进行相关联锁试验；

（4）所有辅机的控制回路检修后，必须进行相关联锁试验。

若设备试运时功能性验收不合格，应重新布置安全措施，工作负责人取回工作票或办理新的工作票后继续进行设备检修。

2. 检修交代

检修工作结束后，工作负责人针对设备检修情况、设备变动情况、缺陷消除情况以及运行人员应注意的问题，向运行人员所作的书面说明叫做检修交代。

值班负责人收到检修交代后，要审查交代内容并对设备、系统进行全面检查，验收合格后签字确认。若对检修交代内容存有疑问，应向交代人询问清楚，必要时可要求交代人修改交代内容。对检修后设备缺陷仍未消除的检修交代，值班负责人应请示值长同意后再签收。

3. 工作终结

工作许可人应查看是否有相应的动火工作票，在动火工作票确已终结后，方可办理工作终结手续。工作许可人与检修人员一同在检修现场检查设备状况、有无遗留物件、设备是否清洁等，验收合格后在工作票上签名确认，检修工作至此全部结束。

4. 工作票终结

工作终结后，运行人员拆除所做的所有安全措施，并将安全措施拆除情况填入"工作票终结"栏内，值班负责人签字确认的过程。办理完终结手续的工作票应至少保存三个月，以备查询和追溯。

第三节 操作票单元

操作票是操作内容和顺序的规范化票面格式，是准许操作人员对电力生产设备及系统进行操作的书面命令，是操作人员进行正确操作的书面依据。操作票作为运行人员的操作作业指导书和操作凭证，是其核心作用所在。操作票始于 20 世纪 50 年代初期，最早应用于电气操作。由于执行操作票有严格的操作纪律和操作规范，可有效避免误操作，现在已被广泛应用于火电企业热力系统和机械设备的操作工作中。

一、操作票使用范围

电气操作中，除事故处理、拉或合断路器的单一操作、拉开全厂仅有的一组接地刀闸或拆除仅有的一组接地线、单一保护连接片的投退操作外，其他电气操作必须填用操作票。

热机操作中，除事故处理、开或关单一阀门、按下单一操作按钮的操作外，下列操作必须填用热机操作票：

（1）锅炉、汽轮机的启动与停止；

（2）主要辅助设备，如制粉系统、脱硫系统、脱销系统、给水泵组、循环水泵、凝结水泵、引风机、送风机等的启动与停运；

（3）汽轮机冷油器、高（低）压加热器、发电机内冷水及空冷器的投入、停运或切换，凝汽器半侧的投入和停用；

（4）氢冷发电机的气体置换；

（5）重要转动机械的定期切换操作，如真空泵（射水泵）、发电机内冷水泵、给水泵辅助油泵等；

（6）为办理检修工作票执行的运行隔离措施和检修设备停、送电操作，具有两个及以上操作项目且必须按顺序操作才能保证安全的操作；

（7）供热系统蒸汽、高温水主（干）管网和支线的投入与停运。

二、操作票票面内容

一份完整的操作票通常包括操作票编号、"操作时间"栏、"操作任务"栏、"危险点"栏、"操作项目"栏、"签名"栏等，思维导图如图4-17所示。

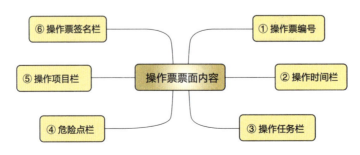

图4-17　操作票票面内容

1. 操作票编号 **唯一**

操作票编号一般按照年月份以及操作票的顺序进行。不同的操作票管理系统具有不同的编号原则，但无论如何编号，每一份操作票都只能有一个编号，以保持操作票编号的唯一性，防止操作任务混乱，利于操作票的存档、查阅和有序统计。

2. "操作时间"栏

"操作时间"栏填写执行操作任务的开始时间和结束时间。操作开始时间是监护人和操作人接受正式操作指令时的时间；操作结束时间是操作任务全部结束后的时间。

3. "操作任务"栏

"操作任务"栏填写接受的操作指令。操作任务是通过操作达到某种状态的具体内容，通常是运行、热备用、冷备用、检修等设备状态之间的互相转换。每份操作票只能填写一个操作任务，要准确概括本次操作的操作性质、操作内容、将要操作的设备名称、设备归属机组、操作范围、操作目的和操作要求。否则，在执行操作票时就有可能走错间隔、操作错设备，引发人身伤害和设备损坏。

4. "危险点"栏

监护人和操作人接受操作任务后，从人员、操作设备、操作工具、操作措施、操作环境等方面对操作全过程可能存在的风险进行辨识，在"危险点"栏逐条填写各种危险因素，并制定风险预控措施。

5. "操作项目"栏

操作项目是为完成操作任务而按照正确的操作顺序编写的具体操作步骤。"操作项目"栏要填写操作过程中的每一项操作步骤，包括检查项和具体的操作内容。填写时必须正确填写与现场实际一致的设备名称和设备编号，并使用规范的操作术语，同时还要做到不漏项、不并项、不添项、不错项、不颠倒操作顺序，确保票面正确、完整和规范。

6. "操作票签名"栏

"操作票签名"栏是操作人、监护人、值班负责人、值长审核操作票后签名的地方，所有签字人员必须对操作票的正确性负责。

三、操作票应用关键点

操作票应用的关键点是内容正确、核对无误、按顺序执行。如图 4-18 操作票应用关键点思维导图所示。

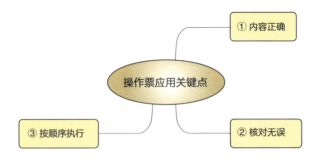

图 4-18　操作票应用关键点

1. 内容正确

操作票填写的内容正确，是操作无差错的前提和基础。否则必将造成错误操作，可能危及人身和设备安全。

2. 核对无误

执行操作票过程中，核对无误主要通过以下三个方面来体现：

（1）操作前"四核对"

操作前要注意核对设备名称、编号、位置、状态与操作任务一致。附录《违反规范化管理事故案例》的"操作票异常案例"中，某企业运行人员在操作时就因为没有认真核对就进行操作，结果导致 400V 母线失电。

（2）监护时"四禁止"

操作票的执行至少由操作人和监护人两人共同完成。其中操作人负责填写操作票，并根据监护人的操作命令正确操作；监护人负责审核操作票，向操作人逐条发出操作票所列的操作指令，并监护操作人操作的正确性。

在操作过程中要做到"四禁止"：禁止监护人离开操作现场，禁止监护人自己动手操作，禁止监护人未下令而操作人就开始操作，禁止做与本操作无关的事情。附录《违反规范化管理事故案例》的"操作票异常案例"中，就列举了一起监护人参与操作使整个操作过程失去监护，造成操作漏项而延误开机的典型案例。

（3）操作中唱票复诵

操作中监护人唱票、操作人复诵，监护人再确认，可以监督、规范操作人的操作行为，确保操作无差错。

3. 顺序执行

若跳项、漏项、倒项、并项操作，会违反操作原则和顺序，容易引发事故。附录《违反规范化管理事故案例》的"操作票异常案例"中,"交流油泵切换操作漏项导致机组跳闸"案例就是其中一例。

四、规范化操作票执行流程

规范化操作票执行流程设计为"操作预告、操作准备、填写操作票、审核操作票、执行操作票、操作完成"六部分,操作票流程思维导图如图4-19所示。

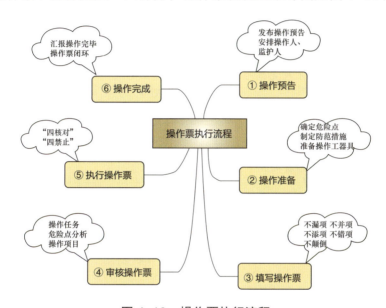

图4-19 操作票执行流程

(一)操作预告

操作预告不是正式的操作指令,而是操作任务的提前通知,便于操作人和监护人有充分的时间进行设备运行方式调整、操作票填写和审核等准备工作。

操作预告根据调度管理的上下级关系进行发布。调度机构调度员发布的操作预告由值长接受,值长发布的操作预告由值班负责人接受,值班负责人发布的操作预告由操作人和监护人接受。

操作预告可以采用面对面发布、电话发布、书面发布等形式,要明确告知操作任务、操作范围、操作时间、安全措施及被操作设备的状态,并使用正规术语,不能使用引起歧义的词句。操作预告使用的术语标准详见表4-13操作预告术语参照样表。

表 4-13　操作预告术语参照样表

序号	项目	参照标准
1	设备名称术语	×号锅炉简称×号炉
		×号汽轮（燃气等）发电机组简称×号机
		×号主变压器简称×号主变
		××断路器简称××开关
		××隔离开关简称××刀闸
		××输电线路简称××线
		××高（低）压并联电抗器简称××高（低）抗
2	继电保护名称术语	发电机失磁（步）保护、发电机高（低）频率保护
		断路器失灵保护启动装置
		断路器失灵保护、断路器非全相保护、断路器充电保护
		母差保护
		线路纵联距离（方向、差动）保护
		变压器过励磁（激磁）保护
		变压器过流保护、变压器中性点零序过流保护
		变压器差动保护、变压器重（轻）瓦斯保护
3	操作术语	×点×分×号发变组并列、×点×分×号发变组解列
		××设备倒××设备××断路器运行，××断路器停电
		合上××设备××接地刀闸，拉开××设备××接地刀闸；在×××（装设地线地点）装设×号接地线×组
		拆除×××（装设地线地点）所装设的×号接地线×组
		用××设备××断路器对××设备强（试）送一次
		××线路（或设备）各端接地线已装设好，现在工作可以开工

续表

序号	项目	参照标准
3	操作术语	××线路（或设备）工作全部结束，现场工作安全措施已拆除，人员退出现场，现在可以送电
		将××设备（××断路器）由运行转热（冷）备用
		将××设备（××断路器）由运行转检修
		将××设备（××断路器）由热（冷）备用转检修
		将××设备（××断路器）由检修转热（冷）备用
		将AVC子站按就地（遥调）方式投入运行
		×号机组（电厂）投入（退出）AGC（AVC）控制
4	一般调度术语	发布调度指令时，受令者复诵时，语前必须冠以"重复指令"四字；复诵正确时，下令者应说"对，执行"
		完成指令汇报时，语前必须冠以"汇报"二字
		发布操作预告命令时，必须冠以"操作预告"，接受人复诵时必须冠以"重复预告"，并得到发令人同意后生效
		为使数字读音不发生混淆，规定1读"幺"，2读"两"，7读"拐"，0读"洞"
5	应急调度术语	复诵应急指令时，语前必须冠以"重复应急指令"

值班负责人要综合考虑操作任务的要求和人员业务技能水平、身体状况、精神状态等因素，按照第三章第四节"运行操作单元"中"操作安排"的标准，指派本操作的操作人和监护人；并交代本操作的危险点、安全措施等注意事项，以降低操作风险。

（二）操作准备

操作人和监护人接受操作预告后，按照第三章第四节"运行操作单元"中"操作准备"的相关内容和标准，进行风险分析、合理选用工器具。

（三）填写操作票　　　　　　　　　　　　　　　**谁操作，谁填写**

操作人逐项填写操作任务、危险点和操作项目三项内容，如图4-20所示。

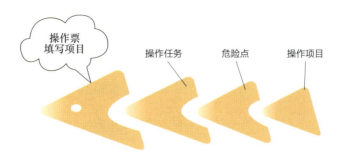

操作票填写项目　　　操作任务　　　危险点　　　操作项目

图4-20　操作票填写项目

为确保操作票填写正确，填写时应注意以下问题：

（1）必须由操作人填写，其他人员不得代写。

（2）使用标准术语，保证设备名称、编号及操作原则、操作步骤等内容正确无误。

（3）对于操作项目较多的多页操作票，应在首页及之后各页的备注栏右下角注明"接下页×××（票号）×/×"，在第二页及以后各页的操作任务栏左上角注明"承上页×××（票号）×/×"。

（4）填写完毕后，要在最后一项操作项目的下一空格中间位置划上终止符号"ㄅ"，表示该操作项目已全部结束。

（5）每张操作票修改的字数不能超过3个，改后字迹应清楚可辨，并在修改处加盖修改人名章。

（6）操作票以下三项内容不得涂改：①设备名称、编号、连接片、插头；②有关参数和终止符号；③操作动词如"拉开""合上""开""关""启""停""送""推""拉"等。

（7）填写错误或已填写而不再执行的操作票，值班负责人应在每张操作票的操作任务栏内加盖"作废"章。

操作票填写标准详见表4-14操作票填写参照样表；操作任务常用状态术语标准详见表4-15操作任务常用状态术语参照样表。

表 4-14　操作票填写参照样表

序号	项目	内容	填写要求
1	操作任务栏	设备名称	设备名称及设备编号要与操作预告的设备名称及编号一致
			设备所属机组编号要与操作预告的设备所属机组编号一致
		操作目的	填写的操作目的要与操作预告的操作目的一致（"启动、停运、停电、切换、恢复运行、恢复热备用、恢复冷备用、破坏热备用、破坏冷备用、拆除安全措施、装设安全措施"等）
		操作术语	正确使用"运行、热备用、冷备用、检修、停电、停运、做安全措施"等状态术语（详见表 4-15 操作任务常用状态术语参照样表）
		操作范围	操作范围与操作预告的操作范围填写一致（"母线、变压器、负荷开关、单台动力设备、部分热力系统"等）
2	危险点分析栏	防止参数波动	（1）要填写"操作中要与集控室人员联系，核对 DCS 画面上设备状态的变化与就地实际状态一致"； （2）要填写"注意核对电流、压力、流量、水位、温度、振动等参数变化"（会引起参数波动、机组降出力、设备或机组跳闸的操作项）
		照明不足时	（1）要填写"禁止在失去照明的情况下操作"； （2）要填写"使用手电并开启该区域全部照明"
		转动设备启动时	（1）要填写"不能站在转动设备的径向位置，防止转动设备零部件松脱飞出伤人"； （2）要填写"注意防止衣服被转动设备绞入，做好自我防护"
		经过临时围栏、井、坑、孔、洞等区域时	要填写"禁止跨越临时围栏、井、坑、孔、洞，防止出现人身跌落或坠落"
		在 1.5m 及以上高度操作时	要填写"必须使用安全带，防止高处坠落"
		操作热力系统阀门或压力容器水位计冲洗时	要填写"站在阀门或水位计侧面，防止阀门或水位计突然泄漏造成烫伤"

续表

序号	项目	内容	填写要求
2	危险点分析栏	电气操作时	（1）要填写"根据需要正确使用绝缘手套、绝缘靴、验电器等工器具"； （2）要填写"注意与带电设备保持安全距离"； （3）要填写防止意外触电的事项
3	操作项目栏	装、拆接地线或拉合接地刀闸	（1）装、拆接地线要填写"装设、拆除"； （2）必须填写装、拆接地线的确切地点和编号； （3）要填写装设接地线或合接地刀闸前验明确无电压，拆除接地线或拉开接地刀闸后确认确已拆除或拉开
		操作断路器、隔离开关	（1）正确填写应拉合的断路器、隔离开关的名称及编号； （2）要填写检查与该设备有关的断路器和隔离开关确在断开位置（设备送电前）； （3）要填写"××断路器、隔离开关确在拉开、合上位置"（检查断路器、隔离开关状态）； （4）要填写"拉开、合上"，小车断路器填写"拉至、推至"； （5）要填写"确已拉开、合上"，小车断路器填写"确已拉至××位置、确已推至××位置"（检查断路器、隔离开关操作后状态）
		验电	要填写"确无电压"
		倒负荷或解、并列操作前后	（1）要填写检查相关电源运行及负荷分配情况； （2）要填写"指示正确"
		装上或取下熔断器、插头	（1）要填写装上或取下的保险、二次插头名称； （2）熔断器及小车断路器二次插头要填写"装上、取下"
		投、停保护或自动装置	要根据需要填写切换保护装置回路和投入或解除自动装置 （1）投、停保护装置要填写"投入、停用"，二次切换开关填写"切至"（电气类）； （2）要填写"投入""解除"（热机类）

续表

序号	项目	内容	填写要求
3	操作项目栏	操作阀门、风门	要填写"开启""关闭"
		动力设备	要填写"启动""停用"
		热力系统	要填写"投入""停用"

表 4-15 操作任务常用状态术语参照样表

序号	设备	状态术语	参照标准
1	断路器	运行	断路器及两侧隔离开关均在合闸位置
		热备用	断路器在断开位置，两侧隔离开关均在合闸位置
		冷备用	断路器及两侧隔离开关均在分闸位置
		检修	断路器及两侧隔离开关均在分闸位置，断路器失灵保护停用，且做好安全（接地）措施
2	母线	运行	与母线连接的任一断路器（或隔离开关）处于运行状态，母线带有工作电压
		热备用	与母线连接的任一断路器处于热备用状态，母线不带有工作电压
		冷备用	与母线连接的所有隔离开关均在分闸位置
		检修	母线侧所有隔离开关均在分闸位置，母线电压互感器或电流互感器低压侧断开，并在该母线上做好安全（接地）措施
3	变压器	运行	变压器至少一侧开关及隔离开关在合闸位置，变压器带工作电压
		热备用	变压器无压状态，各侧开关处于分闸位置，且变压器至少一侧隔离开关处于合闸位置
		冷备用	变压器各侧隔离开关均在分闸位置
		检修	变压器各侧隔离开关均在分闸位置，且该变压器本体侧做好安全（接地）措施，并断开变压器冷却器电源

续表

序号	设备	状态术语	参照标准
4	线路	运行	线路至少一侧断路器、隔离开关在合闸位置，线路带工作电压
		热备用	线路各侧开关断开，至少一侧断路器在热备用状态
		冷备用	（1）线路各侧断路器断开，断路器两侧隔离开关和相关接地刀闸在断开位置，有串补的线路串补装置应在热备用以下状态； （2）3/2接线或外桥接线等有专用隔离开关的线路，可只拉开线路侧隔离开关； （3）接在断路器或线路上的电压互感器或电流互感器高低压熔丝取下，高压侧隔离开关拉开
		检修	线路隔离开关及线路高抗高压侧隔离开关拉开，线路电压互感器或电流互感器低压侧断开，并在线路出线端合上接地刀闸（或挂好接地线）

（四）审核操作票　　　　　　　　　　　　**逐级把关**

审核操作票是操作人、监护人、值班负责人、值长逐级审核操作票的操作任务、危险点、操作项目等内容是否正确的过程。审核内容通常包括：

（1）操作任务与操作预告是否一致；

（2）危险点的查找是否全面，危险点分析是否符合实际；

（3）风险预控是否全面并在操作项目中进行了防范；

（4）操作项目、操作顺序是否正确；

（5）术语使用是否准确、有无涂改；

（6）操作票有无错别字。

审核时，操作人、监护人、值班负责人分别对照机组模拟图板或接线图，逐项核对操作任务、危险点和操作项目无误后，签名确认。对于锅炉点火或熄火、汽轮机开机或停机、发电机解列或并列、升压站倒闸操作、倒换厂用电等重要和复杂的操作票，以及监护人为值班负责人或操作预告由值长发布的操作，要由值长审核签名。

审核过程中，若对操作任务、危险点和操作项目所列内容存在疑问，应讨论清楚并最终确定；对于存在明显错误的操作票应将其作废加盖"作废"章，由操作人重新填写新的操作票，并重新履行逐级审核程序。

（五）执行操作票   **按部就班**

执行操作票是操作人和监护人逐项执行操作票的过程，包括发布操作指令、执行危险点分析、模拟操作、实际操作和操作复核五部分内容，如图4-21所示。

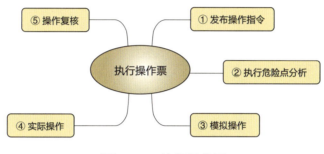

图4-21   执行操作票

1. 发布操作指令

操作票审核正确、现场具备操作条件后，值班负责人向监护人和操作人发布正式操作指令。待监护人重复指令、复诵正确后，下令者说"对，执行"，此时监护人方可在操作票第一页填写操作开始时间，开始执行操作票的内容。

2. 执行危险点分析

监护人和操作人逐条学习填入"危险点"栏的危险点及应采取的安全措施和注意事项，监护人在每条内容的"已执行"栏内打"√"，并在最后一项的"操作时间"栏内填写学习完成的时间。

3. 模拟操作

模拟操作是监护人和操作人根据操作步骤所进行的模拟和演练，其目的是帮助操作人和监护人熟悉本次操作的主要步骤和操作原则，防止漏项、倒项、并项操作。

电气操作票和热机操作票都要进行模拟操作，模拟操作标准详见表4-16模拟操作参照样表。

表 4-16　模拟操作参照样表

序号	项目	模拟内容	模拟参照标准
1	电气操作票	模拟位置	在模拟系统图板或 DCS 电气接线模拟图上进行
		模拟步骤	将电脑钥匙插入模拟系统图板或 DCS 电气接线模拟图的专用接口
			根据操作指令在操作票上用红线标示出应操作的范围，进行相应的模拟操作；未下达模拟操作指令的内容不得模拟操作（一份操作票需要根据调度机构的指令进行中间有间断的操作时）
			监护人根据操作票中所列的操作项目，逐项发布需要动手操作的操作项指令（检查项目和模拟图上没有的保护连接片等除外）
			操作人听到指令并复诵后更改模拟系统图板或 DCS 电气接线模拟图，核对设备名称、编号、位置和状态
			将操作指令传输至电脑钥匙后取出，查看电脑钥匙显示的操作步骤正确
2	热机操作票	模拟位置	在相应的 DCS 画面上进行
		模拟方式	操作人在 DCS 画面中检查确认设备及系统的运行方式
			对照操作票中操作项目口述主要操作步骤

4. 实际操作

实际操作是监护人和操作人按顺序执行操作项目，操作设备及改变设备状态的过程。

操作时，监护人只能手持一份操作票，不可同时持有两份及以上的操作票进行操作，更不允许同时执行两项或多项操作任务。整个操作过程中，操作人和监护人要按照"核对无误、顺序执行"的要求，严格执行"四核对""四禁止"、监护制度和唱票复诵制度，如图 4-22 所示。在附录《违反规范化管理事故案例》的"操作票异常案例"中，就列举了一起测绝缘时因未严格执行唱票复诵制度而误触带电部位，造成人身死亡的案例。

图 4-22　实际操作

实际操作标准详见表 4-17 实际操作参照样表。

表 4-17　实际操作参照样表

序号	项目	参照标准
1	四核对	核对操作地点与操作票上所列位置一致
		核对操作设备名称与操作票上所列设备名称一致
		核对操作设备编号与操作票上所列设备编号一致
		核对设备状态与操作票要求一致
2	唱票复诵	操作人、监护人面向被操作设备
		由监护人按照操作项目的顺序逐项高声正确唱票
		操作人用手指点该项操作应操作的部位，高声复诵
		监护人确认操作人手指部位正确、复诵无误后，发出"对，执行"的操作指令，操作人方可操作
		监护人严禁操作
3	操作项执行	严禁跳项、越项执行。操作人每完成一项操作并确认无误后，监护人在该操作步骤"已执行"栏内打"√"

续表

序号	项目	参照标准
3	操作项执行	严禁使用防误闭锁解锁钥匙解除操作闭锁装置： （1）对断路器或隔离开关机械编码锁进行解锁时，操作人将电脑钥匙插入设备的编码锁内，其编码头检测操作对象正确，电脑钥匙解除其闭锁回路或机构，可以操作该断路器或隔离开关； （2）若走错间隔或操作失误，电脑钥匙用语音发出错误警告，提醒操作人员无法解锁； （3）当防误闭锁装置故障或者电脑钥匙失效，确实需要防误闭锁解锁钥匙解除闭锁装置时，须经生产副厂长或总工程师批准，并经值长复核同意后，在现场值班负责人监护下开启防误闭锁解锁钥匙的封条，取出防误闭锁解锁钥匙进行解锁操作
		接地线的装设与拆除按照第三章"运行操作单元"中"操作执行"的标准执行
		机组解并列、机炉启停、重要辅机设备启停等重要操作，要在"操作时间"栏内详细记录操作时间
4	检查项执行	操作人要认真检查，确认无误后高声复诵
		监护人应同时进行检查
		（1）设备操作后的状态检查确认，应以看到的设备状态为准； （2）无法看到电气设备实际状态时，可通过设备机械位置（指示"分"或"合"、显示"I"或"O"）、电气灯光指示（红灯表示"合闸"，绿灯表示"分闸"）、仪表电流指示（电流正常为合闸，电流为零为分闸）及各种遥测、遥信信号等，至少两个及以上指示同时发生对应变化，方能确认该设备已操作到位
		监护人检查确认无误，并听到操作人复诵后，在该操作步骤"已执行"栏内打"√"

在实际执行操作票过程中，遇到的特殊情况按以下原则处理：

（1）操作中若对操作票内容有疑问或现场设备出现异常，应立即停止操作，向值班负责人汇报。

（2）当一项操作一个班次完不成而需要跨班操作时：

1）要经部门及以上领导批准，并将批准意见写在该操作票首页的页眉上。

2）交班操作人、监护人在最后一项操作项目的下部画一红线以示区分，并在该页备注栏内注明"因交接班，自××项起交下一班操作"；如有特殊事项需交待接班人员注意的，必须在备注栏内注明。

3）接班人员要对该操作票履行审核、签名手续。接班操作人、监护人、值班负责人、值长要分别审核操作票的正确性，核对已经执行部分与设备实际状态一致后，在中止项当前页的签名栏内签名；如果同在首页上签名，接班人员应在交班人员签名的下部空白处签名。

（3）操作过程中，因某种原因需要中断操作时：

1）若因调度指令变更而中断操作，应在已操作完项目的最后一项栏内加盖"已执行"章，在备注栏说明"调度指令变更自××项起不执行"；对多张不执行的操作票，还要在次页起每张操作票的操作任务栏加盖"未执行"章。

2）若因操作票有错误而中断操作，此时不得继续使用该操作票，要在该操作票已操作完项目的最后一项加盖"已执行"章，并在备注栏注明"本操作票有错误，自××项起不执行"；对于多张操作票，还要在次页起每张操作票的操作任务栏加盖"作废"章。操作人应重新填写新操作票，并履行逐级审核后再进行操作。

5. 操作复核

各操作项目执行完毕后，监护人和操作人要对操作票和所操作设备的状态全面检查与核对。

核对时，要检查操作票的所有操作项目已完成、无遗漏，并结合 *DCS* 画面（红色表示"运行"或"合闸"，绿色表示"停运""备用"或"分闸"）、就地断路器指示灯和机械指示等信号，全面复查被操作设备的状态、表计及信号指示正确，确保操作正确无误。

（六）操作完成

监护人和操作人复核操作票执行无误后，向发令人或者值班负责人汇报操作任务已完成，并在操作票上填写操作结束时间，在"ㄅ"号上加盖"已执行"章。同时，将所用的工器具定置存放，将操作中采集的数据、装拆的接地线等信息录入相关系统。

第四节 应急处理单元

应急处理是电力设备在运行、备用、启动、停止过程中，对突发的、非正常的或可能将要发生的影响人身安全、电网稳定、设备出力、环保参数等事件，运行人员采取紧急应对措施的过程。

一、应急处理原则

应急处理要遵循"保人身、保电网、保设备"的基本原则（如图 4-23 思维导图所示）。

图 4-23　应急处理原则

任何异常或事故的应急处理中，都必须严格按照事故处理规程和应急预案的要求，把保证人身安全放在首位。运行人员及时发现异常象征后，要准确分析判断故障的范围和性质，果断处理，快速解除对人身的安全威胁；并通过停运、切换、隔离以及保厂用电系统、设备润滑油系统及冷却水系统正常等措施，解除对设备的安全威胁，防止事态扩大对电网造成冲击和破坏。

及时发现、准确判断、果断处理、防止扩大是应急处理的关键，可以将影响范围降至最小，影响程度降至最低。在附录《违反规范化管理事故案例》的"应急处理异常案例"中，就列举了三起运行人员应急处理的典型案例。

二、规范化应急处理流程

规范化应急处理单元流程设计为"应急准备、应急响应、总结分析"三个部分，思维导图如图 4-24 所示。

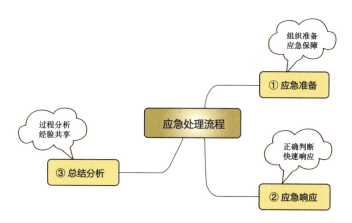

图 4-24　应急处理流程

（一）应急准备

"练兵"

应急准备是运行人员针对可能发生的异常或事故而预先进行的组织准备和应急保障，目的在于提高运行人员业务技能和心理素质，面对突发的异常和事故能够快速、正确响应。

1. 业务培训

业务培训是提升运行人员业务技能和安全意识、自我保护能力的培训活动，一般包括常规培训和专项培训两种类型（思维导图如图 4-25 所示）。

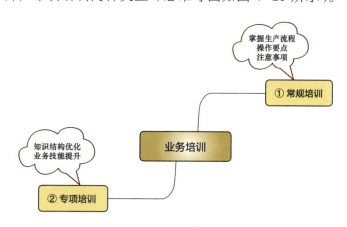

图 4-25　业务培训

常规培训主要包括安全学习、技术问答、技术讲课、考问讲解、默画系统图、业务考试等，通常是由班组组织，在日常工作中进行。班组根据不同人员的业务情况进行有针对性培训，并对培训内容和效果进行评价，使班组成员都能熟练掌握生产系统流程、操作要点、注意事项等业务知识和现场烧伤、烫伤、中毒、触电等安全技能，以在应急处理时能够正确判断、果断处理、进行自我保护并且具备救助他人的能力。

专项培训是根据生产实际或员工培训需求，针对某项技能或某一技术难题等而组织的讲座、交流、观摩等培训活动，具有较强的目的性和针对性。本着干什么学什么、缺什么补什么的原则，可以结合设备缺陷、发生的异常处理等进行培训，也可以针对新设备、新技术、新工艺进行知识更新培训。

业务培训标准详见表 4-18 业务培训参照样表。

表 4-18　业务培训参照样表

序号	项目	培训内容	培训标准
1	常规培训	安全学习	单元长主持、班组安全员记录，班组成员全体参加
			学习安全信息或安全知识（安全规程、其他发电企业的事故案例以及安全用电、现场急救、消防灭火等）
			分析安全隐患、不安全事件，并制订防范措施
			交流安全经验或心得体会
		技术问答	班组成员每人每月 1 次，闭卷独立完成
			班组培训员出题，题目必须是安全知识或业务技能知识的问题
			培训员要对答题内容进行客观评价
			回答错误或不全面时，要向答题人进行讲解，直至答题人掌握为止
		技术讲课	讲课人由业务水平高、运行经验丰富的班组人员担任
			每班每月组织 1 次，讲课时间每次不少于 2 课时
			讲课内容以运行规程、热机系统图、电工手册、热工逻辑、设备性能原理、运行操作要点、事故案例分析、应急处理等为主

续表

序号	项目	培训内容	培训标准
1	常规培训	考问讲解	由单元长或班组培训员对班组人员进行现场随机口试与讲解
			每月每人至少考问 1 次
			重点考问安全知识、专业技术、系统流程、设备原理等
			考问人要对答题人的回答作如实、客观的评价
			答题人回答不正确、不全面时，考问人要给予及时的讲解和补充，确保答题人领会、掌握
		默画系统图	班组培训员负责出题
			随机选取某一热机系统图或电工手册的电气元件接线图
			每月每人至少 1 次，闭卷独立完成
			培训员要对答题人默画的系统图作如实、客观的评价
		业务考试	考试题目要贴近生产现场实际、贴近培训的专题知识、贴近现场应急工况的综合分析处理
			每季度组织一次
			每年至少分别组织一次运行规程、热机系统图、电工手册及安全规程考试
			根据考试成绩，分析运行人员业务技能的薄弱环节，制订针对性的培训方案
2	专项培训	专业业务专题培训	要对运行人员的培训需求、薄弱环节进行调研（专项培训前）
			不拘泥于形式，注重实效（可采用技术比武、专题讲座、交流讨论、系列教程、现场示范等形式）
			重点对设备工作原理、启停操作、巡回检查、保护配置、热工逻辑、应急处理、设备异动等进行专题培训

2. 应急推演

应急推演是指通过仿真演练、事故预想、应急演练来预想或模拟各类应急处置过程（如图 4-26 所示），以提高运行人员的心理素质，面临突发事件时能够沉着应对、冷静处理。

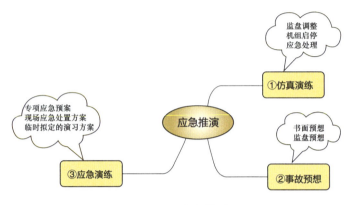

图 4-26　应急推演

（1）仿真演练　　　　　　　　　　　　　　　　　　　　　　　　**实战模拟**

仿真机是利用计算机仿真技术，模拟与真实工况相同或相近的机组各种运行方式的状态，并可对其进行离线控制的计算机系统。在仿真机 DCS 系统画面上可以对监盘调整、机组启停、应急处理等进行反复演练，根据各设备参数的发展趋势和变化规律，总结各种工况下的应急处理经验，提升运行人员应对突发情况的反应、判断、处理能力。

（2）事故预想

事故预想是运行人员根据机组当前存在的缺陷、特殊运行方式、天气骤变等情况，书面填写的应对方案或在监盘过程中进行的预先设想。这有利于提高运行人员对突发问题象征、原因和处理步骤的掌握程度，在进行应急处理时忙而不乱。

（3）应急演练　　　　　　　　　　　　　　　　　　　　　　　　**实战演习**

对各现场应急预案、现场应急处置方案或临时拟定的演习方案进行演习和排练，可以提高运行人员应对突发情况的安全预警能力、指挥协调能力和现场处置能力。演练的课题要具有代表性和针对性，各种场景设计应是真实的现场模拟。

应急推演标准详见表 4-19 应急推演参照样表。

表 4-19　应急推演参照样表

序号	项目	内容	参照标准
1	仿真机演练	演练	演练以机组启停操作和应急处理为主
			主操负责主要应急处理操作、副操进行辅助调整并根据主操命令协助处理
			由培训员对演练进行评价
			每2年轮训一次
			每2年举办一次仿真机技术比武活动
2	事故预想	书面事故预想	班组培训员随机书面命题（根据现场设备缺陷、特殊运行方式以及季节变化等可能出现的应急或事故）
			答题人要详细描述应急或事故象征、原因、处理步骤、安全注意事项等内容
			每月次数不少于班组人数的50%
		监盘事故预想	按照第三章第二节"监盘单元"中"学习监盘指导和事故预想"的标准执行
3	应急演练	演练内容	现场应急预案（脱硝氨区液氨泄漏专项应急预案、防大雾天气专项应急预案、火灾事故专项应急预案、全厂停电事故专项应急预案、防汛专项应急预案、防雨雪冰冻天气专项应急预案、设备事故专项应急预案、燃料供应协调专项应急预案、人身伤亡事故专项应急预案、供热专项应急预案等）
			现场应急处置方案（人身触电伤亡现场应急处置方案、电缆着火现场应急处置方案、锅炉炉前燃油系统着火现场应急处置方案、汽轮机油系统着火现场应急处置方案、燃油罐区着火现场应急处置方案、发电机氢冷系统泄漏着火现场应急处置方案、水源地供水中断应急处置方案、锅炉除灰焦烫伤现场应急处置方案等）
			临时演习方案（根据设备缺陷、特殊运行方式、季节变化等临时拟定的演习方案）

续表

序号	项目	内容	参照标准
3	应急演练	演练频次	各类专项应急演练，每年全面演练一次
			各类现场应急处置方案，每半年各演练一遍
			临时拟定的演习方案，班组每月组织一次演练
		演练流程	（1）确定将要演练的专项应急演练、现场应急处置方案或临时拟定的演习方案。 （2）演练前15min，演练人员学习演练注意事项。 （3）演练总指挥下达演练开始指令，演练人员根据现场设置的"事故象征"进行"实战演练"。 （4）演练过程中所涉及的检查、操作、联系汇报等事项，不得干扰当班值班运行人员的工作。 （5）向各岗位、各部门、有关领导或调度机构调度员联系汇报，要用演练专用电话。电话接通后必须冠以"现在是反事故演练，我是×××……"，让对方听明白所进行的联系汇报和调度指令是应急演练。 （6）演练结束后要召开即时总结会，对演练情况以及存在的问题进行总结、点评。 （7）根据演练中发现的问题及注意事项进行书面总结，并修改、完善所演练的专项应急演练、现场应急处置方案或临时拟定的演习方案

（二）应急响应

应急响应是对突发事件的反应和处理过程。根据突发情况的影响范围和损失程度，包括现场应急处置、启动现场应急预案两部分。

1. 现场应急处置

突发情况影响范围小、损失程度不大，没有超过Ⅲ级应急响应（标准详见表4-21生产现场Ⅰ、Ⅱ、Ⅲ级应急响应参照样表）级别时的处理，称为现场应急处置。

发现异常问题时，应立即向值长汇报。应报告事件类型、发生时间和地点，事故发生的原因、性质、范围、严重程度以及已采取的应对措施；火灾报警时，还要说明火势情况、燃烧物和大约数量、事故现场人员受困情况、报警人姓名及电话号码，并派专人到主要路口接应消防车辆。**逐级汇报**

值长接到事故报警后，必须对报警信息进行核实，确认事故信息无误后，迅速下达应急处置指令，对事故情况加以控制。根据影响范围、紧急程度，选择向企业负责人、生产厂长、总工程师、副总工程师以及生技部门主任、运行部门主任、安监部门主任等应急领导小组成员汇报事故情况。

处置过程中，各岗位人员在值长的统一指挥下，根据故障象征迅速判断故障性质、原因和影响范围，快速消除对人身、设备的威胁。单元长、机组长、值班员、巡视员岗位应急处置职责和标准详见表4-20运行各岗位应急处理职责参照样表。

表4-20　运行各岗位应急处置职责参照样表

序号	岗位	职责参照标准
1	单元长	接受值长指令，并准确、快速地下达给操作人员
		监督、监护操作指令得到正确执行
		收集、记录应急工况中设备的数据变化（查看DCS历史记录、参数曲线）
		随时向值长汇报应急处置进展情况及指令完成情况
		值长因故不在现场时，临时代替值长行使应急处置指挥权力
2	机组长	参与、并协调值班员进行应急处置操作
		负责电气设备专项事故处理（停运隔离故障设备，调整机组参数，启动备用设备，消除对人身、设备的安全威胁）
		收集、记录应急工况中设备数据、状态的变化（查看DCS历史记录、画面、参数曲线）
		必要时就地参与设备系统的隔离、救助、灭火等工作
3	值班员	炉侧设备应急处置者： （1）迅速确认设备发生的故障性质、原因（根据设备电流、温度及机组负荷、炉膛负压、锅炉燃烧等参数变化，以及相关的报警信息）； （2）停用或隔离故障设备，启动备用设备，消除对人身、设备安全威胁； （3）投入油枪稳定锅炉燃烧； （4）与负责汽轮机侧设备专项应急处置的人员协调，根据需要手动关小汽轮机调门控制器指令，降低高压调门开度； （5）调整参数正常（主蒸汽温度、主蒸汽压力、汽包水位、给水流量、炉膛负压、排烟温度、一次风压力以及锅炉烟气 SO_2、NO_x 等）

续表

序号	岗位	职责参照标准
3	值班员	机侧设备应急处置者： （1）迅速确认设备发生的故障性质、原因（根据设备电流、温度、转速、流量及机组负荷、凝汽器真空等参数变化，以及相关的报警信息）； （2）停用或隔离故障设备，启动备用设备，消除对人身、设备的安全威胁； （3）调整参数正常［凝汽器真空、除氧器水位、热井水位、高（低）压加热器水位等］
		电气侧设备应急处置者： （1）尽快恢复直流设备及公用设备供电（厂用电失去时）； （2）必要时就地参与设备系统的隔离、救助、灭火等工作
4	巡视员	负责就地设备的检查、隔离、停电、遮挡、消压以及救助、灭火等处理
		协助分管人员做好厂用电恢复工作

2. 启动现场应急预案　　　　　　　　　　**协调配合**

当事态发展超出预期，可能或已经造成人身伤害、较大财产损失、环境污染、社会不良影响或已经达到Ⅰ、Ⅱ、Ⅲ级应急响应级别时，值长应立即向应急领导小组汇报，并启动现场应急处置方案或应急预案。生产现场Ⅰ、Ⅱ、Ⅲ级应急响应标准详见表4-21生产现场Ⅰ、Ⅱ、Ⅲ级应急响应参照样单。

表4-21　生产现场Ⅰ、Ⅱ、Ⅲ级应急响应参照样单

序号	响应级别	启动条件	响应参照标准
1	Ⅲ级应急响应	事故已经或预计造成重伤1人及以上，或轻伤10人及以上	（1）按照故障处理流程参与突发事件处理工作； （2）启动现场应急处置方案； （3）将事件情况通知相应的管理部门
		设备故障已经或预计为事故	
		生产设备或厂区建筑发生火灾，已经或预计造成经济损失0.5万元及以上	
		自然灾害已经或预计造成直接经济损失达5万元及以上	
		环境污染事故已经或预计造成应急处理所需费用达5万元及以上	

续表

序号	响应级别	启动条件	响应参照标准
1	Ⅲ级应急响应	因暴雨、冰雪等恶劣天气造成燃料供应应急或因煤炭系统、运输部门的问题而造成燃料供应应急，预计会对安全经济运行造成影响	（1）按照故障处理流程参与突发事件处理工作；（2）启动现场应急处置方案；（3）将事件情况通知相应的管理部门
		煤炭库存低于安全警戒线，预计后续煤源足以保证安全发电需要的	
2	Ⅱ级应急响应	生产事故（人身伤亡事故、设备事故、火灾事故）预计为一般事故	（1）启动相关应急预案；（2）相关应急管理部门和与应急响应责任人员就位
		自然灾害已经或预计造成直接经济损失达10万元及以上	
		环境污染事故已经或预计造成应急处理所需费用达10万元及以上	
		煤炭总体库存低于安全警戒线，煤炭库存低于3天正常耗用量或煤炭库存不足1天的正常耗用量，预计电煤供应紧张形势会很快缓解的	
		超出突发事件现场的应急处置能力，需要突发组织全厂应急处置的各类突发事件	
3	Ⅰ级应急响应	生产事故（人身伤亡事故、设备事故、火灾事故）预计为重特大事故	（1）启动应急预案；（2）将事件情况上报上级公司及政府有关部门；（3）根据突发事件的具体情况，调配突发事件应急救援力量和资源，开展突发事件现场救援工作，必要时求助上级公司及政府有关部门
		自然灾害已经或预计造成直接经济损失达30万元及以上	
		环境污染事故已经或预计造成应急处理所需费用达30万元及以上	
		因暴雨、冰雪等恶劣天气造成燃料供应应急或因煤炭系统、运输部门的问题而造成燃料供应应急，或煤炭总体库存低于安全警戒线，煤炭库存不足1天的正常耗用量	
		超出应急处置能力，需要上级公司组织应急处置的各类突发事件	

启动现场应急预案的程序：接警→值长判断响应级别→应急启动→应急响应→救援行动→事态控制→应急恢复→应急结束。

现场应急处置方案或应急预案启动程序图如图 4-27 所示。

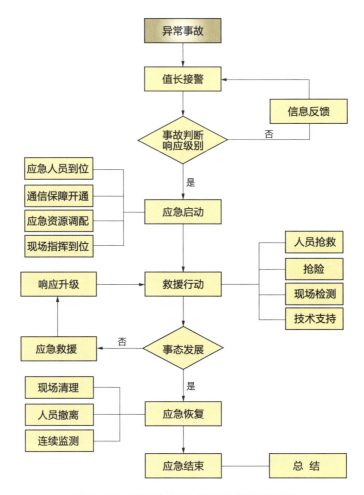

图 4-27 现场应急处置预案启动程序图

（三）总结分析 经验共享

应急处理完毕，应召开应急处理分析会议。总结分析时要遵循"四不放过"的原则，总结应急处理的经验、教训，分析导致应急工况发生的原因，制定整改、防范措施。

总结分析标准详见表 4-22 总结分析参照样表。

表 4-22　总结分析参照样表

序号	项目	内容	参照标准
1	应急工况分析会	班组分析会	应急处理完毕或交班后召开
			单元长组织、班组所有参与应急处理的人员进行分析
			当班值长要参加分析会
			每位成员要详细说明应急处理情况（发现的象征、自己的预判、处理的过程、接受的指令、操作的内容等）
			参与应急处理的人员经验共享（不明白的事故信号、操作调整技巧和经验、处理时的不足甚至错误的地方）
			单元长对每位成员的发言进行点评
			分析应急事件发生的原因、责任
			制订、完善类似应急工况的防范和处理措施
		部门分析会	运行部门主任（副主任）召集应急处理的主要参与人员进行分析
			运行专业专工、当班值长要参加分析会
			主要参与应急处理的人员详细汇报应急处理情况（发现的象征、自己的预判、处理的过程、接受的指令、操作的内容、处理不恰当的地方以及对原因的初步分析等）
			综合讨论、分析应急事件发生的原因、责任
			根据暴露问题，制订、完善类似应急工况的防范和处理措施
		企业分析会	企业厂长或生产副厂长、总工程师召集应急处理的主要参与人员进行分析
			运行部门、检修部门、生技部门、安监部门等相关人员参加
			主要参与应急处理人员详细汇报应急处理情况（发现的象征、自己的预判、处理的过程、接受的指令、操作的内容以及对原因的初步分析）

续表

序号	项目	内容	参照标准
1	应急工况分析会	企业分析会	综合分析应急工况发生的直接原因（根据应急工况的数据、象征、DCS 操作员站历史记事等信息）
			深层次分析导致应急工况发生的管理原因、人员原因和技术原因等问题
			根据分析暴露出的问题制定整改、防范措施
2	总结报告	总结内容	应急分析会后，要形成书面的应急处理总结报告逐级报送
			要详细描述事件经过、原因分析、采取的措施、经验教训和防范措施等内容
3	经验共享	编制共享资料	根据暴露出的技术问题和管理短板，制定防范措施
			完善运行规程和规章制度的相关内容，封堵管理漏洞
			完善有关专项应急演练和现场应急处置方案
			总结经验教训，编写培训资料
		组织培训	组织运行人员学习本次应急处理编制的共享资料

● 知识词典 ●

四不放过： 事故原因不清楚不放过、责任人员未处理不放过、整改措施未落实不放过、有关人员未受到教育不放过。

第五章
应用信息技术的运行规范化管理

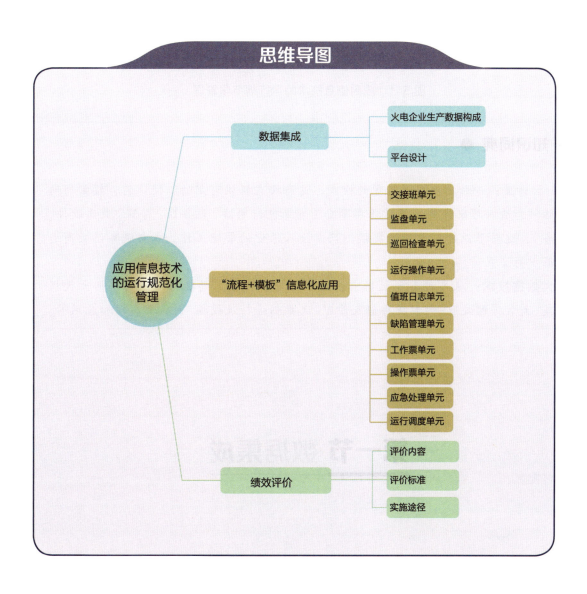

思维导图

应用信息技术的运行规范化管理

- 数据集成
  - 火电企业生产数据构成
  - 平台设计
- "流程+模板"信息化应用
  - 交接班单元
  - 监盘单元
  - 巡回检查单元
  - 运行操作单元
  - 值班日志单元
  - 缺陷管理单元
  - 工作票单元
  - 操作票单元
  - 应急处理单元
  - 运行调度单元
- 绩效评价
  - 评价内容
  - 评价标准
  - 实施途径

借助云计算、大数据、互联网＋等现代信息技术，以信息化、智能化、数据化管理为依托，优化业务流程，提高管理效能和核心竞争力，实现火电企业管理转型升级，是运行管理的发展方向。

本章从数据集成、"流程＋模板"信息化应用和绩效评价三个方面，阐述应用信息技术的运行规范化管理（如图5-1思维导图所示）。

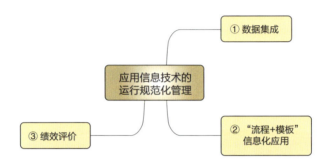

图 5-1　应用信息技术的运行规范化管理

● 知识词典 ●

云计算：一种按使用量付费的模式，这种模式提供可用的、便捷的、按需的网络访问，进入可配置的计算资源共享池（资源包括网络、服务器、存储、应用软件、服务），这些资源能够被快速提供，只需投入很少的管理工作，或与服务供应商进行很少的交互。

大数据技术：从各种类型数据中快速获得有价值信息的技术，一般包括大数据采集、大数据预处理、大数据存储及管理、大数据分析及挖掘、大数据展现和应用等。

第一节 数据集成

利用大数据技术和云计算做好火电机组运行*数据挖掘*，分析数据间的内在关联，找到更为科学的运行规律，可以为企业节省更多成本，创造更高利润，使发电企业逐步向*智能发电*转变。

图 5-2 为大数据、云计算、智能发电关系示意图。智能发电利用大数据技术进行数据深度挖掘，并通过云计算实现数据价值利用；大数据技术为云计算提供数据资源，云计算为大数据技术提供数据获取、清洁、转换和统计途径；云计算为智能发电提供基础设施即服务（*IaaS*）、软件即服务（*SaaS*）和平台即服务（*PaaS*）。

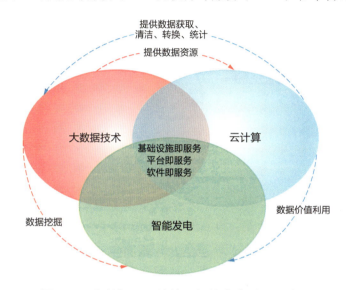

图 5-2 大数据、云计算、智能发电关系示意图

一、火电企业生产数据构成

1. 数据分类

火电企业在生产过程中，设备本身、DCS 控制设备、各类传感设备、移动终端、数据采集设备等会产生大量数据，这些数据通常会被保存、整理和分析，用来作为指导企业生产运营的依据。生产数据主要分为结构化数据和非结构化数据两大类（如图 5-3 所示）。

结构化数据通过关系型数据库进行存储和处理，可直接展现生产状况，数据价值密度高，具有严格的数据类型定义，易于处理和挖掘。火电企业各设备或系统的参数等生产实时数据，以及运行日志、巡检信息、设备缺陷等非实时数据皆为结构化数据。

非结构化数据与运行管理有较高的契合度，数据价值密度中等，数据价值挖掘难度较大。运行管理所采集的音频文件、视频文件、图像文件等实时数据和技术资料、系统图、操作规程等非实时数据等皆为非结构化数据。

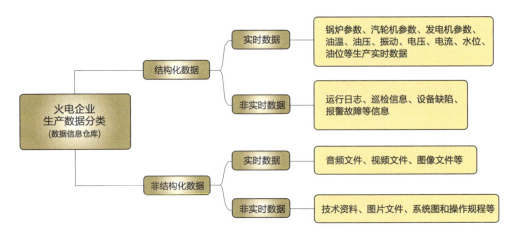

图 5-3 火电企业生产数据分类

● 知识词典 ●

数据挖掘：从大量的数据中，通过算法搜索隐藏于其中信息的过程。一般通过统计、在线分析处理、情报检索、机器学习、专家系统和模式识别等诸多方法来实现。

智能发电：在数字化和信息化基础上，将现代传感测量技术、自动控制技术、分析决策技术和信息通信技术等与发电企业高度集成，最大限度达到经济、高效、安全、智能、环保最优化状态的新型发电运营模式。

基础设施即服务（IaaS）：消费者通过 Internet 可以从完善的计算机基础设施获得服务。

软件即服务（SaaS）：是一种通过 Internet 提供软件的模式，用户无需购买软件，而是向提供商租用基于 Web 的软件，来管理企业经营活动。

平台即服务（PaaS）：是将软件研发的平台作为一种服务，以 SaaS 的模式提交给用户。

2. 数据功能

电力生产运行数据和设备状态信息，用来监视、分析、判断机组运行状态，为生产调度、指挥、决策提供数据支持。数据功能思维导图如图 5-4 所示。

（1）生产实时流程监控

机组在某一工况运行时，各参数都有与之对应的理想值，通常称之为目标值。这些参数如果偏离目标值，将会降低机组的安全性和经济性。通过监视机组运行参数，在其发生目标偏离时，要及时对偏离值进行分析计算，得出正确的调整幅度，以指导机组安全运行和指标优化。生产过程实时监控如图5-5所示。

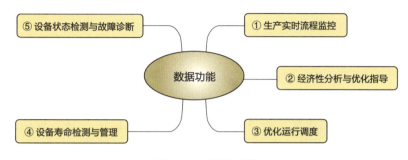

图5-4　数据功能

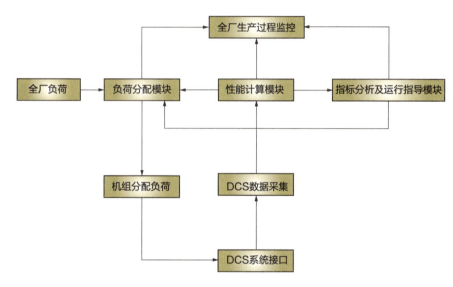

图5-5　生产过程实时监控

（2）经济性分析与优化指导

通过对生产数据的分析和对比，指导运行人员在不同负荷状态下选取最佳运行参数，以达到降低能耗、环保运行的目的。同时，通过对机组经济指标进行比对和计算，全面了解机组运行状况和存在问题，及时调整运行参数，使机组保持在更安全、更经济、更环保的工况下运行。

（3）优化运行调度

在做好数据分析的基础上，按照全厂效益最大化和等微增率原则，科学合理分配各机组计划出力。同时，根据各机组负荷响应性能，优化机组调节性能，快速响应电网调峰要求，争取发电效益的最大化。

（4）设备寿命检测与管理

在机组启停或负荷剧烈变化时，通过实时监测机组主要设备参数，根据数学模型计算其机械应力和热应力，将交变应力转化为当前运行工况下的寿命损耗率，从而量化和评估锅炉、汽轮机等主要设备的寿命损耗。

（5）设备状态监测与故障诊断

设备状态监测是用人工或专用仪器，按照规定的设备及部位监测点，对压力、流量、温度、振动、噪声等参数，进行间断或连续的周期性监测，以掌握设备运行状态，是状态维修的依据。设备故障诊断又称精密诊断，是在设备运行中或基本不拆卸的情况下，根据设备的运行状态及运行参数，分析判断故障部位和原因，并预测设备寿命变化，根据需要超前检修，提高设备的可靠性。

二、平台设计

运行规范化管理深度挖掘运行实时数据，整合有效信息资源，利用"互联网+"和云计算技术，研发运行规范化管理平台。其核心思想是利用规范化工作流程和标准模板，引领和规范运行人员的操作行为。

（一）平台架构设计

运行规范化管理平台由"应用软件客户端"和"生产信息数据库"两部分构成，可采用分层搭建的模式，以满足决策、管理、操作、数据等层面的需求，如图5-6所示。

客户端工作界面按照运行规范化管理过程维度和角色权限设计，分交接班、监盘、巡回检查、运行操作、缺陷管理、工作票、操作票、应急处理、值班日志、运行调度十个单元，将相应的规范、制度、引导、评价植入其中，并根据岗位角色的职责分别赋予相应的登录与操作权限。

生产信息数据库用于存储设备运行和运行人员在值班期间产生的结构化与非结构化数据。

（二）平台功能定位

平台功能定位为在线纠偏、实时评价、处处留痕、信息共享。

1. 在线纠偏

可在运行规范化管理平台每项工作中植入相应的工作标准和规程规定，实时帮助、指导运行人员正确执行各项工作任务。在巡检、监盘、操作等工作出现偏差或错误时能够及时提醒或纠正，实现"凡事有人监督"。

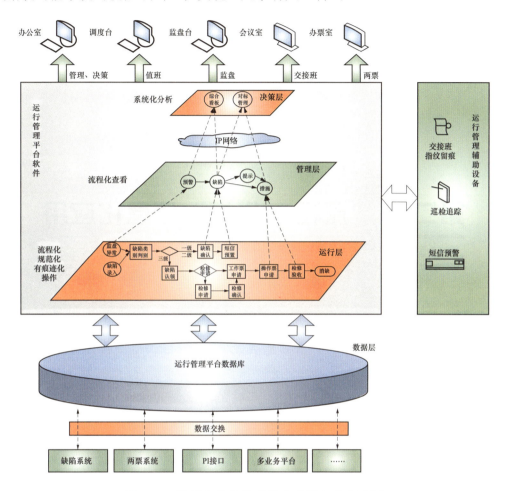

图 5-6　运行规范化管理平台总体架构示意图

2. 实时评价

运行规范化管理平台从工作态度和工作能力两方面实时评价运行人员的工作绩效。运行人员每完成一项工作任务，系统采集的数据与标准值对比、与自己同工况下的历史数据对比、与同岗位人员的工作数据对比，根据偏差率给予相应的量化得分，以此评价运行人员工作质量的优劣。

3. 处处留痕

运行人员在执行操作任务时，应留下相应的工作痕迹，避免出现责任不清、推诿扯皮的情况。同时，还可以为实时评价运行人员的工作质量提供有力的数据支撑，做到"凡事有据可查"。

4. 信息共享

将定期工作、随机工作、设备缺陷、工作票、操作票、保护投停、检修交代、巡回检查、监盘、值班记录等多项工作数据互联互通，无论从哪个节点都应查到与该工作相关联的信息；每项工作完成后，都要自动生成一条值班记录，实现"一处录入、多处共享"。

第二节 "流程＋模板"信息化应用

运行规范化管理借助*移动智能终端*、录音设备、蓝牙设备、二维码技术、影音监控系统、定位系统、工业局域网等信息化手段，可以将"流程＋模板"的各类数据、信息以数据流的形式流转，实现生产数据资源共享和运行工作的流程化、模板化、表单化、痕迹化管理，如图 5-7 所示。

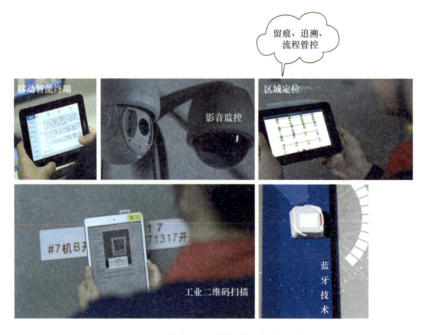

图 5-7 "流程＋模板"生产实践

● **知识词典** ●

移动智能终端：使用宽带或无线移动通信技术实现互联网接入，通过下载、安装应用软件和数字内容为用户提供服务的终端产品。

一、交接班单元   留痕

需要整合应用的数据信息主要包括：人员健康信息、出勤到位信息、运行方式信息、运行参数信息、设备健康信息、值班日志信息、各类工器具配置信息等。

现阶段，交接班单元信息化应用所带来的变化包括但不限于以下八个方面（如图 5-8 所示）。

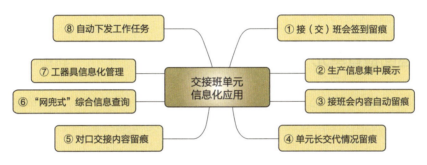

图 5-8　交接班单元信息化应用

交接班的签到设备可以实现签到计时、签到图像传输、考勤存档；接班需要了解的所有生产信息自动汇总、集中展示，既能规范交接内容、做到"交清楚、接明白"，又能提高交接班的工作效率。

单元长需要在接班会上重点强调或说明的信息，系统应自动标记或图像留痕；各岗位对口交接的内容要录音存档、在线查询，避免交接"内容不清、责任不明"。交班会上能够公布自动生成的班组成员工作态度和工作能力评价得分，对班组成员的工作表现进行总结。

二、监盘单元   指导、评价

需要整合应用的数据信息主要包括：设备参数变化信息、设备及系统方式切换信息、定期工作信息、设备报警信息、机组经济指标信息、发电负荷及厂用电量信息、设备投停保护信息、机组环保指标信息等。

现阶段，监盘单元信息化应用所带来的变化包括但不限于以下四个方面（如图5-9所示）。

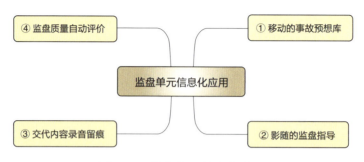

图 5-9　监盘单元信息化应用

可以在移动智能终端内置事故预想库和主要参数限额及其调整方法，供接盘人员随时学习；交接盘时可以将交代的内容进行录音留存，交盘后对交盘人员的监盘质量自动给予数字化评价。

三、巡回检查单元　　　　　　　　　　　　　轨迹、指导、预警

需要整合应用的数据信息主要包括：设备就地运行参数信息、设备运行方式信息、设备缺陷信息、生产设备及设施外观信息、现场危险源信息、现场检修人员有无违章信息、巡检到位信息、巡检时间信息、巡检质量信息等。

现阶段，巡回检查单元信息化应用所带来的变化包括但不限于以下三个方面（如图5-10所示）。

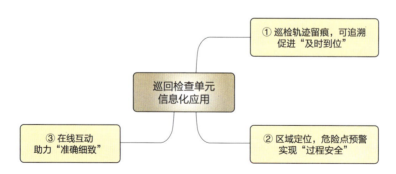

图 5-10　巡回检查单元信息化应用

巡检到危险区域时，移动智能终端自动预警；巡检结束后可根据巡检路线和各区域到位时间生成巡检轨迹图。集控室人员能够定位巡视人员所处位置，随时与巡视人员视频连线，对现场问题进行"远程诊断"。

四、运行操作单元　　　　　　　　　　　　　　　**防误**

需要整合应用的数据信息主要包括：运行设备操作的危险点信息、操作前后设备参数及状态变化信息、操作时间信息、操作任务信息、操作内容及执行标准信息等。

现阶段，运行操作单元信息化应用所带来的变化包括但不限于以下四个方面（如图 5-11 所示）。

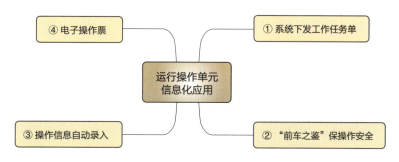

图 5-11　运行操作单元信息化应用

操作票可以通过二维码、逻辑闭锁、实时影音监控进行防误；不需要操作票的操作任务，用移动智能终端下发操作任务单。执行定期工作前可以先学习"前车之鉴"，了解该工作曾出现过的问题及应对措施；操作结束后，接地线（接地刀闸）装拆等信息自动回填、自动生成一条值班记录。

五、值班日志单元　　　　　　　　　　　　　　　**自动记录**

需要整合应用的数据信息主要包括：运行方式信息、主要设备参数信息、定期工作信息、设备异常及处理信息、重要操作信息、机组或设备启停信息、各类报表数据信息等。

现阶段，值班日志单元信息化应用所带来的变化包括但不限于以下两个方面（如图 5-12 所示）。

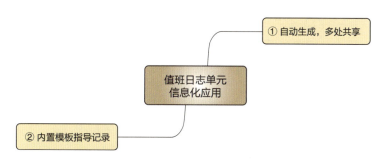

图 5-12　值班日志单元信息化应用

检修申请、设备操作、工作票、操作票、设备缺陷等生产信息应自动生成值班记录，并可查询、追溯与其相关联的执行信息；随时查阅和调用内置的标准值班记录。

六、缺陷管理单元　　　　　　　　　　　　　　**影像采集**

需要整合应用的数据信息主要包括：缺陷数量、缺陷发生时间、缺陷状态、发现人、消缺时间、缺陷责任部门或班组、消缺人员、验收情况、验收人等。

现阶段，缺陷管理单元信息化应用所带来的变化包括但不限于以下四个方面（如图 5-13 所示）。

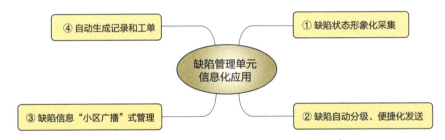

图 5-13　缺陷管理单元信息化应用

照片、视频等缺陷信息按分级自动发送至不同岗位，实现不同区域、不同岗位人员在同一时间获取该信息；检修人员根据缺陷信息组织消缺的同时，运行人员可以在交接班、巡回检查、监盘期间重点关注该条缺陷。图 5-14 为缺陷消除进度图。

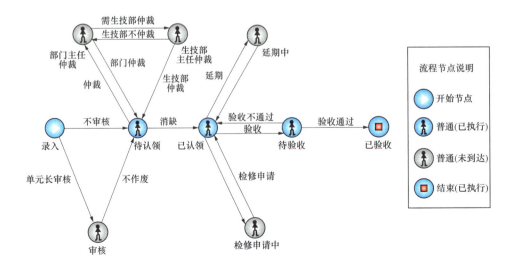

图 5-14　缺陷消除进度图

七、工作票单元　　　　　　　　　　　　　　　　　　**过程留痕**

现阶段，工作票单元信息化应用所带来的变化包括但不限于以下三个方面（如图 5-15 所示）。

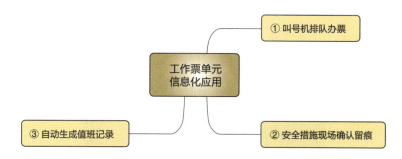

图 5-15　工作票单元信息化应用

要先在排队机上取号，按顺序办理工作票；全程监控办票过程，工作许可人与工作负责人持票到现场共同确认安全措施时，可以用移动智能终端以工作地点为背景拍摄合照，上传至工作票模块。

八、操作票单元　　　　　　　　　　　　　　　　　　**远控**

现阶段，操作票单元的信息化应用包括但不限于以下四个方面（如图 5-16 所示）。

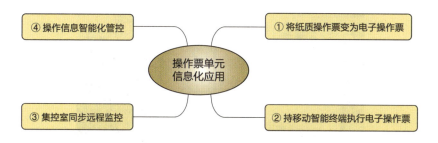

图 5-16　操作票单元信息化应用

运行人员不再打印纸质操作票，只需执行移动智能终端上的电子操作票，即可完成操作任务（如图 5-17 所示）。

持移动智能终端执行电子操作票时，扫描二维码信息正确后方可激活操作项目（如图 5-18 所示）。利用同步监控和对讲技术，将监控镜头与操作任务绑定，实现操作全程实时、自动影音跟踪监控（如图 5-19 所示）。

图 5-17　电子操作票系统将纸质操作票变为电子操作票

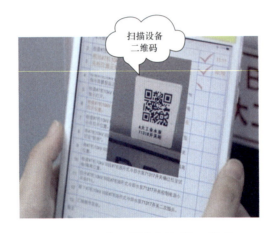

图 5-18　电子操作票扫描二维码

图 5-19　电子操作票自动影音跟踪监控

九、应急处理单元

现阶段，应急处理单元信息化应用所带来的变化包括但不限于以下两个方面（如图 5-20 所示）。

移动智能终端中可以内置应急处理预想数据库，以帮助运行人员在最短时间内正确处理突发应急工况；研发专项应急预案仿真，在三维可视化虚拟空间中还原真实应急工况发生、发展过程，以及人员在事故环境中可能做出的各种反应。

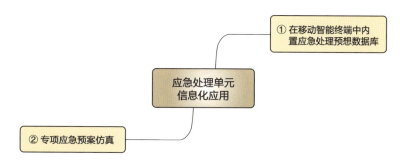

图 5-20　应急处理单元信息化应用

十、运行调度单元

需要整合应用的数据信息包括：调度命令、机组实际负荷和计划负荷、设备一/二类缺陷、重大操作、值长管辖设备状态等。

现阶段，运行调度单元信息化应用所带来的变化包括但不限于以下两个方面（如图 5-21 所示）。

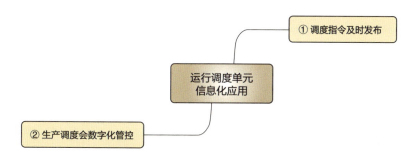

图 5-21　运行调度单元信息化应用

值长应将现场生产信息随时发布在"公告"栏内，便于各级人员随时查阅和了解，并快速响应；调度会议实况、会议纪要和督办任务数字化管控，将会议指令快捷辐射到每一个部门和岗位。

第三节 绩效评价

运行规范化管理绩效评价通过对运行人员工作行为的过程监督与控制，借助数据化分析，实现对其工作质量公平、公正、客观、全面评价。

一、评价内容   态度 + 能力

运行规范化评价从工作态度和工作能力两方面实时评价运行人员的工作绩效（如图 5-22 所示）。

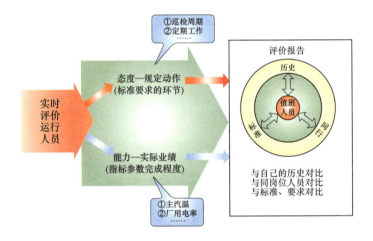

图 5-22　绩效评价内容示意图

1. 工作态度评价

工作态度评价是通过日常的"规定动作"来实现的，所谓"规定动作"是指运行人员主要工作内容，包括"交接班、巡回检查、监盘、运行操作、工作票、操作票、值班日志、缺陷管理、应急处理、运行调度"等十个单元的具体工作项目。

2. 工作能力评价

工作能力评价是以经济指标、环保指标、重要参数等为主要内容，对运行人员实际业务技能所作的评价。评价的主要目的在于考量运行人员对分内工作"干得怎么样"，它是岗位业务技能的一种体现。

"工作态度＋工作能力"评价，时时"跟踪"运行人员的工作行为，立体地展现了运行人员的实际工作情况，是运行规范化管理"绩效天平"的具体体现。

二、评价标准

运行规范化管理从"德""能""勤""绩"四个方面建立起综合性绩效评价标准，如图 5-23 所示。

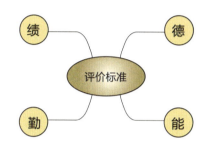

图 5-23   运行规范化管理评价标准

三、实施途径

运行规范化管理绩效评价以运行规范化管理平台为载体，通过对运行人员工作行为的记录和留痕，实现工作行为关键数据的自动采集，如：运行人员的出勤时间、缺陷发现的数量、工作票办理的数量和正确率、装拆接地线的数量、巡回检查的时间和频次、交接班或交接盘时的交代信息、监盘时的参数调整质量、执行操作票的数量和正确率、值班记录的正确率等。

系统将自动采集的数据汇总至数据库，利用计算机技术建立评价模型，通过数据分析、数据对标、数字评定等功能的综合运用，将采集到的数据与工作标准、工作要求相对比，根据偏离率自动生成数字化评价报告，对运行人员的工作能力和工作态度给予实时的数字化评价，实现目标控制、过程控制、结果分析、绩效考评融为一体的信息化管理。

运行规范化评价系统的信息化应用，消除了靠人工核算、模糊评估而无法客观评价运行工作质量的弊端：

（1）工作质量直观。建立运行多岗位的评价模型，实现实时量化得分，直观反映运行人员的工作质量。

（2）利于发现"短板"。根据量化评价结果，针对运行人员群体技术特点和薄弱环节，指导管理人员及时了解运行人员的工作情况和短板问题，及时开展针对性的培训。

（3）建立绩效数据库。利用系统自动产生的量化数据，可以为每位运行人员，建立工作行为数据库，形成更为直观的绩效档案。

（4）提升工作积极性。采用"信息化＋大数据"的绩效评价模式，使考评结果令运行人员更为信服，有利于运行人员看到自已的优势和不足，提升运行人员自我加压、积极进取的动力和积极性。

知识拓展

运行员工绩效评价常用形式

1. 业绩量化

从"德、能、勤、绩"四方面对运行人员的工作质量进行评定，根据量化数字按A、B、C、D四个等级进行业绩排名，并与相应的奖惩制度挂钩、兑现。

2. 安康杯竞赛

安康杯竞赛是由中华全国总工会和国家安全生产监督管理总局等部门联合发起的安全生产竞赛。

运行安康杯竞赛遵循公开、公平、公正、客观、全面、合理的原则，按照企业制订的"运行安康杯竞赛管理流程"的流转顺序，设立安康杯竞赛平台，由运行管理人员将发现的违反规范化值班的问题录入安康杯竞赛平台，经运行部门负责人审批后予以公布，以保证检查、监督、奖惩的时效性。运行人员可随时查看本班组、本值安康杯竞赛排名情况，查找自身存在的差距，及时制订整改措施。

3. 监盘质量竞赛

从安全、经济、环保、机组启停四个方面，制定出反映运行人员监盘水平的指标和评分标准。通过实时采集监盘调整的重要参数与其目标值相比较，自动评价、排名，并生成评价报告，起到"在线考官"的作用。

附录 违反规范化管理事故案例

一、交接班异常案例

案例一：交接不清导致机组跳闸

要点提示　　在本案例中，交班者没有及时将本班中设备出现的隐患消除，在交接班中没有对接班人员"交清楚"，接班者也没有对上班次设备的运行状况"接明白"，缺乏工作责任与岗位之间的精准对接，导致出现机组跳闸事故。

案例回放　　2009年3月30日凌晨接班后，某电厂1号机组负荷175MW，真空出现下降趋势。运行值班人员就地检查一台运行真空泵汽水分离器无可见水位，立即进行补水操作。补水过程中发现分离器放水门阀杆滑丝，导致放水门无法正常关闭，立即向值班负责人汇报。随后将该泵停运，但由于另一台真空泵无法维持机组正常抽真空需要，真空下降至 -70kPa，1号机组跳闸，锅炉MFT。

案例分析　　（1）运行人员在现场对一台真空泵补水操作时，发现该放水门滑丝，不能将其关闭。该真空泵分离器内水通过放水门排入地沟，造成分离器无水，使水环式真空泵无法形成水环正常工作，导致该泵与大气联通。此时，另一台真空泵因负载增大并出现过载现象，使该泵同样无法正常工作，造成真空快速下降跳机。

　　（2）交班运行人员没有对放水门滑丝缺陷联系检修处理，而是采用连续补水的方式保持分离器水位的平衡。交接班时，上一班运行人员没有将这一情况向接班人员交代，也未做值班记录。在分离器缺水的情况下不能将放水门关闭，导致这次事件的发生。

案例二：接班人员擅自操作并失误，造成跳机事故

要点提示　　　在本案例中，接班人员违反规范化交接班流程，在没有办理交接班手续和征得交班人员同意的情况下，擅自越权对DCS画面设备进行错误操作，最终导致机组跳闸事故。

案例回放　　　2006年10月14日晚7点，某电厂5号机组负荷558MW，A、B两台汽动给水泵运行，电动给水泵备用良好。5号机A、B汽动给水泵流量突然均降至0t/h，A、B汽动给水泵流量低报警发出，锅炉给水流量也在瞬间突降至0t/h。监盘人员立即启动5号机电动给水泵运行，手动增加电动给水泵出力；但为时已晚，最终5号炉因汽包水位低低保护动作MFT，汽轮机跳闸，5号发电机组与系统解列。

案例分析　　　接班机组长在接班检查时，为降低机组补水率，在DCS画面上擅自进行5号机凝汽器水位操作，误将给水主控器当成热水井补水控制器，在18s内将给水主控器指令由90%降至30%，然后又操作了2次，指令最终降至20%，造成两台给水泵汽轮机转速降至最低600r/min。监盘人员误认为是两台给水泵汽轮机跳闸，立即启动电动给水泵运行，但最终因汽包水位低低而锅炉MFT。

二、监盘异常案例

案例一：监盘技能不足，导致磨煤机跳闸

要点提示　　　在本案例中，监盘人员缺乏必要的操控能力和判断分析能力，没有在第一时间获取运行数据的变化，没有及时发现机组缺陷和异常并做出优化调整，造成了运行机组事故的发生和扩大。

案例回放　　　2010年7月25日4:43，某电厂8号机组负荷613MW，AGC控制方式，A、C、E、F四台磨煤机运行，炉膛负压和火检风压都在正常范围内运行。A5、C1、C6、E4、F5、F7煤火检丧失报警发出；04:43:56，A3、C7、F4煤火检丧失报警发出；04:43:57，C2、C5煤火检丧失报警发出；04:43:58，C磨煤机跳闸报警发出，C磨煤机跳闸，跳闸首出为"失去火焰跳闸"，机组RB动作，E层、F层油枪自动投入，

事故处理过程中负荷最低降至476MW。

案例分析　　（1）磨煤机料位控制不正常。8号炉共有四台磨煤机运行，且是上层四台，其中两台磨煤机料位控制不正常，C磨煤机一直无料位运行，没有积极、主动建立磨煤机料位，容量风挡板一直在自动位置；E磨煤机料位在3:00左右发生波动，解除料位自动后，料位从高值在将近2h的时间内逐渐平稳降低，直到磨煤机完全吹空、C磨煤机跳闸，未做调整。C、E磨煤机同在炉膛的前墙，相隔最近，磨煤机料位控制不正常，E磨煤机在C磨煤机跳闸前吹空，是造成C磨煤机失去火检跳闸的主要原因。

　　（2）8号机一次调频频繁动作。7月25日4:31至4:43，C磨煤机因火检失去跳闸，机组一次调频一直频繁动作造成参数大幅波动，在C磨煤机跳闸前，主汽压力波动约0.3MPa，燃料主控在39%到49%之间波动，投入自动的运行磨煤机容量风挡板开度出现波动，造成磨煤机出粉大幅波动，火焰频闪，监盘人员没有及时进行干预，是C磨煤机失去火检跳闸的重要原因。

　　（3）8号炉氧量不按规定控制。A侧氧量在磨煤机跳闸前控制不足3.5%，B侧氧量在磨煤机跳闸前维持在4.0%左右，且在火检失去跳磨煤机前，氧量有明显下降趋势。氧量控制过低，是C磨煤机失去火检跳闸的又一重要原因。

暴露问题　　运行人员监盘技能不足，多项参数不能保持正常范围；在整个处理过程，多次出现重要信息没及时捕捉和调整，导致磨煤机跳闸。运行人员由于长时间依赖自动调节，使手动调整技能下降，在手动调节时反应迟钝、调节迟缓，使多项参数难以维持正常范围。

案例二：监盘前风险分析不到位，导致汽包水位低跳闸

要点提示　　在本案例中，监盘人员缺乏风险意识，在监盘中没有做好必要的风险分析，对设备缺陷可能导致的后果、影响的范围、需要采取的监视措施以及调整措施等，没进行充分的预想。

案例回放　　2013年11月12日，某电厂6号机组负荷300MW，各主要参数

正常。运行中监盘发现B给水泵汽轮机轴振显示跳变、B给水泵轴承振动显示跳变，B给水泵汽轮机转速、调门开度显示波动大；就地测量B给水泵汽轮机振动无异常，但调门波动大。检修人员在进行振动测点卡件更换过程中，B给水泵汽轮机调门自动关闭（B给水泵、B给水泵汽轮机转速退出自动控制方式）。运行人员尝试投入B给水泵自动无效；调整汽包水位目标设定值由−13mm变化至22mm；手动停C磨煤机，自动投入B、C层油枪（共四支）；手动跳闸B给水泵，试图触发给水泵快速减负荷，但汽包水位仍持续下降，最终锅炉因"汽包水位低"跳闸。

案例分析　　经过现场检查判断，测点跳变是因为卡件故障引起，卡件故障的原因为积灰过多导致工作不稳定。检修人员在更换卡件过程中，忽略了控制卡件中的逻辑，拔掉AI卡件后满足了"在挂闸信号消失且转速变坏点切手动"关给水泵汽轮机调门的条件。DEH给水泵汽轮机调门关闭后，因给水泵汽轮机主汽门未关闭，RB触发信号无法发出，在紧急处理过程中，因负荷较高（300MW），给水流量与锅炉蒸发量严重失衡，最终导致锅炉汽包水位低保护动作，机组跳闸。

暴露问题　　监盘人员危险点分析不到位，对更换卡件可能导致的问题评估不到位；在进行故障处理过程中，未将给水泵汽轮机控制切换到手动方式，也暴露了监盘人员没有做好手动干预的准备。

案例三：机组重要参数监视调整不及时，造成锅炉因汽包水位高保护跳闸

要点提示　　在本案例中，监盘人员在监盘过程中对DCS画面翻阅不及时，使部分参数失去监视，设备出现异常时没有及时发现，另外过度依赖自动调节，延误了对本次事件的分析、判断和处理。

案例回放　　2014年1月24日晚，某电厂4号机组投AGC"R"模式，A、B两台磨煤机运行，C磨煤机半侧运行，机组开始减负荷。23:00左右，主汽压力开始上升；10min后，AGC自动解除，DEH远方自动切除，汽包水位快速下降，投A、B层油枪，手跳C、B磨煤机，主汽压力

快速下降。汽包水位先下降至后又上升，当水位升至210mm时，打闸B给水泵汽轮机。数分钟后锅炉MFT，首出原因"汽包水位高"。

案例分析　　汽包压力上升过程中，协调控制解除，"DEH远方"自动切除，监盘人员投入"DEH远方"自动，拟增加机组负荷，降低主汽压力，但因"DEH远方"自动频繁切除（DEH参考负荷与实际负荷偏差大10MW），未能快速升负荷，未能采取有效手段减少锅炉燃煤量以及快速抑制主汽压力升高。直到监盘人员打闸C磨煤机，之后又打闸B磨煤机，汽包压力才开始快速下降。但因汽包压力下降较快引起给水流量快速上升，汽包水位由下降改为快速上升。最后虽然打闸了B给水泵汽轮机，并将A给水泵汽轮机转速下调，但汽包水位还是快速达到高高跳闸值，锅炉MFT。

暴露问题　　（1）运行人员对机组主要画面和重要参数没有进行连续监视。机组在AGC"R"模式下，只是根据以往低谷阶段负荷变化情况，错误判断机组升负荷时间段。对于异常参数未引起足够重视，主汽压力缓慢上升，长时间高于压力设定值，未能及时发现，故未及时停运上层制粉系统、解除AGC，未及时利用DEH手动增减机组负荷。

（2）过分依赖DCS自动调节。机组增减负荷时，靠机组协调控制自动调节，未及时将DEH切手动升负荷，长时间依赖"AGC负荷高低限值设定"及"DEH远方"操作，延误了对本次事件的分析、判断和处理。

案例四：水位调整不当，造成锅炉MFT

要点提示　　本案例是一起由于监盘人员参数调整不当而引发事故的典型案例。运行人员在监盘中没有做到精心监视、细心调整，对机组主控制器大幅调整，使参数出现波动，并且缺乏应急处理经验，最终酿成机组跳闸事故的发生。

案例回放　　2007年10月23日16:00，某电厂2号机组投CCS方式，负荷308MW，甲、乙、丙、丁制粉系统运行，运行联系热工检修部门校验2号炉甲给煤机皮带秤，值班人员将正常运行中的甲给煤机手动停运。此时甲排粉机电流突然出现异常升高，监盘人员为防止锅炉超温、超压，手动减少锅炉主控指令，后又增加锅炉主控指令，造成实际汽包压力与指令偏差过大（超过1MPa）。之后监盘人员又将锅炉主控切为手动控制。不料"炉膛压力高一值"报警信号发出，炉膛负压值突升至+625Pa。受汽包压力和炉膛压力变化影响，汽包水位出现大幅波动。监盘人员又将给水自动切手动控制，因切换手动时水位低于设定值，给水指令较高，切手动后汽动给水泵一直保持高转速，监盘人员此时忙于燃烧调整，未及时发现水位变化进行调整。数分钟后2号炉"汽包水位高保护"动作，锅炉MFT、汽轮机跳闸、发电机解列。

案例分析　　（1）为防止锅炉超温、超压，运行人员大幅度降低锅炉主控指令，造成实际汽包压力与指令偏差大，锅炉主控切手动；由于当时机组负荷较高，多台给粉机在自动运行，减少锅炉主控指令过程中操作幅度过大，给粉机转速下降较多，锅炉总燃料量减少，造成炉膛负压大幅波动。

　　（2）受汽包压力和炉膛压力变化影响，汽包水位波动较大，当给水自动切手动时指令较高，汽动给水泵一直保持高转速，由于监盘人员忙于燃烧调整，未能及时进行水位调整，最终导致汽包水位高三值保护动作，锅炉MFT。

案例五：报警信号未及时发现，造成机组执行定期工作时跳闸

要点提示　　在本案例中，监盘人员没有按照规范化的监盘流程，未对机组运行期间出现的重要报警信息监视和甄别，定期工作执行人在操作前也没有进行全面的风险分析，监盘和操作人员责任心的缺失是造成此次跳机事故的主要原因之一。

案例回放　　2009年7月21日13:00，某电厂2号机组315MW负荷，运行人员执行2号机组主机高压遮断电磁阀活动定期试验工作。在做完5YV、7YV电磁阀活动试验，继续做6YV电磁阀活动试验时，"高压保安油消失"信号发出，2号机组跳闸。

案例分析　　　（1）直接原因：2号机组主机高压遮断模块上5YV或者7YV电磁阀内漏，造成了5PS压力开关报警，此时做高压遮断电磁阀6YV试验，机组主机高压遮断模块遮断回路接通，主机高压安全油泄掉，主机跳闸。

　　　　　　　　　（2）在进行2号机组主机高压遮断电磁阀活动试验定期工作时，操作人员精力不集中、监护人员监护不到位、监盘人员监盘不细致，均没有发现5PS压力开关报警信号发出，继续做6YV电磁阀活动试验时，高压安全油失去，机组跳闸。

三、巡回检查异常案例

案例一：巡检不到位，未及时发现吹灰器卡涩造成锅炉受热面泄漏

要点提示　　　在本案例中，巡检没有到位，执行定期工作缺乏有效的过程监督，不能提前发现设备隐患并及时消除，使缺陷影响进一步扩大，给安全生产带来更大的损失。

案例回放　　　2009年7月12日7:00，某电厂运行人员检查发现3号锅炉本体八层声音异常，第13号长吹灰器约有2/3卡在炉内，联系热工人员点动吹灰器电机接触器将吹灰器退出。在退到炉内部剩余约半米时，因吹灰器外枪管弯曲卡住炉壁无法全部退出。经现场人员仔细判断，异常声音为高温过热器泄漏所致。随后3号机组申请停运。经查此次锅炉消漏工作更换高温过热器、水冷壁、高温再热器共69根受损管子。

案例分析　　　（1）调取吹灰压力曲线判断，在7月11日9:40，某运行班组执行3号炉定期吹灰工作时，将该吹灰器投入，至10:40吹灰结束（此时关闭吹灰压力调节阀，吹灰器不再供汽），因13号吹灰器退到位信号误发，使该吹灰器停留在炉膛中，导致周围受热面管材长时间遭高压蒸汽冲刷受损，是此次3号炉泄漏的直接原因。

　　　　　　　　　（2）执行定期吹灰工作不严格，吹灰期间该班组巡检人员没有现场连续跟踪吹灰，缺乏对吹灰工作的过程监督，吹灰结束后没有就地检查确认吹灰器实际位置状态，错过了处理设备缺陷的最佳时

间，导致13号吹灰器被烧弯。

（3）该设备缺陷直到次日早晨才被发现，在长达20多个小时的工作时间内，三个班次的运行人员均没有发现该吹灰器卡在炉内，交接班工作和巡检工作不规范、流于形式，导致此次事故的发生。

案例二：巡检安全风险分析不到位，造成机组跳闸

要点提示　　　　巡检人员在巡检过程中应当针对设备存在的危险因素进行预测和分析，并提前做好必要的防范措施，对带缺陷运行的设备执行重点巡回检查。在本案例中，巡检人员没有做到以上要求，最终导致重要辅机跳闸造成机组解列。

案例回放　　　　2013年7月9日，某电厂5号机A汽动给水泵因处理机械密封漏水缺陷停运，运行方式改为B汽动给水泵、电动给水泵并泵运行。因电动给水泵运行后出现润滑油压低、润滑油温高问题，现场采用冷油器外淋水的方式进行降温。

7月10日4:00，5号机A汽动给水泵消缺工作结束，A给水泵汽轮机开始冲转，准备并泵。值班人员将机组协调控制方式切为基本方式，电动给水泵润滑油压低信号发出，电动给水泵跳闸，汽包水位快速下降，运行人员手动增加B给水泵汽轮机控制指令，并降低机组负荷，汽包水位最低降至−253mm；几分钟后，汽包水位开始升高，值班人员随即降低B给水泵汽轮机控制指令，B给水泵汽轮机转速开始下降，给水流量开始降低；但汽包水位仍持续升高，直至升高至254mm（高三值保护动作），最高升至285mm，锅炉MFT，汽轮机跳闸，发电机解列。

案例分析　　　　（1）因电动给水泵运行后润滑油压偏低，电动给水泵低油压保护变为单点保护，淋水降温导致环境湿度较大，油压低压力开关安装位置较低受潮误动，润滑油压力低联启交流油泵信号和润滑油压低低保护开关信号同时满足，导致电动给水泵跳闸。就地检查电动给水泵润滑油压力开关，压力开关内微动开关接点受潮，测量微动开关端子间绝缘值低于100Ω，润滑油压低低保护开关信号误发。

（2）电动给水泵跳闸后给水流量突降，汽包水位快速下降，运行人员快速手动增加B汽动给水泵流量，同时压调门、减燃料量，将机组负荷由370MW调整至180MW，调整过程中，汽包水位最低降至−253mm。汽包水位达到低点、开始回升后，立即降低B汽动给水泵出力，但此时B汽动给水泵流量过高，运行人员虽已快速降低了B汽动给水泵指令，但汽包水位因给水系统惯性延迟而持续上升，最终导致汽包水位高至跳闸值254mm，机组跳闸。

（3）电动给水泵跳闸前，A汽动给水泵冲转已达到并泵的转速值，运行人员从DCS打开A汽动给水泵出口电动门，准备并泵（B汽动给水泵手动方式），但A汽动给水泵出口电动门在关位置卡涩，A汽动给水泵没有出力，运行人员未及时判断故障并采取相应正确操作。

暴露问题　　（1）现场巡检及安全风险分析不到位，未能及时发现淋水降温对环境湿度造成的影响并采取可靠措施，压力开关接线盒密封不良，造成压力接点受潮误动。

（2）运行人员业务技能培训不到位，对紧急情况下复杂工况的处理不熟练，在后续处理过程中未能合理匹配好给水量与机组负荷的关系，导致汽包水位高跳闸。

案例三：恶劣天气造成机组跳闸

要点提示　　在本案例中，巡检人员对恶劣天气状况没有进行充分的风险分析，使巡回检查时没有重点关注并及时发现安全隐患，最终造成机组跳闸。

案例回放　　2010年7月8日21:00，天降暴雨，某电厂7号机组汽机房房顶漏雨，造成汽机房17m运转层积水，积水顺着17m运转层地板膨胀缝，淋到8.6m真空开关仪表架接线端子排上，造成两个"凝汽器真空非常低"跳机开关接线端子信号短路，汽轮机跳闸。

案例分析　　（1）恶劣天气风险分析不充分，巡回检查时没有及时发现现场隐患。

（2）机房房顶施工质量差，造成房顶漏雨严重，造成汽机房

17m运转层积水。

（3）检修工艺质量不高，仪表架接线端子外面的防护槽盒封闭不严，造成17m运转层地面积水淋到8.6m真空开关仪表架接线端子排上，致使两个"凝汽器真空非常低"跳机开关接线端子信号短路，造成机组跳闸。

案例四：设备缺陷造成发电机跳闸

要点提示　　巡检过程中若不能做好设备缺陷的隐患排查工作，就可能使其带来的影响进一步扩大，甚至造成设备损坏和跳机事故的发生。本案例为未及时发现设备隐患，导致发电机内冷水丧失信号误发使机组跳闸。

案例回放　　2014年3月12日14:30，某公司4号机组负荷282.9MW，系统参数正常，A定子内冷水泵运行。"4号机发电机断水保护动作"报警光字牌信号发出，发电机跳闸，汽轮机跳闸，锅炉MFT。经现场检查发现，4号机发电机内冷水进水母管就地监视压力表活节呲水，压力表指示已到0，运行人员关闭压力表隔离门后，经检修人员拆除压力表检查，发现压力表垫片长期挤压破损，造成泄漏呲水。

案例分析　　4号机发电机内冷水进水母管就地监视压力表活节运行中泄漏，造成定子内冷水压力低联泵，同时接自同一母管的发电机断水保护用差压开关正压侧泄压，差压低信号误发，导致发电机跳闸，机组停运。

暴露问题　　（1）发电机断水保护差压开关与就地压力表、差压报警压力开关等共用取样母管，且无隔离二次门，在与取样母管连接的其他热工仪表发生泄漏时，极易造成保护用差压开关误动，引起发电机跳闸。对此长期存在的事故隐患排查治理不力，未能及时消除隐患。

（2）设备巡检质量差，不能及时发现、处理泄漏缺陷。检修维护、运行人员在日常巡检中均未发现发电机定子冷却水进水压力表活节渗漏缺陷，造成渗漏扩大引发不安全情况。

四、运行操作异常案例

案例一：错误发令，造成发电机定子断水保护动作跳机

要点提示　任务有据是防止误操作的关键要素之一，操作凭证事关运行操作的安全与正确，下达操作指令更不可疏忽大意，否则就会造成严重的后果。

案例回放　2009年8月3日4:30，某电厂运行人员执行定期工作，测量7号机B定子水冷泵电机绝缘时，操作人员误将运行的A定子水冷泵电机停电；监盘人员未及时发现定子冷却水流量低报警，造成发电机定子断水保护动作，发电机跳闸。

案例分析　（1）运行人员在执行测量7号机B定子水冷泵电机绝缘的定期工作时，操作人员和监护人员精力不集中，未发现停电申请单上错误填写的"7号机组A定子水冷泵"实为运行设备，未认真核对确认设备实际状态即将正在运行的设备停电，是这次事件发生的主要原因。

（2）定期工作执行程序混乱，操作、汇报程序不规范，职责不清晰。单元长在填写停电申请单时没有认真核实设备运行方式，只是简单询问机组长7号机应测哪台定子水冷泵。机组长在盘上误听认为是询问哪台泵运行，便回答是A泵，单元长遂将停电设备写为7号机组A定子水冷泵，发出错误的停送电联系单，是造成本次误操作的重要原因。

（3）监盘人员在7号机A定子水冷泵跳闸后，未及时发现定子冷却水流量低报警，处置不当，认为B定子水冷泵在测绝缘，怕造成人身伤害，不敢启动B泵运行，却多次强合在停电状态的A定子水冷泵，延误了事故处理时间，造成发电机定子断水保护动作，是这次事件的又一原因。

（4）单元长错误的指令使值班员解除7号机组A定子水冷泵联锁，而值班员未听清楚也未核对即解除停运的B定子水冷泵联锁，错失了一次纠正的机会，是造成机组跳闸的另一原因。

案例二：操作人员安排不当，因其误操作导致高压厂用变压器烧损

要点提示　　　运行操作时，操作人和监护人应当由具备操作资格、能够完全胜任操作任务的人员担任，否则极易引发安全事故，带来无法弥补的损失。

案例回放　　　×年10月21日10:30，某电厂运行人员在执行3号机电动给水泵低油压试验时，操作人和监护人没有严格执行操作票制度，操作前没有认真进行核对，误将正在运行中的断路器拉出柜外，造成操作过电压，导致3号高压厂用变压器被烧损。

案例分析　　　（1）操作人员安排不当。单元长安排从事电气学习仅三个月的操作人从事停送电操作，工作安排考虑不周，班组培训和安全管理不到位。

（2）未按操作票执行，跳项操作。"取下合闸熔断器及合闸二次插头"的停电防误措施项未执行。

（3）不认真执行复诵、核对制度。

（4）操作票审查不严格。值班负责人在审查操作票时把关不严，随意签字。

案例三：设备操作不当造成机组真空低跳闸

要点提示　　　运行人员在执行操作任务时，一定要对操作过程中可能引发异常情况的各种不安全因素进行分析判断，确保不遗漏任何细小环节，否则极有可能给操作带来风险。

案例回放　　　8月13日上午，某电厂4号机组按规定进行A循环水泵切换至B循环水泵的定期切换工作。当值机组长派副值班员就地配合操作。副值班员到达现场并与当值机组长联系后，当值机组长从集控室操作启动B循环水泵并检查运行正常，开始停运A循环水泵操作，在关闭A循环水泵出口门时，A循环水泵出口门状态颜色由红色（代表全开）变为黄色（代表中间位置），但始终未变为绿色（代表全关），当值机组长判断为阀门卡，随即联系正在就地配合操作的副值班员进行检查，就地检查确认"关过力矩"报警，将阀门柜控制开关由

"远方"切换"就地"后，就地操作A循环水泵出口门至全开。当值机组长决定终止循环水泵切换工作，在集控室DCS操作员站停止B循环水泵，联系检修人员到现场处理A循环水泵出口门。副值班员返回集控室。

11:00，检修人员到现场手摇A循环水泵出口门后，联系当值机组长电动试关A循环水泵出口门。当值机组长随即准备重启B循环水泵，试关A循环水泵出口门，并通知正在巡检的原就地配合操作的副值班员到循环水泵房配合操作。当值机组长从DCS操作启动B循环水泵、操作关闭A循环水泵出口门，操作后发现A循环水泵出口门状态指示黄色，当值机组长立即关闭B循环水泵进、出口门后停B循环水泵。B循环水泵停运后，运行人员发现发现机组真空快速下降，运行人员立即开启B循环水泵，因B循环水泵入口门处在关闭状态，闭锁了B循环水泵的启动，未能开启。11:06　4号机组真空下降至低真空保护动作值，机组跳闸。

案例分析　　机组运行中循环水量不足是造成此次低真空保护动作跳机的直接原因：在配合检修人员验证A循环水泵出口门过力矩缺陷处理情况时，运行人员操作过程联系不当，在就地监护人员尚未到位时即开始操作，操作后又未询问就地检修人员设备动作情况，在A循环水泵出口门DCS画面显示状态为黄色（中间位）、实际上已接近全关时，盲目判断A循环水泵出口门还处于打开状态，就准备停止已启动的B循环水泵。在停B循环水泵前，操作人员未联系就地监视人员进行A循环水泵出口门开度确认，也没有和第一次停B循环水泵前一样，再次重复就地操作开启A循环水泵出口门，在此情况下运行人员盲目决定停运B循环水泵，在操作关闭B循环水泵出口门、准备停运水泵时，也未及时发现循环水母管压力降低，造成循环水水量不足，汽轮机真空下降。

在发现真空下降后采取应急处理措施不当，未采取开启A循环水泵出口门的最快方式，而是采用重新启动进、出口门全关，已经停运的B循环水泵方式，但因B循环水泵入口门已关闭，闭锁了B循环水泵的启动，导致延误恢复真空，失去了挽救事故的时机，最终真空快速下降至保护动作值，机组跳闸。

暴露问题　　　　（1）运行人员对定期工作重视程度不够，随意性大。

（2）运行人员对操作过程中重要运行参数监视不够，综合分析判断和应对能力不足，应急处置能力欠缺。

（3）运行人员对运行操作中出现异常情况时的重视程度不够，风险意识不强。

案例四：定期工作制度执行不规范，导致 MFT 事件

要点提示　　　　操作人和监护人在操作过程中要严格执行操作票制度、操作监护制度、设备定期试验与切换制度、重大操作到位制度，做好危险点分析，按照"四核对"的要求认认真真地完成每一步操作，确保操作无差错。操作中若发现问题或缺陷要认真分析，及时通知检修人员处理。在重大操作时，相关技术人员应到现场配合运行人员操作，提供技术支持，否则将会贻误操作时机，给操作带来隐患。

案例回放　　　　3月29日上午，某电厂2号机组负荷96MW，运行人员根据定期工作计划做主汽门活动试验。试验中，当1号主汽门离开"开"位置时，阀门停不住，也没有返回，持续关闭至全关，"1号主汽门全关"信号发出；1号主汽门关闭约5min后，"2号主汽门全关"信号发出，两个主汽门全关信号均发出导致汽轮机主保护动作，发电机油开关跳闸，锅炉MFT。

案例分析　　　　按照控制逻辑，1号高压主汽门一旦离开全开位置，应立即返回全开位置，活动试验结束。但由于1号高压主汽门"全开"行程开关拐臂复位弹簧长期受力压缩，弹性降低，造成1号高压主汽门离开"全开"位后，行程开关没有复位，导致1号高压主汽门持续关至"全关"位置。当1号高压主汽门关闭后，主值班员立即命令副值班员到就地查看1号主汽门是否开启。副值班员因着急误走到2号高压主汽门处查看，并用手活动2号高压主汽门行程开关"开"的拐臂，误碰2号高压主汽门行程开关"关"的触头，发出"2号高压主汽门关闭信号"（实际位置是未关），导致两个主汽门全关信号均发出，发电机油断路器跳闸，锅炉MFT。

暴露问题 （1）设备定期试验与切换管理制度执行不规范。高、中压主汽门活动试验进行前应联系部门主任或专工到场指挥，必要时履行"重大操作到岗到位制度"，通知有关人员参加。经核实2号机高压主汽门活动试验未经值长批准，未联系部门主任或专工到场指挥。

（2）操作票程序执行上存在问题。如：副值班员在就地操作时无监护人，一组操作人员手中持有一张以上的操作票。

案例五：操作不规范，导致机组跳闸

要点提示 本案例中，运行人员操作时未执行"四核对"、操作失误造成机组跳闸。

案例回放 2013年5月13日22:00，某公司5号机组负荷260MW，A、B、C三台磨煤机运行，因空气预热器出口风压波动大，一次风压在手动控制方式，A一次风机入口挡板指令19%左右。

22:50，一次风压力低（8kPa报警，4.5kPa跳磨煤机）报警发出，运行人员立即投油稳燃，空气预热器出口一次风压力降至5.6kPa，锅炉MTF，首出"炉膛压力低低"。

案例分析 事件发生前，机组减负荷主汽温上升，运行人员连续4次通过设定手操器数值，操作A三级减温水调门开度，手动调整主汽温度。22:50，一次风压力8.7kPa左右，运行人员对A一次风机入口挡板进行一次微调。微调后，A一次风机入口挡板操作画面未关闭。当主汽温度降低时，运行人员欲关闭减温水门，误将A一次风机入口挡板手操器当成A侧三级减温水调门手操器，将开度指令设置为0%，并且未进行操作确认和操作反馈情况跟踪，造成A一次风机入口挡板持续关闭到0，一次风压突降，进入炉膛粉量骤然减少，炉膛压力低低信号发出，锅炉灭火。

案例六：擅自解除闭锁导致带电合接地刀闸

要点提示 电气操作中应严格执行防误闭锁钥匙管理制度，避免在电气操作过程中出现误操作而引发人身、设备伤害。

案例回放 2002年12月10日15:18，某电厂在112-4隔离开关准备做拉合试验中，运行操作人员没有核对设备名称、编号和位置，错误地走到112-7接地刀闸位置，不经值长许可擅自解除闭锁，将112-7接地刀闸合入，造成带电合接地刀闸使母线停电的误操作事故。

案例分析 （1）操作人、监护人没有认真核对设备的名称、编号和位置，错误走到了与112-2-7接地刀闸在同一架构上的112-7接地刀闸位置，将在分闸位置的112-7接地刀闸错误地合入，是事故发生的直接原因。

（2）电磁锁是防止电气误操作的重要设备，各级人员不重视对电磁锁的管理是导致事故发生的另一原因。

（3）电磁锁及其解锁钥匙管理不完善。按照规定，电磁锁解锁操作需经当值值长批准，但在本次操作中，电气运行班长未经值长批准，未填写"解除闭锁申请单"，致使操作人盲目操作、强行解除闭锁，合上了112-7接地刀闸。

五、缺陷管理异常案例

案例一：消缺不及时，引发锅炉MFT

要点提示 运行人员密切跟踪缺陷发展及消缺过程，预想缺陷扩大后的影响和应对措施，可有效降低设备因发生缺陷对安全生产带来的影响。

案例回放 2009年12月29日19:30，某厂灰水值班员在巡检时发现4号炉碎渣机底部淤渣，即就地停运捞渣机和碎渣机，并汇报主值班员和班长。运行人员随即用电话通知化水机械班检修处理。

化水机械班人员在进行渣沟清淤工作后，发现渣沟喷嘴堵塞，便在渣沟内加上消防水，准备恢复捞渣机运行，降低渣船内存渣量。运行人员投入捞渣机后，发现捞渣机稍动一下，尾部发出响声，涨紧轮处的钢丝绳断裂，捞渣机随即停转。此时4号炉捞渣机停运已达4h，打开4号炉捞渣机东侧人孔门开始放渣。放渣刚开始1min左右，炉膛负压出现波动，4号炉炉膛压力突升，冒正压运行，炉侧主汽温和主汽流量均出现大幅波动，运行人员为稳定锅炉负压，采取了增投油枪、调整吸送风机动叶、停两台磨煤机等稳燃措施。为稳定汽包水位，采取启动电动给水泵、先后打闸两台汽动给水泵的调整措施。1:00，4号炉因汽包水位高保护动作，锅炉MFT。

案例分析　　（1）渣沟喷嘴由于冷渣水内渣块堵塞，导致渣沟淤堵。化水检修对4号炉渣沟清淤消缺重视程度不足，未能及时消除4号炉渣沟喷嘴堵、渣沟堵等缺陷，造成捞渣机被迫停运4h，导致渣船内存渣量大，捞渣机过载拉不动，关断门被埋无法关闭，使设备缺陷带来的影响进一步扩大。

　　（2）在进行炉膛负压波动和汽包水位波动的异常处理时，运行人员风险分析不足，防范措施不到位。在异常处理过程中，监盘人员对汽包水位调整不及时、不准确，造成汽包水位高保护动作，引发锅炉MFT。

案例二：小缺陷，引发大事故

要点提示　　运行人员在巡回检查和监盘工作中，应及时发现设备缺陷，消除安全隐患、提高设备健康水平，否则小缺陷有可能引发大事故。

案例回放　　1989年9月7日，某电厂发生氢罐爆炸事故。该电厂在向3号机组发电机充氢过程中，由于1号制氢设备氢、氧侧压力调整器卡涩，导致氧气窜到氢气中。在值班人员倒罐快速打开阀门的瞬间，引爆了1号氢罐内混合气体，发生氢罐爆炸事故。

案例分析　　（1）氢罐爆炸的主要原因：制氢设备氢、氧侧压力调整器卡涩导致氧气窜到氢气中，使1号氢罐内氢、氧混合气体达到爆炸极限（体积浓度在4.0%～75.6%）；在值班人员倒罐快速打开阀门瞬间，因氢气压差大、流速快（初始流速可达每秒数百米）扰动铁锈摩擦发热，引爆了1号罐内氢、氧混合气体。

　　（2）未及时发现制氢设备压力调整器卡涩，不能保证正常运行。

六、工作票异常案例

案例一：检修人员无票作业，造成二级旁路爆破引起跑油烧瓦停机事故

要点提示　　无论在电气设备还是在热机设备上进行安装、检修、维护或试

验等工作，都必须使用工作票。检修和运行人员无票违章作业，可能威胁人身和设备安全。

案例回放 ×年10月9日11:00，某电厂厂房内突发一声巨响，监盘人员发现本机组汽轮机调节级后压力表指示突降，旁路电动进汽门指示在20%开度，现场二级旁路管内有汽流声。将二级旁路进汽门关闭，经分析判断为调节级压力下降所致。

  几分钟后，厂房内又发第二次巨响和汽流声，并产生大量蒸汽；二级旁路进汽电动门又自动开启在50%位置，立即将二级旁路门关闭。同时发现润滑油压下降，立即启动交流润滑油泵、调速润滑油泵、直流油泵。此时，油压已降到0.06MPa，油位表指示接近－200mm，汽轮机5、6、7号轴瓦处冒烟。控制室监盘人员远方打闸停机，转子惰走时间5min，室内油压表最低降至0.018MPa，事后检查2号机烧瓦。

案例分析 10月9日上午，热工车间三名同志处理2号机高压调节级后二次门后活节漏汽缺陷，未办理工作票，擅自关闭高压调节级后压力表一次门，致使调节级压力变送器输出信号降低，高压缸排汽压力高于调节级压力1.5MPa，二级旁路电动进汽门自动开启。在二级旁路第二次动作时，发生汽水冲击，旁路母管发生爆破，破裂开度670mm，最大宽度140mm，环焊缝撕开弧长350mm。二级旁路母管爆破时产生位移，将交流润滑油泵出口逆止门后法兰与门体连接处撞断，润滑油大量跑出，供油不足，造成烧瓦。

暴露问题 （1）违章作业。热工消缺人员无票作业，且擅自操作一次门。

  （2）人员业务技能低。运行和检修人员对该一次门同时接入三个回路的压力表及保护装置不清楚，对设备系统不掌握，误关一次门，使二级旁路电动门自动开启，造成管道爆破。

案例二：无票违章作业，造成人身死亡事故

要点提示 在本案例中，工作票制度执行不规范，在没有采取任何安全隔离措施的情况下盲目工作，大量煤粉突然涌出，遇明火形成爆燃，

造成人身死亡的严重后果。

案例回放   ×年1月12日20:53，某公司甲值运行人员发现4号炉B磨煤机B1侧绞笼故障，停止B给煤机运行，联系锅炉辅机班值班人员李×处理。待对B磨煤机抽粉后，停止B磨煤机运行。次日凌晨，丙值人员接班检查时，发现4号炉B磨煤机B1侧煤粉分离器下部筒壁局部烧红，与甲值值班人员现场确认，判断此部位发生自燃，立即充惰（充蒸汽）处理。2:00，现场检查确认充惰蒸汽已进入煤粉分离器，B1侧煤粉分离器下部筒壁局部发红现象消失，确认充惰成功。1h后再次检查确认原烧红处不再发红，即停止充惰。

　　3:07，丙值单元长电话通知锅炉辅机班值班人员李×前来检查B磨煤机B1侧绞笼上部积煤，并安排运行监盘人员打开B磨煤机B1-2、B1-4两个BSOD（磨煤机风粉关断挡板门），并关闭冷风门。

　　3:40，李×从B1侧煤粉分离器人孔门放出煤粉，形成一股黑雾。随后，李×多次对分离器内部积煤、积粉进行掏除作业，并多次有煤粉冒出。

　　3:53，分离器人孔门突然涌出大量煤和煤粉，夹杂着正在燃烧的煤粉块，并瞬间爆燃，形成巨大的火球。李×当时正处于火球影响范围，全身衣物被引燃。

　　3:55，丙值巡检人员发现李×在4号炉B磨煤机东侧倒地不动，迅速汇报单元长、值长。值长、单元长等人迅速赶到现场确认，立即拨打120，并向有关领导和部门进行汇报。120急救人员到达现场后立即将李X送到医院进行紧急救治，5:20，李×经抢救无效死亡。

案例分析   检修人员在清理分离器积煤、积粉时，大量积煤、积粉突然坍塌，迅速涌出。煤粉在空气中弥漫，浓度达到爆炸极限，遇到自燃的煤粉块，引发爆燃。爆燃形成的火球瞬间充斥很大空间，李×正处在火球范围内，全身衣物被引燃并快速燃烧，李×吸入高温烟气，因窒息导致死亡。

暴露问题   （1）检修人员违章作业，没有办理工作票；安全意识不强，风险分析不到位，对煤尘爆燃的风险和后果估计不足，在没有要求采取可靠安全隔离措施、也没有联系运行人员办理工作许可手续的情况下，即自行打开设备的人孔门，盲目作业。

（2）运行人员没有提醒、监督检修人员办理工作许可手续，也没有将工作负责人姓名、采取的安全措施、工作开始时间、工作结束时间以及处理情况记入运行值班日志。

案例三：安全措施执行不严格，造成人员烫伤

要点提示 工作票开工前，工作许可人会同工作负责人到现场共同确认安全措施，核对安全措施是否安全、到位，是工作许可前的最后一道关口，违反工作票执行程序则可能引发人身伤害或设备损坏事故。

案例回放 2004年4月5日，某电厂汽轮机检修分公司在给水泵检修工作中，发生一起人身烫伤事故。由于该电厂8号给水泵在备用时出现反转，初步分析为出口逆止门内漏，决定将8号给水泵退出备用，进行检查。汽机检修分公司办理了"8号给水泵出口逆止门内漏检查"工作票，采取了"给水泵电机停电、系统隔离、放水消压"的安全措施。9:00运行人员按照工作票要求做好安全隔离措施，将8号给水泵停电并泄压至0，将工作票交给检修人员开展工作。15:00检修人员将出口逆止门法兰拆下取逆止门门芯时，突然冒出一股高温水流，将其左下肢烫伤。

案例分析 管道中存在高温热水的原因是给水泵出口电动门关闭不严密，并且逆止门后管道的疏水门开度不够，造成泄漏的高温水积聚在给水泵出口电动门和出口逆止门之间管道内并产生压力。由于工作票开工前运行、检修人员未共同确认安全措施就开工；检修人员未做好自身安全防护措施，盲目拆卸给水泵出口逆止门，导致管道内积聚并产生压力的热水喷出造成烫伤。

七、操作票异常案例

案例一：带负荷拉隔离开关，导致400V母线失电

要点提示 操作人员在操作前应进行"四核对"。本案例中，监护人、操

作人均未认真核对设备名称，即发出操作指令进行操作，导致误操作事故发生。

案例回放 　　2008年10月17日零时，某电厂进行Ⅱ期400V公用Ⅲ段母线由3号公用变倒至03号低备变供电操作。在执行"拉开3号公用变3405-1隔离开关"操作时，走错设备位置间隔，带负荷误拉3450-1隔离开关，导致400V公用Ⅲ段母线失电。

案例分析 　　（1）监护人、操作人均未认真核对设备名称即发出操作指令进行操作，导致误操作发生。

　　（2）执行操作票不严肃、不规范，对操作票中"检查3号公用变3405断路器三相确已拉开"未执行便打"√"。

案例二：操作中失去监护，因操作漏项而延误机组启动

要点提示 　　在本案例中，监护人、操作人在执行操作票时没有做到"四禁止"，监护人放弃监护而协助操作；操作人对监护人参与操作未提出异议；操作过程中省略唱票、复诵程序，致使操作漏项，引发设备保护动作。

案例回放 　　2010年1月22日，某电厂4号发变组并列过程中，MK过电压保护、发变组差动保护动作，MK及Q02跳闸。经检查发变组主设备无异常。此次事件造成4号机组延迟10h并网。

案例分析 　　运行人员进行4号发电机1号、2号电压互感器隔离开关操作时，监护人参与操作，使整个操作失去监护，操作漏项导致电压互感器熔断器忘装，造成4号发电机在升压过程中，励磁调节器未接受到电压反馈，持续励磁，励磁涌流过大致使发变组差动和主变压器差动保护动作，MK跳闸。

案例三：未严格执行操作票导致机组跳闸

要点提示 　　在本案例中，监护人、操作人未严格按顺序执行操作票内容，

操作漏项，并且擅自更改操作内容，从而引发事故。

案例回放　　2014年7月22日9:30，某电厂1号机组负荷910MW，按设备定期切换和维护要求，运行人员进行主机油系统低油压试验及交流油泵切换工作。试验前为交流油泵1A运行，交流油泵1B、机1直流油泵联锁备用。

　　10:01:38，开启机1润滑油母管油压试验阀A，交流油泵1B和机1直流油泵均联锁启动，联锁正常，DEH逻辑自动将运行泵和备用泵互相切换。此时交流油泵1B为运行泵，交流油泵1A为备用泵。复置报警，由于未关机1润滑油母管油压试验阀A，试验压力低，交流油泵1A没有自动停用。

　　10:02:46，将交流油泵1A切至调试模式（此模式不接受任何逻辑指令），并手动停用。

　　10:03:53，将交流油泵1A恢复正常模式，交流油泵1A再次联锁启动（因机1润滑油母管油压试验阀A没有关闭，DEH再次自动将运行泵和备用泵互相切换，此时交流油泵1A为运行泵，交流油泵1B为备用泵）。

　　复置报警后，发现机1润滑油母管油压试验阀A没有关闭，立即将其关闭，并再次将交流油泵1A切至调试模式，并手动停用，关试验阀和停泵时间间隔5s左右；同时交流油泵1B根据内部逻辑自动停用（两台油泵运行；润滑油母管油压试验阀A关闭，试验压力正常；切换后的主泵保持运行5s）。立即抢合交流油泵1A，但主机润滑油压低至保护值，延时3s汽轮机主保护动作，机组跳闸。

案例分析　　（1）两台交流油泵同时停用，造成主机润滑油压低，汽轮机跳闸。

　　（2）运行人员在进行主机油系统低油压试验及交流油泵切换工作时，未严格执行操作票制度，操作过程失去监护，执行过程中未按照操作票制度"发令、复诵、执行、监护、汇报、记录"等顺序来执行，且未按照操作票审批的操作步骤执行，操作漏项，之后又擅自增加操作内容，先后两次将交流油泵1A改为调试模式，并手动停用，是造成两台交流油泵同时停用的主要原因。

案例四：未规范执行操作票，误触带电部位造成人身死亡

要点提示　　　在本案例中，操作人员在测量电机绝缘时，未戴绝缘手套，未执行操作票唱票、复诵制度，未按操作票要求进行带电部位确认，以致操作时误碰带电部位触电死亡。

案例回放　　　2月21日16:00，某电厂运行副值班员王×和王××持电气操作票前往6kV配电室对7号机组电动给水泵电机测绝缘。10min后，7号机组跳闸，首出原因为"发电机跳闸"。随即主值班员到现场检查，发现7号机组6kV配电室有烟雾冒出，立即汇报单元长，进入配电室发现有1人倒地，确认为王××。与此同时，其他运行人员发现在8号炉12.6m电梯口有1人倒地，经查看为王×。17:10，120急救车到达现场，确认王××死亡，王×被送达当地医院救治，诊断为三度80%烧伤。23日9:10，王×因肺部感染、呼吸困难，经抢救无效死亡。

案例分析　　　（1）事后查看，7号机电动给水泵断路器的电源侧静触头间发生三相短路并烧损，该断路器二次电缆部分烧损；7号高压厂用变压器受到冲击，"重瓦斯保护"动作。

　　　（2）查看视频，王××、王×进入7号机组6kV配电室即开始操作，随之发生断路器三相弧光短路放电。

　　　（3）经事故分析认为：王××、王×在测量7号给水泵电机绝缘时没有按操作票要求规范操作，未戴绝缘手套、未执行操作票唱票、复诵制度，未按操作票要求进行带电部位确认，以致误碰带电部位，导致死亡事件发生。

八、异常操作事故案例

案例一：未及时发现设备异常现象，导致锅炉MFT

要点提示　　　在本案例中，监盘人员没有及时发现设备出现的异常情况，给后续处理造成被动，在应急处理时没有采取正确的操作措施，使事故影响进一步扩大，最终导致锅炉MFT。

案例回放　　×年7月3日20:00，某电厂1号机组负荷170MW；B、C磨煤机运行；对应的B1、B2、C1、C2层燃烧器火检信号频繁闪烁；运行人员多次投入B、C层油枪稳燃，燃煤量由85t/h逐渐增至120t/h，负荷由170MW逐渐下降至156MW，运行人员判断为煤质变差；23:00，运行人员启动A磨煤机，逐步投入A2层四只粉管稳定负荷及燃烧。23:30，由于供油母管压力波动，正在投运的B1、B2、B3油枪自动退出，导致增投油枪失败。23:40，B11、C11、A21、B21、B22、B23、B24火检强度减弱；"煤层B2无火""煤层C1无火""煤层C2无火"信号相继发出；油枪B3、B1投运成功。在此期间，炉膛压力出现大幅波动，持续下降后又突升，炉膛压力高Ⅲ值信号发出，锅炉MFT，首出原因为"炉膛压力高"。

案例分析　　（1）因燃煤较湿给煤机时常断煤，造成磨煤机出口的风粉浓度随之变化较大，导致对应的各燃烧器的燃烧强度影响大，这是火检信号频繁闪烁的主要原因。部分燃烧器的燃烧弱化甚至局部灭火导致炉膛负压快速下降，加剧了炉内燃烧工况恶化，直接影响到相邻的C层燃烧器火检失去。再加上事后检查发现2号油罐油位低于1m（运行规程规定不少于1.5m），油罐油位过低导致1号油泵出口压力波动较大，在油压低时联启了2号油泵，两泵同时运行导致油压波动进一步变大，导致B1、B2、B3油枪自动退出，再次投油枪时出现失败。

　　（2）油压的大幅波动使运行油枪自动退出，此时A磨煤机还处于启动状态，制粉量较少；同时运行的B磨煤机内部存粉也基本抽空，造成炉内风多粉少、燃烧恶化。油压波动使运行人员无法投油稳燃，炉膛濒临灭火（或已出现局部灭火），压力开始快速下降。随后B3、B1油枪相继投运成功，直接导致炉内积聚煤粉发生爆燃，炉膛压力急剧骤升至压力高保护动作值而引发锅炉MFT。

暴露问题　　（1）巡检质量不高，监盘精力不集中，未及时发现设备异常运行状况，交接班主要指标参数交接不清。

　　（2）运行操作人员基本业务技能不足，未能熟练掌握风煤变化对于煤粉细度、风粉浓度及燃烧强度的影响，导致异常分析判断不准确。

（3）运行人员对出现的火检闪烁、磨煤机参数波动、炉膛负压波动、油罐油位低等异常工况判断失准，导致处理失误。

案例二：异常处理时判断不准、操作不当，造成前置泵电机烧损

要点提示　　本案例暴露出监盘人员对设备参数报警重视不够、判断不准确，启动设备时没有到就地检查确认设备状态，造成设备电机烧损。

案例回放　　2015年10月5日6:00，某电厂6号机组根据调度命令开机，运行人员启动6号机B汽动给水泵运行。20min后，B汽动给水泵转速接近2000r/min时，由于泵进出口温差大保护动作跳闸，B汽动给水泵出口电动门联关，给水泵增压级出口至过热器减温水电动门处于手动状态未联关。5min后，B汽动给水泵转速降至40r/min并开始倒转，转速升至2526r/min，汽包水位快速下降。运行人员为防止汽包水位过低，重新远方启动B前置泵失败，就地检查B前置泵电机冒烟。

案例分析　　（1）B汽动给水泵跳闸后，泵出口电动门联关，增压级出口至锅炉减温水电动门在手动状态未联关，增压级出口至锅炉减温水逆止门关闭不严，此时过热器减温水母管仍有4MPa左右压力，高于给水泵出口压力和增压级出口压力，导致过热器减温水和蒸汽混合物倒流，进入汽动给水泵，冲动汽动给水泵及前置泵反转。

（2）运行人员在未发现给水泵组反转、也未就地检查的情况下，启动前置泵，导致电动机扭矩过大而烧毁。

暴露问题　　（1）运行人员应急处置不当。设备跳闸后，值长、单元长、机组长等人员协调、组织不力，没有安排对前置泵参数和就地状况进行确认，盲目启动造成设备损毁。

（2）监盘人员对运行设备参数监视不到位，对事故状态下的设备参数不掌握。

案例三：未准确判断设备异常，造成锅炉MFT

要点提示　　本案例中，运行人员对异常分析、判断、处理不当，未能采取

正确有效的处理措施，给应急处理造成方向性的错误，使异常影响范围进一步扩大。

案例回放　　3月10日19:00，某电厂4号机组负荷238MW，锅炉B空气预热器主电动机跳闸，辅助电动机联启不成功。机组RB动作，自动投入AB层油枪。在关闭B空气预热器入口烟气挡板过程中炉膛压力出现波动上升至正压，运行人员调节引风机出力，两台引风机发生抢风现象，进入风机失速区。2min后，运行人员将引风机投入自动调节，两台引风机静叶开度继续增大，开度分别达到75%和84%后不再变化，此时两台引风机电流维持在150A和104A左右，炉膛压力稳定下来。

20min后，运行人员成功启动B空气预热器辅助电动机，在开启B空气预热器入口烟气挡板，关小A、B引风机静叶时，两台引风机又发生抢风现象，B引风机电流由90A突增到150A，炉膛负压快速增大，运行人员立即快速关小两台引风机静叶，此时炉膛负压已达到低低值（−1960Pa）。19:45，B2、C4给粉机失去火检跳闸，运行人员立即投运BC2油枪稳燃，D2、D3给粉机也失去火检跳闸，此时炉膛突然发生爆燃，炉膛负压急剧上升达到跳闸值，锅炉MFT，首出原因"炉膛压力高高"。

案例分析　　（1）锅炉MFT原因。在B空气预热器恢复过程中，因炉膛负压过低导致B2、C4、D2、D3给粉机相继失去火检跳闸，由于给粉机与一次小风门未有联锁功能，运行人员也未及时手动关闭，致使大量管内煤粉进入炉膛内发生爆燃，导致炉膛压力急剧升高达到保护跳闸值而发生MFT。

（2）引风机抢风导致炉膛压力过低的原因。B空气预热器故障发生RB后，两台引风机出力调整不当进入失速区，运行人员未按照规程要求进行正确处理，此后虽然B引风机静叶开度继续增大到84%，但是B引风机已处于不出力状态。在B空气预热器故障消除后的恢复过程中，由于运行人员未能意识到危险性，调整风机时再次发生抢风，导致B引风机出力突然增大，致使炉膛负压迅速下降。

索 引

参考文献

[1] 弗雷德里克·温斯洛·泰勒著，马风才译.科学管理原理.北京：机械工业出版社，2013.

[2] 法约尔著，迟力耕、张璇译.工业管理与一般管理.北京：机械工业出版社，2007.

[3] 切斯特·巴纳德著，曾琳、赵青译.组织与管理.北京：中国人民大学出版社，2009.

[4] 迈克尔·哈默，詹姆斯·钱皮著，王珊珊等译.企业再造.上海：上海译文出版社，2007.

[5] 彼得·圣吉著，张成林译.第五项修炼.北京：中信出版社，2009.

[6] 徐炜著.企业组织结构.北京：经济管理出版社，2008.

[7] 威廉·爱德华兹·戴明著，钟汉清、戴久永译.戴明论质量管理.海口：海南出版社，2003.

[8] 《中国电力百科全书》编辑委员会编.中国电力百科全书.北京：中国电力出版社，2014.

从工作到现在，一直都没有离开过发电行业，而且一直从事与运行相关的工作；伴随着近 30 年的工作经历与岗位变迁，为我从多角度思考发电企业运行管理创造了条件。

多年以来，我先后主持或参与编写了《中国电力百科全书》《火力发电企业安全性评价标准》《火力发电生产典型作业潜在风险与预控措施》《发电企业本质安全管理体系研究》等十几部发电行业的书籍，每次出版都有较大的感慨和收获。伴随着本书的编写，"多么痛的领悟"不再是一句歌词，让我领悟了"把简单事情做好的不简单"，让我体会了"大道至简"孕育的辛苦，让我感到了编写团队的执着，让我再一次重温了"一份耕耘一份收获"。

每当先进技术与传承经验结合时，如约而至的科技创新就会迸发出耀眼的科技之光，伴随而来的管理方式转变，就会再一次让我们去享受智慧的力量。如今正值互联网＋的时代，不断出新的信息、大数据等技术作为承载者，正在一步一步地将以往看似理想的管理理念变成现实。正是有了技术的突破，才得以让"天使的眼睛""影随的导师""绩效的天平"与运行员工不离不弃，日夜相随。

如今定稿付印，不禁有如释重负之感；然欣喜之余，竟也产生些许惶恐。期待本书的出版，能为火电企业运行规范化管理的推广略尽绵薄之力，如此，也算聊以欣慰吧！

黄　鹏

2017 年 12 月 30 日于泉城